2018 年 10 月 13 日，参加中国教育学会举办的家庭教育学术年会时，与孩子交流

↑ 2015 年 10 月 29 日，参加上海社会科学院举办的"为了孩子"国际论坛
↑ 2015 年 10 月 31 日，参加广东省中山市的家庭教育国际论坛

↑ 2018 年 3 月 10 日，在全国政协十三届一次会议第三次全体会议上发言
↑ 2019 年 4 月 27 日，参加第三届新家庭教育文化节

↑ 2019 年 10 月 31 日，参加江苏省新沂市教育局主办的《家长大讲堂》百期暨家校共育研讨会
↑ 2022 年 6 月 25 日，为中国教育电视台录制《家庭教育公开课》节目

「珍藏版」

朱永新教育作品

九四龄童南怀瑾

我的家教观
——好关系才有好教育

朱永新·著

漓江出版社

·桂林·

图书在版编目（CIP）数据

我的家教观：好关系才有好教育 / 朱永新著．

桂林：漓江出版社，2024.8. -- ISBN 978-7-5407
-9874-1

Ⅰ．G78

中国国家版本馆 CIP 数据核字第 2024SK7926 号

WO DE JIAJIAOGUAN——HAO GUANXI CAI YOU HAO JIAOYU

我的家教观——好关系才有好教育

朱永新　著

出 版 人　刘迪才
总 策 划　李国富
策划统筹　文龙玉
责任编辑　章勤璐
助理编辑　陈思涵
书籍设计　石绍康
营销编辑　俞方远
责任监印　黄菲菲

出版发行　漓江出版社有限公司
社址　广西桂林市南环路 22 号
邮编　541002
发行电话　010-85891290　0773-2582200
邮购热线　0773-2582200
网址　www.lijiangbooks.com
微信公众号　lijiangpress

印制　天津嘉恒印务有限公司
开本　710 mm×1000 mm　1/16
印张　19
字数　311 千字
版次　2024 年 8 月第 1 版
印次　2024 年 8 月第 1 次印刷
书号　ISBN 978-7-5407-9874-1
定价　89.80 元

总　序

　　朱永新教授的作品集出版在即，他要我写一篇序，大概是因为他看到我对教育也很关注，又不时地发表点看法的缘故吧，或者因为他和我都是马叙伦、周建人、叶圣陶、雷洁琼等民进前辈的后来人——我们是中国民主促进会的成员。不管他是怎么想的，我出于对他学术成就的敬佩，也出于对比我年轻些的学者的喜爱和对教育事业的兴趣，便答应了，尽管我不是这个领域的专家。不过这样也好，以一个时时关心业内情况的外行人眼光说说对这套作品集和作者的看法，或许能更冷静些，更客观些。

　　我曾经说过，中国的教育人人可得而道之。因为教育问题太复杂，中国的教育问题尤甚。且不说中国以一个发展中国家不强的实力在办着世界上最大的教育，单是中国处于转型期，城乡、东西部间严重的不平衡和几个时代思想观念的相互摩擦、激荡，就可以说是当今世界绝无仅有的了。随着教育普及率的提高，对教育发表评论的人当然也越来越多，多到几乎家家户户都会时常议论。这样就给有关教育的研究提出了许多也许在别的国家并不突出的问题。我认为其中有两个问题最为要紧：一个是教育的问题牵一发而动全身，既不能就教育论教育，更不能只论教育的某一部分而不顾及其他，要区别于人们日常的谈论；另一个是教育学如何走出狭小的教育理论圈子，让更多的人理解、评论、实践，也在更大范围内检验自己的理论是否能为群众所接受，以免专家和社会难以搭界。朱永新教授的这套作品集，恰好在这两个问题上都给了我很大的欣慰。

　　在这套作品集中，他从国际国内、政治经济、文化社会、古往今来的广阔视野来考察、思索中国的教育问题；他的论述几乎遍及受教育者所经历的整个教育过程；大到教育的理念、原则，小到课程的改革、课外的活动，他都认真思考，系统调查，认真实验，随时提升到理论层面；与教育学密切关联的心理学，在研究中国教育的同时展开的对国外教育的认识和分析，也是他涉及的范围。

朱永新教授并不是一位"纯"学者，虽然教育理论研究永远是他进行多头工作时在脑子里盘旋的核心。他集教师、官员和研究者三种角色于一身，随着自己孩子的出生和成长，他又多了一个家长的身份。这就使他不可能只观察研究教育体系中的某一段或某一方面，而必须做全方位、多角度、分层次的研究。他是中国民主促进会中央委员会副主席，作为同事，我见过他极度疲劳时的状况，心里曾经想过，这是天将降大任于是人的考验，还是他"命"当如此，不得不然？其实，这正是给他提供了他人很难得到的绝好的研究环境和条件：时时转换角色，就需要时时转换思维的角度和方法，宏观与微观自然而然地结合，积以时日，于是造就了他独特的研究方法和风格。

我们对任何事物的研究，如果只有理性的驱动，而没有基于对事物深刻认识所生发出来的极大热情，换言之，没有最博大的挚爱，是难以创造性地把事情做得出色的。朱永新教授对教育进行研究的特点之一就是全身心地投入。身，有那三种角色和一种身份，自然占据了他所有的时间和精力；心，是不可见的，但贯穿在他所有工作、表现在他所有论著中的鲜明爱心，则是最好的证明。

他说"教育是一首诗"。他常用诗一般的语言讴歌教育，表达他的教育思想：

教育是一首诗 / 诗的名字叫热爱 / 在每个孩子的瞳孔里 / 有一颗母亲的心

教育是一首诗 / 诗的名字叫未来 / 在传承文明的长河里 / 有一条破浪的船

如果是纯理性的，没有充沛的、不可抑制的感情，怎么能迸发出诗的情思？但他不是浪漫派。他本来已经够忙的了，却又率先自费开通了教育在线网站，开通了教育博客和微博，成了四面八方奋斗在教育改革前沿的众多网民的朋友。每天，当他拖着疲乏的脚步回到家后，还要逐篇浏览网站上的帖子和来信，并且要一一回应。有人说，这是自找苦吃。但他认为，这是"诗性伴理想同行"，是"享受与幸福"。他曾经工作生活在被颂为"人间天堂"的苏州，那里早已普及了十二年义务教育，现在正朝着普及大学教育的目标前进，但这位曾经主持全市文教工作的副市长，却心系西部，为如何缩小东西部教育的差距苦苦思索，不断地呼吁……他何以能够长期如此？我想，最大的动力就是那伟大的爱。

情与理的无缝衔接，正是和把从事教育工作及理论研究单纯当作职业的最大区别，而且是他不断获得佳绩、不断前进的要素。

教育是人类社会得以延续发展的根本保障。人之所以为人，区别于其他动物，从某种意义上讲，就是因为通过不同渠道，接受了不同程度和内容的教育。就一个国家而言，教育则是保障发展壮大的基础性工程。这些，都已经成为人们的共识。但是，教育又是极其复杂庞大的体系，需要大批教育理论专家、管理专家。身在其中者固然自得其乐，但是，在局外人看来，教育理论的研究是枯燥的、艰难的，有许多的教育学著作也确实强化了人们的这种感觉；管理工作给人的印象则是繁杂的、细碎的。这种感觉和印象往往是理论工作者、管理工作者和广大的教育参与者（包括家长、学生和旁观者）之间产生隔膜的原因之一。社会需要集理论研究和管理于一身，而且能把自己对教育的挚爱传达出去的学者，与人们一起共享徜徉在教育海洋里的愉快和幸福。但是，现在这样的学者太少了。是我们对像教育理论这样的人文社会科学的所谓"学问"产生了误解，以为只有用特定的行业语言，包括成堆成堆的术语和需要读者反复琢磨才能弄清楚的句子才是学术？还是善于用最明了的语言表达复杂事物的人还不多？抑或是教育理论的确深奥难测，必须用"超越"社会习惯的语言才能说得清楚？而我是坚信真理总是十分朴实、十分简单这样一个道理的。真正的大家应该有能力把深刻的思考、复杂的规律用浅显生动的语言表述出来，历史上不乏其例。

作为一名教育理论家，朱永新教授正在朝这一目标努力着，而且开始形成了自己的风格：论述、抒情、问答并举，逻辑严密的理性语言、老百姓习惯于说和听的大白话、思维跳跃富于激情的诗句兼而有之，依思之所至、情之所在、文之所需而施之。有的文章读时需正襟危坐，有的则令人不禁击节而赏，有的还需反复品味。可贵的是，这些并非他刻意为之，而是本性如此，自然流露。这本性，就是他对教育事业的爱，归根结底是对人民的爱。

在某一种风格已经弥漫于社会，许多人已经习惯甚至渗透到潜意识里的时候，有另外一种风格出现，开始总是要被视为"异类"（我姑且不用"异端"一词）。我不知道朱永新教授是不是也有过这样的经验。我倒是极为希望他能坚持下去，即使被认为"这不是论文"也不为所动，因为学术生命的强弱最后是要由人民来判断，而不是仅仅由小小的学术圈子认定的。我还希望他在这方面不断提高锤炼，让这股教育理论界的清风持续地吹下去。

教育，和一切与人民生活紧密相连的事物一样，都要敏感地紧跟时代的步伐，紧贴人民的需求，依时而变，因地制宜。如今朱永新教授的作品集改版并增补，主要收录了他从踏入教育学领域至 2023 年的论著。这从一个侧面反映了我国改革开放以来教育领域理论研究与实践的过程。"战斗正未有穷期"，在过去和未来的日子里，有层出不穷的教育问题需要解决，因而需要不停顿地观察、思考、研究。我们的教育学，就在这个过程中发展成长；有中国特色的教育学，也许就将在这一时期内形成。朱永新教授富于创造——"永新"自当永远常新，他一定会抓住这百年难逢的机遇，深化、拓展自己的研究，为中国教育事业、为中国的教育理论多奉献自己的才干和智慧，再写出更多更好的篇章。

我们期待着。

兹忝为序。

许嘉璐

写于 2010 年 12 月 14 日

修改于 2023 年 4 月 29 日

于日读一卷书屋

（作者为第九届、第十届全国人大常委会副委员长，著名语言文字学家）

小小读书郎（卷首诗）

我是小小读书郎
书籍像一匹骏马
把我带向远方

我是小小读书郎
书籍像一位朋友
与我相伴成长

拥有无数的珍宝
抵不过书里的故事
那里讲述着英雄与梦想

拥有许多的房子
抵不过书里的世界
辽阔天地任我们追逐飞翔

目 录／Contents

第三辑　人格与教育

——朱永新对话阿德勒

第一辑

新家庭教育论纲

——新教育在家庭教育上的探索与思考

一、教育始于家庭

望子成龙、盼女成凤是为人父母的普遍心态。但教育好孩子，仅仅是学校和老师的事情吗？

显然不是。习近平总书记指出，"家庭是人生的第一个课堂，父母是孩子的第一任老师"。无论是传统意义上的家规和家训，还是苦口婆心的叮咛嘱咐，乃至潜移默化的言传身教，都会对孩子健康成长形成重要影响。家庭教育是培养人的摇篮。推动摇篮的手也是推动世界的手。

家庭教育在整个教育体系中具有重要的地位，抓住了家庭教育，就是抓住了教育最基础的东西。

人的教育是从家庭开始的。人的形成，是在家庭奠基的。只有重视家庭教育，才能真正帮助孩子扣好人生的第一粒扣子。

（一）家庭是儿童的第一所学校

家庭对人生来说非常重要，因为我们所有的人都是从家庭这个港湾出发的。人的一生，有四个最重要的场所。第一个就是在母亲的子宫里，此时子宫里的胎儿通过母亲来感受外部世界的变化，可以说，家庭教育实际上从胎儿在母亲的子宫里就开始了。第二个就是家庭，来到世界的第一声啼哭，这是人生的第一个独立宣言，这个时候和外部世界的交流主要是通过家庭、父母来进行的。第三个就是教室，在教室里有没有亲密的人际关系？能不能健康成长？离开学校工作了，走进职场，这是人生的第四个场所。在职场里面要拼搏、要晋升，有很多事情要处理。但是，在职场里累了，回到家里还可以倾诉。所以，家庭是人生永远离不开的一个场所，是人生最重要、最温馨的一个港湾。人生从这里出发，人生又将回到这里。

（二）父母是孩子的第一任老师

对于儿童来说，父母是儿童最初的世界，人生的第一任老师，也是最长久的老师。[①] 父母影响孩子一生的发展。德国教育家福禄培尔（Friedrich Froebel）说过："推动摇篮的手是推动地球的手。"[②] 梁启超先生也说："故治天下之大本二：曰正人心，广人才。而二者之本，必自蒙养始。蒙养之本，必自母教始；母教之本，必自妇学始。故妇学实天下存亡强弱之大原也。"[③] 瑞典教育家哈巴特也说过："一个父亲胜过一百个校长。"[④]

而现在社会普遍关注的焦点是学校教育，父母更多的考虑也是学校教育，忽视了他们自己才是真正的教育基础，才是决定孩子命运的关键。其实人的成年阶段最具挑战性，既有复杂的工作，又有人类社会最重要的任务。

很多父母亲以为他们的事情就是让孩子吃好、穿好，身体健康，教育则是学校的事情。事实上，无论孩子在哪里，总是离不开父母的影响和父母的教育，包括在餐桌上的每一个行动、每一句话，孩子都看在眼里，记在心里。父母不教育孩子，孩子会变坏；父母用错误的方法教育孩子，孩子则可能变得更坏。通常，优秀孩子成为优秀人才的背后，总能找到温馨和谐家庭的影子。同样，一个人形成不健全的人格，也可从其家庭中找到充满冲突和矛盾的因素。因为大部分父母都没有接受过科学的训练、科学的育儿知识的培训，所以他们很容易犯错。

好父母不把教育孩子看成是枯燥的责任和义务，而是当作自己的"一种乐趣，一种享受，一种富足"，只有能够享受教育的人，才会演绎教育的精彩。

（三）父亲是男人最重要的工作

每个成年男子都有不同的工作。但无论做什么工作，一个现代的成年男子最重要的工作之一就是做父亲。奥巴马就曾经在一份声明里说过："身

①④　朱永新：《教育始于家庭》，《中国教育报》2015 年 11 月 6 日。

②　福禄培尔：《人的教育》，孙祖复译，人民教育出版社，2001。

③　梁启超：《梁启超全集》，北京出版社，1999。

为两个女儿的父亲，我知道作为一名父亲是任何一个男人最重要的工作之一。"在他看来，做父亲的重要性丝毫不亚于他做总统。

可我们日常生活中，有三个词最能形容父亲。一个词是"影子"。20世纪90年代初，我在日本工作时当地有一个非常流行的词叫"影子父亲"，意思是父亲虽然存在但是无法见到。日本的男人喜欢晚上喝酒，每天晚上至少都有一两次饭局，几乎每天都会喝醉酒回家。甚至如果不喝醉酒就回家，会让夫人瞧不起，说明这个人在单位里不会交往，不受人欢迎。每天早上孩子还在睡觉时，父亲又已经早早地上班去了，所以孩子一天当中是看不见父亲的。于是，就这样有了"影子父亲"的称谓。不仅日本如此，在中国同样也有很多这样的父亲。另一个词是"取款机"。父亲的任务就是在外面打拼，给夫人、孩子提供金钱的来源。还有一个词是"魔鬼"。在很多家庭里，严父慈母的分工被推到了极致，父亲扮演着凶狠的角色，其他人会经常对孩子说：你爸爸要来了，你爸爸要教训你了，你爸爸要打你了，我要把这件事情告诉你的爸爸……

毫无疑问，父亲在生活中通常扮演的这三种角色，并不符合父亲本应具有的定位，也不应该成为父亲的重要特征。父亲是一个坚毅的称谓，意味着责任与担当。对于一个纯真的孩子来说，父爱如山，可以让孩子登得更高、看得更远。对于拼搏的父亲来说，孩子是港湾。孩子的爱，纯净、清澈，是为父亲涤荡疲惫的温泉。好的父亲在给孩子爱的过程中也能够享受孩子的爱，享受家庭的温暖。

父亲作为一种工作，如何能够做好呢？实际上就是两个关键词。一个词是"榜样"。父母是孩子的第一任老师，也是最重要的老师。孩子的语言、孩子的思维、孩子认识世界的方式，都是在父母的耳濡目染下学会的。在一定程度上可以说，有怎样的父母，就有怎样的孩子。所以，你要让孩子做的事情，你自己先去做，孩子自然会跟着你做。你不想让孩子做的事情，你自己首先不要做。为孩子做榜样，是父亲的重要任务。一个词是"陪伴"。最近几年出版了许多家庭教育的畅销书，它们都有一个共同的主题——"陪伴"，都是关于陪伴孩子成长的。《中国教育报》的记者张贵勇写了一本书，书名就叫作《真正的陪伴》。可以说，陪伴是父母工作中最主要的部分。父亲只要把这两个词做到了，他的工作基本上就及格了。[1]

---

[1]　张贵勇：《真正的陪伴》，中央编译出版社，2014。

事实上，对许多孩子来说，和父亲在一起的意义，与父亲交流的时间，要远远比父亲给予他的金钱、玩具重要得多，因为父亲是不可替代的。母亲和父亲是家庭世界的阴阳两极，母亲永远也替代不了父亲。父亲，无论是他的坚强、坚毅、果断、坚持，还是他的威严，于男孩、女孩而言都是不可或缺的。这是一个社会习得的过程，孩子在与父亲的相处中耳濡目染地学习成人世界的交往礼节。世界卫生组织研究发现，每天和父亲相处两小时以上的孩子往往智商更高，男孩子看上去更坚毅，女孩成人后也更懂得如何与异性交往。但是，在许多家庭中，陪伴的任务交给了母亲，甚至交给了保姆，父亲却远远离开了孩子。

那么，父亲如何陪伴孩子呢？我认为，以下两个方面最重要。

第一是陪孩子读书。我在《我的阅读观》一书中反复强调一个主要观点：一个人的精神发育史就是他的阅读史[①]。一个没有阅读的学校永远不可能有教育。毫无疑问，家庭是培养孩子阅读最重要的起点。经常有人开玩笑说，美国的孩子还不会走时就在父母的陪伴下爬进图书馆了。父母对孩子阅读能力的养成具有极为重要的作用。很多父母也会给孩子买很多的书，但是经常甩给孩子让其独自阅读。他们不知道，孩子自己看书与爸爸妈妈带着孩子看书完全不是一回事，因为阅读不是一个简单的获取知识的过程，实际上还包括了一个亲子关系的构建过程。孩子最乐于听父母讲故事，一个故事甚至重复听无数遍都不会厌烦。在带孩子读书的过程中，父母会帮助孩子去阅读、去观察、去思考，从而构建一种亲密温馨又智慧的亲子关系。在这样的亲子关系构建过程中，父亲和孩子的关系当然不可或缺。而且，男女之间的阅读口味、选书种类不会相同，父亲在阅读中对书籍的选择，也会让孩子的阅读品种更加丰富。所以对于亲子阅读的问题，应该特别引起父亲的重视，一定要多陪孩子读书。

第二是陪孩子运动，走进大自然。相对而言，父亲一般更乐于运动。父亲与孩子一起运动，既是愉快的亲子游戏，也是社会性获得的重要方面。这些运动最好能够在大自然中进行。大自然是一位无声的老师，陪孩子走进大自然，无论是游览、交友还是呼吸新鲜的空气，都是孩子生命中不可或缺的部分。运动的过程中、走进大自然的过程中，自然而然地蕴含着相关训练，会在潜移默化中培养孩子探险的精神、坚毅的品质、交往的能力等。

---

① 朱永新：《我的阅读观》，漓江出版社，2022。

阅读强壮精神，运动强健体魄，两者互相对应，又动静结合，相得益彰。我们应该知道，整个家庭是一个世界，是一个阴阳结合的世界，是一个不可分割的整体。抛开"影子""取款机"和"魔鬼"这三个词，让父亲回归到应有的位置，不仅能够让孩子健康成长，也能够让家庭成为真正的家庭。一个男人只有意识到做好父亲是自己最重要的工作之一，才有真正的家庭幸福，才有真正美好的生活。

（四）母亲是女人最神圣的天职

无论肉体与精神，家庭都是一个真正的人诞生的摇篮。

正如做好父亲是男人最重要的工作一样，我们同样可以说，当好母亲是女人最神圣的天职。

现代幼儿教育的重要奠基人福禄培尔曾经说过："国民的命运，与其说是操在掌权者手中，倒不如说是握在母亲的手中。因此，我们必须努力启发母亲——人类的教育者。"[1]而我国近代学者梁启超先生也认为："蒙养之本，必自母教始；母教之本，必自妇学始。故妇学实天下存亡强弱之大原也。"[2]可以说两者有异曲同工之妙。

为什么古今中外的教育家如此重视母亲在孩子成长历程中的作用？首要的原因，就是母亲与孩子有着天然的联系。十月怀胎，胎儿寄生于母亲体内，并不是一个只汲取母亲体内营养的生物体，而是一个通过母亲去感受外部世界的学习体。中国古代的"胎教"就非常重视母亲的行为举止对孩子的影响，要求母亲"寝不侧，坐不边，立不跸，不食邪味，割不正不食，席不正不坐，目不视于邪色，耳不听于淫声，夜则令瞽诵诗，道正事"[3]。这些要求尽管现在看起来有些荒谬，但是，就重视母亲在怀孕期间的生活状态与情绪反应而言，还是非常有借鉴意义的。

对于一个刚刚出生的婴儿来说，母亲就是他的全世界。母亲不仅意味着食物上的温饱，同时也提供着精神上的慰藉。[4]母亲微笑，就是世界向他

---

[1]　福禄培尔：《人的教育》。

[2]　梁启超：《梁启超全集》。

[3]　张涛译注《列女传译注》，山东大学出版社，1990。

[4]　朱永新：《母爱是一门学问》，《光明日报》2016年5月31日。

微笑；母亲歌唱，就是世界向他歌唱。心理学家勒内·斯皮茨在研究中发现，如果一个婴幼儿没有感受到这样的爱，即使物质上并不匮乏，也会因为被冷落而真正失去活力，严重的甚至导致死亡，他将这种病症称为"孤儿院症"。

所以，哪怕一个普通的母亲，在满足着儿童最简单的食物需求时，也是在同时满足着儿童对精神与物质的双重需求。但直至今日，很多母亲都并不明白这一点。就拿母乳喂养来说，母乳营养丰富、安全、容易消化吸收，是最适合孩子成长需要的。90% 以上的母亲也完全能够满足孩子的需要。但许多母亲因为把母乳喂养视为简单的满足孩子生理需求的过程，所以用奶粉替代或者让奶妈代劳。其实，母乳喂养同时还是建立母子一体感的重要方式，是孩子精神成长不可或缺的重要内容。

高尔基曾经说过，爱孩子，这是连母鸡也会做的事情。话虽然说得有些刻薄，但也从另外一个角度说明，人类的爱应该不同于其他动物的爱。这就是我们新教育说的"智慧爱"。一般情况下，母亲爱孩子近乎天性。没有母亲会不爱自己的孩子。只不过是不同的母亲可能会选择不同的爱的方式——本能的爱或者智慧的爱。本能的爱，往往只关心孩子的温饱与安全；智慧的爱，还要关心孩子的精神世界，满足孩子的好奇心与探究心等心理需求。

我认为，对于母亲来说，在教育上特别需要注意以下几个问题：

第一，要意识到自己在教育孩子过程中的不可替代性。在母亲和孩子之间存在着一条特殊的纽带，特别是在孩子诞生的初期，尤其要关注孩子的方方面面。蒙台梭利（Maria Montessori）曾经对婴儿刚刚出生时的环境与教育提出了以下几个原则：母亲应该尽可能与婴儿多交流接触；让婴儿的环境与母亲子宫内安静、黑暗、恒温的环境尽可能相似，在温度、光线和声音等方面与出生前不要相差太大；抚摸与抱起婴儿时要尽可能轻柔；等等。[①] 母子心连心，母子之间的纽带并不会因为婴儿从体内来到了体外而改变。母爱是一种伟大的力量，也是世界上最神奇的力量。再好的设备，再先进的管理方法，也无法替代母亲对孩子的爱。为什么要给母亲放产假？不仅仅是要给母亲休养生息的时间，不仅仅是要给母亲哺乳的时间，更重要的是给母亲与孩子亲密接触的时间。

---

① 玛利亚·蒙台梭利：《吸收性心智》，蒙台梭利教育研究组编译，兰州大学出版社，2001。

　　第二，要尽早给孩子朗读，讲故事，培养孩子的阅读习惯与兴趣。一个人的精神发育史就是他的阅读史。阅读本身也是建立亲密感，培养孩子对声音的敏感、对阅读的兴趣的重要途径。美国学者吉姆·崔利斯（Jim Trelease）在《朗读手册Ⅱ》的扉页上引用了这样一首诗："你或许拥有无限的财富，一箱箱的珠宝与一柜柜的黄金。但你永远不会比我富有，我有一个读书给我听的妈妈。"①许多妈妈只知道孩子有喝奶的生理需要，却不知道孩子有精神成长的需要，不知道亲子共读会给孩子一生带来怎样的影响。所以，如果说哺育孩子是兼具满足孩子的心灵需求，那么亲子共读则是直接哺育孩子的心灵。在孩子婴幼儿的关键时期，母亲哼唱的儿歌、童谣，母亲讲的故事，母亲与孩子一起翻阅的图画书，是给孩子一生最根本的营养、最重要的礼物。

　　第三，要为孩子营造一个和谐的家庭氛围。在一个家庭中，难免有磕磕碰碰的事情，夫妻之间对许多问题也难免有不同的看法和做法。求同存异，无疑是解决问题的方法。最忌讳母亲与父亲或者家庭的其他成员在孩子面前激烈争吵，让孩子无所适从。天长日久，孩子就会利用父母或者家庭成员之间的矛盾和冲突，投机取巧。所以，夫妻之间如果有不同意见，应该尽可能学会交流，学会妥协。就算无法做到这些而吵架，也一定要回避孩子，千万不要在孩子面前争吵。

　　父亲与母亲，在孩子的生命中扮演着不同的角色，我们不能简单地说，在孩子成长的过程中母亲的作用就比父亲更重要。但是毫无疑问，在孩子诞生的最初阶段，母亲的作用没有任何人能够替代。苏霍姆林斯基（В.А.Сухомлинский）告诉我们："童年是人生最重要的时期，它不是对未来生活的准备时期，而是真正的、光彩夺目的一段独特的、不可再现的生活。今天的孩子将来会成为一个什么样的人，这里起决定性作用的是他的童年如何度过，童年时期由谁携手带路，周围世界的哪些东西进入了他的头脑和心灵。人的性格、思维、语言都在学龄前和学龄初期形成。"②因此，所有成为母亲和将会成为母亲的人们一定要记住：母爱也是一门学问，需要智慧与研习；母亲也是一门职业，需要学习和探究。因为，做好母亲是女人最神圣的天职。

---

① 吉姆·崔利斯:《朗读手册Ⅱ》，梅莉译，南海出版公司，2012。

② 蔡汀、王义高、祖晶选编《苏霍姆林斯基选集》，教育科学出版社，2001。

（五）童年是人生最关键的阶段

正如苏霍姆林斯基所说，童年是人生最重要的时期，它是真正的、光彩夺目的且不可再现的生活。孩子将来会成为一个什么样的人，起决定作用的是他的童年如何度过，由谁携手带路，周围世界的哪些东西进入了他的身心。

不过，童年的秘密还远远没有被发现。我们知道，在人类漫长的历史上，从来没有把儿童当人来看，包括到今天，我们中依然有很多人还没有把儿童当人来看。真正发现儿童、把儿童当人来看待是文艺复兴以后，人们开始尊重儿童，尊重人的地位。特别是自从有了《儿童权利宣言》，规定我们必须要尊重儿童、爱护儿童。但是，有了儿童宪章，我们就真正把儿童当儿童了吗？也没有，更不要说把他当独立的人了。

列夫·托尔斯泰（Лев Николаевич Толстой）曾经说，孩子自出生到5岁的这段年龄期内，他从周围世界中所摄取的智慧、情感、意志和性格等诸方面因素，要比他从5岁到一生终了所摄取的多许多倍。这句话很有意思，它说明了家庭教育的重要性，说明了孩子在5岁前家庭教育的意义。

（六）家风是家庭最重要的财富

近年来，习近平总书记多次对家庭教育问题发表重要讲话，把家庭建设、家风建设作为教育的重要内容。在2015年2月17日的春节团拜会上，总书记说："家庭是社会的基本细胞，是人生的第一所学校。不论时代发生多大变化，不论生活格局发生多大变化，我们都要重视家庭建设，注重家庭、注重家教、注重家风。"

所谓"家风"，就是指家庭的作风、风气、风格与传统，是一个家庭长期培育形成的一种价值取向、性格特征和文化氛围，一般是指由父母或祖辈提倡并能身体力行，用以约束和规范家庭成员的风尚和作风。作为一种精神力量，家风对家庭成员具有强大的感染力和约束力，是家庭伦理和家庭美德的集中体现。

家风是家庭教育的结果，是一个家庭通过对家规家训的明确倡导和家庭长者长期的言传身教熏染积淀养成的。家风一旦形成，本身就成为教化的资源，对家庭成员尤其是家族子弟具有"润物细无声"的意义，古人所说的"渐渍家风"就是这个道理。也就是说，家风既是长期家庭教育的结果，也是家庭教育的重要资源。

家风最显著的特点就是榜样性和传承性。所谓榜样性，是指家风作为一个家庭或家族共同认可的价值观，它的提出具有权威性和典范作用。在中国传统家庭或家族，往往由家庭或家族内德高望重的长者提出家规族约，并且身体力行。家庭和家族成员出于对他们的敬仰、尊重和信任，会无条件地践行和模仿。没有榜样的接力，就难以形成真正的家风。而家风一旦形成，本身也会通过家规家训的方式固化，通过文字记载和口耳相传的方式代代相传，延续下去。这就是家风的传承性。

家风对于家庭建设和人才培养具有非常重要的价值。以山东诸城东武刘氏家族为例。刘氏家族原来并不显赫，是世代为农的新移民。刘必显是家族中的第一个进士，官至户部广西司员外郎，晚年辞官归故里，致力于子孙的教育，立下了"当官清廉、积德行善、官显莫夸、不立碑传、勤俭持家、丧事从简"[1]的家训。从清顺治年间刘必显中进士到道光末年的近200年间，刘家7代人先后出了进士11人，举人35人，七品以上官员73人，官位从知县、知府、道台、学政、布政使、巡抚、总督、尚书一直到内阁大学士、军机大臣，最为著名的就是刘统勋、刘墉父子。[2]

习近平总书记的家风也是当代家风传承的典范。在父亲习仲勋88岁生日时，无法赶回参加寿宴的他，给父亲写了一封祝寿信。他深情地回忆说，"父亲的节俭几近苛刻。家教的严格，也是众所周知的。我们从小就是在父亲的这种教育下，养成勤俭持家习惯的。这是一个堪称楷模的老布尔什维克和共产党人的家风。这样的好家风应世代相传"[3]。他把父亲对自己的教诲也努力传承下去。总书记夫妇为女儿取名明泽，就是希望女儿能够"清清白白做人，做个对社会有用的人"，既寄托了他们对女儿的期许，也体现了总书记家风的传承。

家风与社会风气有着密切的联系。家庭是社会的细胞，任何时代的家风总会打上时代的烙印，与社会的价值观和社会风潮相适应。如中国古代

---

① 李瑶:《诸城刘氏家族与乾嘉政治》，山东师范大学，2007。

② 张其凤:《刘墉家族与日照》，山东人民出版社，2012。

③ 《习仲勋传》编委会编《习仲勋传》，中央文献出版社，2013。

占统治地位的儒家文化，把仁、义、礼、智、信作为"五常"之道，把孝、悌、忠、信、礼、义、廉、耻作为"八德"。"五常""八德"作为封建社会人们的行为规范，就普遍存在于家风之中，一直延续到今天。

中共十八大报告提出了"富强、民主、文明、和谐，自由、平等、公正、法治，爱国、敬业、诚信、友善"24 字社会主义核心价值观。这个价值观具有鲜明的时代性和极大的包容性，既说明了实现中华民族伟大复兴的中国梦的宏伟目标，与世界"和平与发展"的主题完全一致，也表明了中国的发展，不仅不会成为世界的威胁，而只会成为代表人类正义潮流更重要的力量之一。

中国人的核心价值观应当是中国人的世界观、人生观、宇宙观的高度概括，不仅可以给中国的未来指明发展方向，同时也能得到世界各国的信任和认同，并且能够作为包括华人在内的所有人的道德准则，也应该是当代新家风建设的指导思想。

社会主义核心价值观涉及个人、社会与国家三个层面，内容非常丰富，体系非常完备，直接作为当代家风建设的内容有些庞大，由此，我联想到，能否将这 24 个字的核心价值观的内容做更中国化、更简约的表达，并作为当代家风建设的指导？我个人主张，应该在"仁义礼智信"的基础上建构一个能够相对超越时间与空间的中国人的核心价值观，作为新时代的新家风的基本守则。

至于用哪几个汉字，可以组织专家充分研究讨论，广泛征求人民意见，最后由国家相关部门决定。我个人则建议把"仁义勤朴和"作为核心价值观的中国化、简约化的表述。

1. 先说"仁"与"义"

仁者爱人，人人互爱。孔子曾经把"己所不欲，勿施于人"和"己欲立而立人，己欲达而达人"[①] 作为"仁"的主要内容，表现在具体的行为上，又体现在对父母为孝，对兄弟为悌，对朋友为信，对国家为忠，对人则有爱心。新人才标准中提到的爱国情感与天下情怀与其是一脉相承的。

义者敬人，有制度以规范之。孟子说："仁，人之安宅也；义，人之正

---

① 张燕婴译注《论语》，中华书局，2006。

路也。"[①]"义"更多与正义、公益相联系。在当代,"义"的内涵更加丰富,可以解读为要学会遵循社会的道德规范和法律法规,学会尊重和帮助弱势人群,学会维护社会的公平正义。

2. 再说"和"

和者,多样共处、共生之道也。2014年5月15日,在对外友协成立60周年纪念活动上,习近平主席曾经用四个"观"来解释中国的"和"文化。他说:"中华文化崇尚和谐,中国'和'文化源远流长,蕴涵着天人合一的宇宙观、协和万邦的国际观、和而不同的社会观、人心和善的道德观。"

3. 最后说"勤"与"朴"

《易经》的思想集中体现了中国人的思维方式。"天道酬勤"中"勤"这个字背后是"乾道"的精神,"天行健,君子以自强不息"。[②]勤劳、勤奋、自强不息,是中华民族的优良美德,永远不过时。总书记对新时代人才提出的青春梦想与实干精神,以及健体强身等要求,一个"勤"字,也完全可以涵盖。

"朴"这个字背后则是"坤道"的精神,大地如此卑微,被我们踩在脚下,却承载着万物。朴实、简朴、厚道,是中华民族的优秀传统,也是当前社会缺失的基本美德。

"勤"与"朴",这两个字在当下具有特别的时代价值,在片面强调虚拟经济、片面强调资本运作的今天,我们尤其不应该忘记"勤"。在片面强调炒作品、片面强调无情竞争的当下,我们尤其不应该忘记"朴"。

总之,新时代的新家风,既要反映鲜明的时代特征,反映社会主义核心价值观的基本内涵,也应该回到中国人自古以来不变的信仰。所以,用"仁""义""勤""朴""和"这五个字贯通二十四字核心价值观,作为新时代新家风,是一种更中国、更简约的表达,不仅易学好记,而且有助于树立中国人追求和平、谦谦君子的国际形象,有助于中华民族大家庭建立共同的和谐价值观。

[①] 朱熹集注《孟子》,上海古籍出版社,2013。

[②] 马恒君注释《周易》,华夏出版社,2001。

（七）家庭教育是最薄弱的环节

家庭的教育价值远远没有被认识。英国学者赫胥黎（Thomas Henry Huxley）说："欲造伟大之国民，必自家庭教育始。"①

家庭之路充满着无证驾驶的"司机"。没有驾照不能开车，违规要罚款。然而，做父母却不要任何培训，也不需要证件就可以自行其道了。实际上，做父母比开车要复杂一百倍、一千倍。一个孩子的方方面面，从生理到心理到养育方式，从知识的学习到人格的养成，是一门大学问。但是，我们不需要接受任何培训就可以做父母，就可以对孩子发号施令了。如果一个国家充斥着这样的"司机"，这个国家一定是危险的。

蒙台梭利曾经告诫我们：无知地对待儿童比无知地对待成人更可怕。在成长发育的过程中，儿童如果没有得到适当的照顾，他们长大成人后会报复社会。②无知地对待儿童，比无知地对待成人后果要可怕得多。这会在儿童的心中产生巨大的障碍，进而形成一种阻碍世界发展的个性。如果没有父母无知地对待儿童，这个世界可能就会美好许多。我们无法统计，有多少家庭、多少父母是不熟悉教育的常识的，是没有做父母的"驾驶执照"就匆匆上路的，但这样的父母在生活中经常可以看到。之所以无知地对待儿童比无知地对待成人更可怕，是因为儿童是软弱的、被动接受的、听天由命的、无法抵抗的，而成人是有意识的、有选择能力的、可以抵御的。

（八）家校合作是最有效的教育

家校合作共育是指通过家校互动、亲子共读、新父母学校、家校合作委员会等形式，强化家校共育机制，建立新型的家校合作方式，让父母更多地参与学校生活，引领父母与孩子共同成长，使家庭教育与学校教育协同互补、互相促进，最终实现家庭、学校教育的协调发展。

家校合作共育在整个教育体系中具有十分重要的地位。首先，它有利于发挥家庭的教育功能。把学校的孤军奋战变为家校携手，家庭的教育力

---

① 托·亨·赫胥黎：《科学与教育》，单中惠、平波译，人民教育出版社，2005。

② 玛利亚·蒙台梭利：《有吸收力的心灵》，郭志鹏译，天津社会科学院出版社，2010。

量得以充分发挥。其次，它有利于建立现代学校制度。现代学校制度是一种协调校内和校外关系的制度安排。现代学校制度把学校视为一个开放的组织，它不仅关注学校内部的运作过程，而且也重视学校与家庭、社会的互动过程，强调学校利益相关者在制度构建和发展中的作用。2012年，为推进现代学校制度建设，教育部发布了《关于建立中小学幼儿园家长委员会的指导意见》，提出要"充分认识建立家长委员会的重要意义，把家长委员会作为建设依法办学、自主管理、民主监督、社会参与的现代学校制度的重要内容，作为发挥家长在教育改革发展中积极作用的有效途径，作为构建学校、家庭、社会密切配合的育人体系的重大举措，以更大的热情，更有效的措施，创造更好的条件，大力推进建立家长委员会工作"。所以，组建家长委员会，让父母参与学校的教育工作，是建立现代学校制度不可或缺的内容。同时，家校合作还有利于提升教育教学质量，有利于提高学校教育满意度，有利于形成良好师生关系，有利于构建和谐家庭关系，有利于父母孩子共同成长等。

从新教育实验学校许多家校合作的范例中，我们已经看到父母参与学校管理事务带来的巨大力量，让父母成为学校教育孩子的好帮手，从与学校对立变成友好，改变了学校的生态。中国的很多父母，一方面抱怨教育，一方面，自己又做着很多违反教育规律的事情。因为他们不懂教育，拼命把孩子送到各种补习班，把孩子的时间占得满满的，使得孩子没有自由生长的可能性。通过父母参与学校教育，父母可以获得更多教育知识、能力，从而成为中国教育的积极力量，形成一种正能量。家庭教育在这个过程中起到关键的作用。

教育始于家庭，父母责任重大。家校合作共育，孩子健康成长。让我们一起加油，为中国家庭教育的事业发展贡献智慧与力量！

二、与孩子一起成长

家庭教育最重要的方法与路径，就是学会与孩子一起成长。父母好好学习，孩子天天向上。没有父母的成长，永远也不会有孩子的成长。与孩子一起成长，是家庭教育最美的精神风景，也是父母最美的人生姿态。

（一）父母为什么要与孩子一起成长

长期以来，我们都把成长看成是孩子的事情，其实不然。成长是父母与孩子共同的事情，是父母与孩子必须共同面对的问题。我们可以从三个方面认识这个问题。

1. 成长是人生重要的使命

成长，中文的意思很明确，即长大，成熟，就是一个人自身不断变得更好、更强、更成熟的一个过程。从这个意义上来说，人的一生，就是一个不断学习、不断成长的过程。

长期以来，我们往往把成长看成是一个阶段性的任务，把成长视为仅仅在学校里才能完成的任务。一旦离开学校，就可以不再阅读，不再学习，不再成长了。其实，这也是我们教育的最大失败。因为成长本身也是一种习惯，一种能力。生命不息，成长不止，才是一个人生命最美的姿态。

前不久读到日本著名图画书作家的一本书《孩子没问题，大人有问题》，其中举例说明了现代社会大人的许多问题。他发现有十种类型的大人：总是心神不定的大人；早已筋疲力尽的大人；总是试图考验孩子的大人；就是喜欢义务和服从的大人；任何时候都不懂装懂的大人；喜欢贬低他人，保持优越感的大人；总是对自己在社会中的位置忐忑不安的大人；本应引导，却喜欢教导的大人；再怎么说也是缺少学习精神的大人；不知何时已经不想做人的大人。[①] 由这十种类型可以看出，作为成年人的"大人"，仍然面临着成长的艰巨任务，成长，仍然是每个父母重要的使命。

在成人的词典里，错误永远属于孩子。因为他自己就是标准，就是法典，就是正确的化身。成人可以随意评价孩子、批评孩子，甚至辱骂孩子。成人也可以麻木不仁，不理睬孩子。其实，犯错误的往往是成人，是孩子的父母。孩子有口难辩，有怨难申。

---

① 五味太郎：《孩子没问题，大人有问题》，李奕译，南海出版公司，2016。

儿童的许多问题其实是成人造成的。善于教育的成人，往往是善于向儿童学习的人。儿童是一面镜子，从他们的身上可以看出我们教育的成败得失，看出我们应该改进与反省的行为。这样，我们就会与孩子一起成长，我们的社会也因此更加美好。

2. 父母是孩子成长的楷模

许多父母要求孩子读书、做作业，自己却在家里嗑瓜子、搓麻将、玩游戏、看电视，因为他们下意识认为，成长只是孩子的事情，与自己无关。许多父母关注孩子成长中的各种问题，为孩子的各种问题焦虑、烦躁。其实，他们并没有意识到，问题往往出在自己身上。

孩子是最伟大的观察家，他们一直在观察着成人的行为，考量着父母的举动。所以，父母应该努力成长，并且成为孩子的成长榜样。被称为"韩国第一妈妈"的张炳惠博士，将自己的三个中国继子送进了哈佛大学和耶鲁大学，特别是曾经被认定有学习障碍的老二，他从哈佛大学毕业以后在曼哈顿商界叱咤风云，成为一流的企业家。她在《好孩子的成长99%靠妈妈》这本书中写道，孩子在成长过程中是通过模仿，从生活中一点一滴地学习和积累人生经验的。忙碌了一天的她，每天回家做完家务，从来不看电视，她说："对于忙碌了一天的我来说，看一个有趣的电视节目，放松一下紧张的大脑是一个非常不错的选择，但是，如果我看电视，孩子们也会去看电视。因此，我宁愿把看一本有趣的书当作休息。"在她的榜样影响下，三个孩子都把读书当作世界上最有趣的事。

3. 一起成长才能更好成长

一个人走可以走得很快，一群人走才能走得很远。其实，家庭成员的成长也是如此。父母仅仅满足于自己的成长是不够的，甚至仅仅用自身的成长故事、人生榜样影响孩子也是不够的。成长有一个共作效应，有一个生命的成长场。父母与孩子一起阅读，与孩子一起锻炼健身，与孩子一起郊游走进大自然，与孩子一起参观博物馆，不仅仅能够让孩子拓宽视野、增强体质，自己也会收获满满。

父母与孩子在成长的过程中完全是互动的关系。父母的成长会带动孩子的成长，孩子的成长也会促进父母的成长。过去我们说，强将手下无弱兵，其实优秀的父母也往往更容易培养出优秀的孩子。反过来，优秀的孩子也会推动父母成为更优秀的父母。

（二）父母与孩子一起成长的三个维度

父母与孩子在哪些方面一起成长呢？

新教育实验提出了新生命教育的体系，可以作为一个参考。我们把人的生命分为自然生命、社会生命和精神生命三个维度。自然生命是指个体的物质存在，如身体、组织、器官等身心系统。社会生命是指个体与人、自然、社会形成的交互关系。精神生命是指个体的情感、观点、思想、信仰等价值体系。人的三重生命之间是互相联系、互相制约、辩证统一的关系。

在一定程度上而言，人一生的成长，就像筑造一座金字塔，以自然生命之长、社会生命之宽为底座，底座越牢固越庞大，精神生命之高则越可能坚不可摧，直至高耸云霄。而一个人的人生是否幸福，也是由生命的这三重属性共同决定的。自然生命之长强调延续存在的时间，社会生命之宽重在丰富当下的经验，精神生命之高则追求历久弥新的品质。长、宽、高三者的立体构筑，构成了生命这一"容器"的容量。一个平常的肉身究竟能够走多远？一个普通的灵魂究竟能够创造怎样的传奇？要从生命的长度、宽度、高度三个维度观照，进行追寻。

从一个理想的生命状态来说，全面地拓展生命的长度、宽度和高度是最完美的生命结构，但由于生命的偶然性和不确定性，生命的长度有时是不可控制的。有些生命虽然很短暂，但是由于其生命拥有足够的宽度和高度，他们的生命容量依然很庞大，生命的品质依然很高洁，足以形成一座伟大的丰碑。

父母如何在这三个方面与孩子一起成长呢？

1. 要拓展自然生命的长度

人的生命是有长短的，这主要指人的自然生命。自然生命是社会生命、精神生命得以存在的前提。离开自然生命，社会生命、精神生命就不可能存在。自然生命的长度，有效地保障并促进着社会生命、精神生命的继续发展。我们经常说，身体是1，其他是0，因为有了身体的这个1，后面的0才有意义。所以，父母应该把拓展自然生命的长度放在最重要的位置，学会保持健康的生活方式，同时培养孩子的健康习惯，共同学习各种安全知识，尤其是居家、出游时如何防范各种灾害的知识与技能，在关键时候能够进行自救与他救。

2. 要拓展社会生命的宽度

人是一个社会动物。一个人总是生活在一个社会团体之中，从家庭到职场，从网络到社区，人与人之间形成了复杂多元的社会关系。在各种关系之中，你能否成为一个受人欢迎的人？能否从家庭、职场、网络、社区中得到温暖与抚慰？这些都与一个人的为人处世水平有关，也在一定程度上体现了人的生命宽窄程度。

人的社会生命也制约着自然生命的丰富和精神生命的提升。每一个自然生命都会被时空所局限，此时社会生命的宽度，影响着人们对自然生命的认知和把握，并从很大程度上决定了精神生命的境界。所以，父母要学会友善待人，学会悦纳他人，学会心理换位，做一个受人尊重和欢迎的人。同时，通过自己的热情、真诚、厚道、谦逊、无私，扩大孩子的人际交往圈，培养他们的社会交往能力，拓宽孩子社会生命的宽度。

3. 要拓展精神生命的高度

精神世界是人类特有的世界，是人的尊严与价值所在，也是人最为宝贵的家园。人的精神生命能够最大限度地突破自然生命、社会生命的局限，绽放人这一特殊生命体的存在价值。精神生命的高度，是对自然生命、社会生命的最终升华与定格。在人的生命的三重属性之中，社会生命和精神生命是人的本质属性，离开社会生命和精神生命，人的自然生命就退化为简单的动物属性，不可称其为人。

所以，父母要有自己的精神追求，有自己的价值观与人生信仰，要学会热爱阅读，过真正意义上的精神生活。父母也要引导孩子关注形而上的东西，养成敬畏感，形成阅读的习惯，喜欢精神生活。

总而言之，只有集自然生命之长、社会生命之宽、精神生命之高，才能够形成一个立体的人。这样的生命体，也才是我们认为的幸福完整的人。成长，作为人一生的使命，也要围绕着生命的三个维度修炼。

（三）父母与孩子一起成长的主要路径

父母与孩子如何一起成长呢？

父母与孩子一起成长，作为矛盾主要方面的，应该是父母。所以，作为父母，如何真正具有与孩子一起成长的自觉意识，如何在自我成长、自我发展的同时，带动孩子一起成长，是需要用心思考、努力探索的。具体来说，我认为以下六个方面是比较重要的。

1. 儿童是成人之父

学会向孩子们学习，是一起成长的前提条件。儿童虽然是父母之子，然而又如蒙台梭利所说："儿童是成人之父。"[①] 为什么说儿童是成人之父？我们这里讲的儿童，并不是指纯粹肉体上的儿童。有些孩子年龄尚幼，却已经不是用儿童的眼睛看这个世界，相反有些成人可能年岁已高，但仍然童心未泯。儿童真正的伟大，在于用一双没有遭受污染的眼睛看这个世界，在于用一个没有任何功利的大脑思考这个世界。儿童是天生的诗人，所以，在儿童的世界里，天空是湛蓝的，森林是茂密的。

儿童是一个个未经雕琢、未受污染的个体，虽然不够成熟，但是足够珍贵。儿童身上保存着人类最珍贵的品质。

第一个品质，好奇好问。当儿童来到这个世界的时候，一切都是他所未知的，他对世界的一切都充满着好奇，他想探索，他想了解，好奇心和提问题是他打开世界之门的钥匙。

第二个品质，纯洁天真。儿童是纯洁的、天真的，没有我们成年人世界的尔虞我诈、钩心斗角，没有种种虚假、狡诈、丑恶。在生活中，我们如果说一个人很天真，很纯真，很纯洁，往往就是表示他有童心。这自然也是弥足珍贵的。

第三个品质，无忧无虑。儿童本质上对这个世界是不设防的。他没有什么忧虑，不用担心明天，也不用考虑油盐酱醋，不用担心任何的事情，他只要啼哭，旁人差不多就能满足他的需要，所以儿童是快乐的。一个人一天到晚愁眉苦脸、担惊受怕，那他就不是儿童了，因为他有着成年人世

---

① 玛利亚·蒙台梭利：《蒙台梭利幼儿教育科学方法》，任代文译，人民教育出版社，2001。

界的痛苦。儿童其实是真的没有痛苦的，或者说儿童的痛苦都是瞬间的，在他的躯体和其他需要得不到满足的情况下，他会表现出短暂的痛苦。

第四个品质，活泼好动。这个和好奇好问是紧密联系的，他要不断地去探索，就需要活动，通过他的肢体，以各种各样的方式去感受世界。他要释放他的能量，你让一个儿童坐在那不动，双手背起来听老师讲课，那你已经不是在把他当作儿童来对待。儿童是活泼好动的，好动是儿童的天性，所以你要跟他游戏、跟他玩，你要跟他奔跑，你要让他走进自然。

第五个品质，不惧权威。成年人世界是有角色之分，是有上级和下级的，有领导和被领导的关系，是有权威的。儿童世界里没有权威，没有大小，完全平等。所以当儿童和你争辩，儿童和你讨论，儿童和你坚持，你不要觉得是他太倔强了，这是因为他根本没有把你当权威。当他发现权威、承认权威的时候，他已经不完全是儿童了。

这五个品质基本上可以勾画出一个儿童基本的模样。我们看这五点基本特征，恰恰是人类最宝贵的五点品质。成年人是不是能够勇于探索，是不是能够真诚待人，是不是能够乐观开朗，是不是能够乐于行动，是不是勇敢坚毅，与他们在儿童时期这些品质是不是得到呵护有很大的关系。随着人的成长，随着生活世界给我们的标准提高，我们的童心会不断地削减乃至泯灭，我们慢慢地就不再是儿童了。所以一个人如果能始终让大家觉得他有儿童的纯真，有儿童的纯洁，有儿童的好奇，是非常了不起的。儿童本身具备的品质，值得我们用心呵护。我们要珍惜儿童身上这些宝贵的品质，让儿童有真正的童年，让成人有真正的童心，让儿童童年的长度能够不断地延长，让现在的成人更多地拥有童心，才能体现这个国家的高度。

所以，儿童与其说是父母创造的生命，不如说是自然赐予父母的小小神灵。他是父母的一部分，也是世界的一部分，是父母与神秘未知联系的纽带。我们应该真正怀着谦卑的心，尊重这个小小的神灵，向他学习，与他共同成长。

父母虽然也是从儿童阶段成长起来的，他们经历了孩子所经历过的一切，但是他们基于成人的本能会拒绝向孩子学习。而且，父母的经历往往是未经省察的经历，在这个意义上，儿童对父母来说仍然是陌生的。所以父母作为成年人，应该经常在精神上重新回到童年，应该向儿童学习，永远保持一颗赤子之心。

2.理想是成长之魂

有追求才会有动力，但如何才能让孩子有梦想，有追求？关键是用理想点燃理想，用激情引发激情。杭州师范大学附属中学原校长、碧桂园洋浦湾学校总校长、中国教育学会家庭教育专业委员会首批讲座专家陈钱林对此深有体会。他有一对龙凤胎，女儿陈杳16岁考上南方科技大学首届教改实验班，20岁获三所世界名校全额奖学金，考取了新加坡南洋理工大学博士，研究基因相关课题。儿子陈杲14岁考上中国科技大学少年班，18岁获美国纽约州立大学全额奖学金，2015年解决了困扰数学界38年的关于引力瞬子的世界难题，曾在美国微分几何研讨会、环太平洋微分几何会议发言，并应邀赴加州大学、威斯康星大学、哈佛大学等讲学。

陈钱林告诉我，在孩子读小学时，领导安排他到浙江省瑞安市安阳实验小学当校长。他就与俩孩子商量去不去，把"与孩子商量大人的事"作为家庭教育的事来做。后来，他在安阳实验小学当了十年校长。十年间，一所新校变成当地名校，他也成长为一名知名校长。这十年，正是俩孩子7岁到17岁的家庭教育黄金期。俩孩子小学高段时，他把他们转学到自己的学校来，这样，俩孩子更关注学校了。每当学校取得成绩，俩孩子都非常兴奋；每当学校碰到困难，俩孩子也很担心。学校的发展，背后有陈校长的事业追求。这些追求，无形中给了俩孩子上进的动力。

陈校长也把自己对荣誉的追求展示给孩子。他先后两次被评为瑞安市拔尖人才，2006年被评为温州十大杰出青年，2007年被评为温州名校长，2008年获聘浙江省政府督学，2011年被评为温州首届教育名家……所有这些过程，俩孩子几乎都全程参与进来。他的追求，也就变成俩孩子的共同追求。

有时候，他更喜欢把自己的失败展示给孩子。比如，2006年去考研究生。他的英语很差，肯定考不上，但还是坚持去考，并且让俩孩子做做爸爸考上研究生的梦。结果，自然落榜，俩孩子很难过。2009年，他去评特级教师，明明知道希望不大，但还是积极参与。后来也落榜。他觉得，需要给孩子展示一种屡败屡战的精神。

陈校长来自普通的农民家庭，他总是把自己的童年生活，特别是在困难中如何好学的故事讲给俩孩子听，也多次带孩子去寻找自己"曾经的足迹"。读大学时，他因家境困难曾去北京接合同做生意，后来农历十二月二十九在上海公平码头误了船。这本来与孩子无关，但他有意强化这件事，从孩子懂事起，就让孩子感受"爸爸曾经的苦难"。在俩孩子 13 岁那年的农历十二月二十九，他特意在大雪中带俩孩子去公平码头，寻找"爸爸曾经努力打拼的地方"。这样一来，把自己的成长史，特别是面对挫折的态度，无形中与孩子们的成长连接起来。陈校长的故事告诉我们，两个孩子的成长不是偶然的，他深有体会地说："希望孩子有追求，首先父母得有追求。"父母不能只做知识的传播者，不能只做特长的培训者，还要做孩子精神成长的引领者。好的家庭教育，要给孩子宽阔的心胸，要给孩子强大的精神力量。

3. 阅读是成长之基

一个人的精神发育史就是他的阅读史。费尔巴哈（L.A.Feuerbach）曾经说过，人是他自己食物的产物。[①] 我相信这不仅仅是对身体说的，也是对精神说的。吃什么我们就会成为什么，读什么我们就会成为什么，我们精神的高度取决于阅读的高度。从个体的角度来说，阅读也许不能增加或者延长我们生命的长度，但是它的确可以拓展我们生命的宽度、厚度、广度、深度。阅读可能不能改变我们的容颜，但是它可以改变我们的气质，提升我们人生的品位。所以，阅读是成长最重要的基石。

优秀的父母一定是善于阅读、勤于学习的父母。这里给大家介绍一下北京第二书房的主人刘称莲的故事。她本来是一位中学教师，从怀孕开始，她就大量阅读教育的书籍，尤其是家庭教育的图书，从蒙台梭利、卢梭、苏霍姆林斯基的著作再到孙云晓、卢勤的书，并且先后参加了"家庭教育指导师""走进青春期工作坊"等多个培训班，自学了心理学、萨提亚等课程。她说，父母是一个特殊的职业，"一旦从事这个职业，就不能辞职，且要 24 小时全天候在岗，没有人领导却最不自由，看似没有规则却工序复杂，还充满了不可确定性"。所以，要想成为合格的父母，就需要不断学习。

优秀的父母，不仅自己要阅读，而且要努力打造一个"书香门第"，为孩子创造一个良好的阅读氛围，建设一个美好的精神家园。刘称莲认为，孩子都是喜欢读书的，因为他们对这个世界充满了好奇，而阅读正好可以满足他们这一天然的渴望。所以，"父母要做的只有两点：一是让孩子有书

---

① 路德维希·费尔巴哈：《费尔巴哈哲学著作选集》，荣震华、王太庆、刘磊译，商务印书馆，1984。

读，二是让孩子读到书"。在孩子上幼儿园的三年里，她每天给女儿读书。女儿上小学以后，他们就买来许多带拼音的有趣的小学生读物，还有《米老鼠》等杂志，随意地放在女儿的写字桌上、床头上，或者家里的饭桌和沙发上，目的就是引起女儿对书的注意，"诱惑"她去读书。女儿读中学以后，他们为女儿买来大量名著，包括英文原版的《暮光之城》《吸血鬼日记》等，还为女儿订阅了《读者》《中国国家地理》《青年文摘》《北京青年报》《博物》等一大批报刊，拓宽她的视野。即使在紧张的高三复习应考阶段，女儿的阅读也没有停止过。最后，女儿顺利拿到了北京大学和香港大学的录取通知书，刘称莲自己也撰写了《陪孩子走过小学六年》《陪孩子走过初中三年》和《陪孩子走过高中三年》等畅销书。"养成读书的习惯，等于在孩子的心里装了一台成长的发动机"，这是一位教育专家曾经说过的一句话，最后成了刘称莲家庭教育的座右铭。

4. 习惯是成长之本

曾经有人问一位诺贝尔奖获得者："您在哪所大学、哪个实验室学到了您认为的最重要的东西呢？"这位白发苍苍的获奖者回答："是在幼儿园。"他说："把自己的东西分一半给小伙伴们，不是自己的东西不要拿，东西要放整齐，吃饭前要洗手，做错了事情要表示歉意，午饭后要休息，要仔细观察周围的大自然。从根本上说，我学到的全部东西就是这些。"

可见，养成良好习惯在个体成长过程中具有特别重要的作用。心理学家发现，每个人在成长中都会养成无数的习惯，这些习惯在人的日常生活中常与其他有意识控制的行为并存，渗透在一个人的思维、语言、行为等各种活动过程中，形成了一个人对外部世界的基本反应。[①] 从某种意义上说，一个人的习惯是怎样的，就意味着其生活方式和生活状态是怎样的。习惯好，则事半功倍。习惯不好，则事倍功半。良好习惯的养成能够让人们习得正确的学习方法和生活方式，形成卓越的能力和高尚的德性，从而拥有幸福完整的人生。

前面提到的陈钱林校长也认为，家庭教育的重中之重就是习惯。他的一对龙凤胎儿女，在上幼儿园前就已经初步养成了几个良好的习惯。一是按时作息的习惯。吃饭睡觉比较有规律，一到规定时间准时上床，早晨自

---

① 林格：《教育，就是培养习惯》，清华大学出版社，2007。

己按时起床。二是卫生习惯。吃喝拉撒都讲卫生，勤洗手，爱干净。三是遵守规则的习惯。两个孩子在游戏中有时会争吵，但是最后都服从事先制定的游戏规则。四是与人分享的习惯。凡是自己喜欢的东西并不独享，一定要和别人（包括大人）分享。五是不打骂、不撒野的习惯。遇到任何不开心的事情，不打人不骂人。六是自理的习惯。凡是自己能够做的事情一定自己完成，从吃饭睡觉洗漱，到整理玩具等，全部自己做。七是阅读的习惯。从小养成对书的浓厚兴趣，什么书都喜欢翻翻。

父母要培养孩子的良好习惯，自己首先要有良好的习惯，用好习惯培养好习惯，是最有效的教育。父母通宵达旦打扑克、搓麻将，却让孩子按时作息；父母自己看电视，却让孩子阅读；父母自己邋里邋遢，却让孩子讲卫生；父母自己自私小气，却让孩子与人分享等，父母的这些行为都是不可能培养孩子良好的习惯的。所以，要一起成长，合力塑造第二天性，让好习惯成为父母与孩子的共同财富。

5. 敬业是成长之道

作为一个成年人，最主要的工作体验、生活经验都是在职业场所发生的，我们的社会交往圈一般也与职业有关。因此，我们的职业尊严感、成就感，我们受人敬重的程度和我们人生的幸福指数，也都与我们的工作状态密切相关。而这一切的背后，都与我们是否敬业有着很大的关系。

敬业，是一种态度、一种精神，也是一种习惯、一种能力。所谓敬业，就是认认真真、踏踏实实、一丝不苟地做好每一件事，关注每一个细节。所谓的细节决定成败，其实就是是否有敬业精神决定成败。前面提到的"韩国第一妈妈"就是一个很好的案例。在孩子很小的时候，张炳惠博士白天在一所大学做教授，晚上回家做家务、写论文。她从来没有出去喝过酒，下班后马上回家做家务，总是在书房里学习到很晚。在她学习的时候，孩子就在她身边一起看书，并且比赛看谁读的书多，孩子很快成为附近图书馆里有名的"书虫"。她这样总结自己教育的两个原则："首先，无论在什么情况下，我都不强求孩子们做什么，而是力求成为他们的榜样；其次，在生活中，我竭尽全力做好每一件事。"竭尽全力做好每一件事，就是一种敬业精神。

当然，敬业不仅仅体现在职场，也体现在日常生活的方方面面。儿童是最热情的观察者、最伟大的观察家。孩子特别容易被成人的行为所吸引，进而去模仿他们。在孩子的眼里，一切都是新的，一切都是充满着趣味的，一切都逃不过他那双好奇的眼睛。但是，孩子还不能够适应快速的节奏，所以，父母应该放弃成人的节奏，转而用孩子能够理解、观察、模仿的节奏去行动。正如教练员用一个个分解的动作示范给那些初学者那般，否则，父母的行动就无法被孩子所接受、学习和重复。用自己的敬业精神做孩子人生的楷模，是好父母的必修课。

6. 家庭是成长之源

家庭是成长的源泉。父母与孩子的共同成长，尤其是孩子的成长，主要是在家庭中实现的。

儿童是世界上最伟大的模仿家。他看见什么，他就会成为什么。我们不知道儿童早期的所见所闻如何印刻在他的心中，又如何影响着他今后的心灵与行为。但是，毫无疑问，这些东西从来没有消失过。在任何一个成人的身上，总能够寻找到他儿童时的痕迹，因此，在一定意义上也能够寻找到他父母的痕迹。

我们生活在两个世界之中：物质的世界与精神的世界。我们每个人也由两个部分组成：身体与心灵。在家庭中，如何让这两个世界和谐发展，让动与静、阴与阳、身体与心灵协调成长，是一个非常重要的课题。精神的世界，心灵的成长，与前面说的阅读有着非常重要的关系。但是，仅仅通过阅读是无法完成心灵成长的任务的，因为，心灵与身体、精神世界与物质世界也是不可分割的。

如前所述，拓展生命的长度本身是一起成长的重要内容。美国卡耐基委员会在一份咨询报告中指出："没有比健康知识更重要的知识。没有它，就不能成功地实现人生中的任何目标。"在家庭中，亲子共同运动应该成为重要的必修课。父母在自己注重健身的同时，应该尽可能与孩子一起运动，一起郊游，一起走进大自然。大自然是一位无声的老师，陪孩子走进大自然，无论是游览、交友还是呼吸自然的空气，都是孩子生命中不可或缺的部分。运动的过程中、走进大自然的过程中，自然而然地蕴含着相关训练，孩子会在潜移默化中获得探险的精神、坚毅的品质、交往的能力等。正如蒙台梭利所说，现代文明正在慢慢把自然环境从儿童那里"收了回去"。无论是城市，还是乡村，与儿童的生命节奏相适应的东西正在迅速消失。儿童再也没有机会在田野里采摘，在河流里游泳，在瓜田里尝鲜；没有机会手牵牛羊，耳听鸡鸣狗叫。"儿童就像一个流放在世的人，孤立无助并受到奴役。"

自然是儿童之父。所以，我们应该尽可能创造适应儿童生命节奏的生活环境，不能够把成年人的生活方式强加给孩子。应该尽可能让孩子走进大自然，倾听大地的呼吸。

在这个方面，张炳惠博士也有非常好的做法可以借鉴。在她的家中，不会去教英语、数学等在学校里可以学到的内容，而是"教孩子们在人间应有的生活姿态"。每个星期，她都会制定几个主题对孩子们进行相关的教育活动。如周一的主题是对人类的认识。让孩子认识人类为什么要生存下去，人与人之间的关系是怎样形成的，家庭的概念是什么等有关人类生活的基本常识。周二的主题是自然。带孩子去附近的公园、湖边等地方散步，让孩子去听鸟鸣、闻花香、看昆虫，直接感受大自然。她认为，听鸟鸣和雨声可以培养孩子对音乐的感性认识，自然的风景也会培养孩子的美感。周三的主题是科学。他们不去学习学术上的科学知识，而是关注生活中的科学，自然中的科学，培养孩子的观察力，养成孩子从多种角度观察同一事物、思考同一问题的习惯。周四的主题是超自然。如讨论神话、传说，畅想未来等。周五则是自由话题。结合一周以来有趣的问题继续展开讨论交流。

阅读强壮精神，自然丰富心灵，运动强健体魄，三者互相对应，又动静结合，相得益彰。整个家庭是一个世界，是一个阴阳结合的世界，是一个不可分割的整体。父母与孩子共同生活，互相陪伴，一起成长，这应该成为家庭的基本生活方式。

家庭教育，不仅仅是简单的教育孩子，更是我们父母的自我教育。成长，不仅是孩子的事情，更是我们自己的事情。没有我们父母的成长，永远不可能有孩子的成长。与孩子一起成长，才是家庭教育最美丽的风景，才是父母最美好的人生姿态！

三、新家庭需要智慧爱

　　高尔基曾经说过，爱孩子，这是母鸡也会做的事，但要善于教育他们，这就是国家的一件大事了，这需要才能和渊博的生活知识。的确，爱孩子容易，真正地懂为何去爱孩子，真正地会爱孩子，慈悲地爱孩子，却并不是一件容易的事。

　　在互联网高度发达、信息化、智能化和二孩政策的背景下，我们的家庭教育面临着一些新的变化和新的挑战。如何采取有效的应对措施，让我们的家庭教育更加科学，具有智慧爱，是一个紧迫而重要的问题。

（一）新家庭：信息化与二孩政策提出的新要求

　　我们说的新家庭，其实具有许多含义。也就是说，与传统家庭所处的时代背景相比，我们需要迎接许多新的变化。

　　如传统家教一个重要特点是通过家规、家训、家风等形式，对家庭教育进行规范，用制度和仪式对儿童进行教育。常言道："国有国法，家有家规。"但是现在这个文化传统在一定意义上发生了断裂。

　　再如家庭规模发生了新的变化，20 世纪 50 年代之前，我国家庭每户的平均人口数基本上保持在 5.3 人的水平上，但 1990 年缩减到 3.96 人，2010 年缩减到 3.10 人。2012 年居民家庭户的平均规模为 3.02 人，中国已是平均家庭规模较小的国家。[①] 现在虽然出台了二孩政策，但短期内家庭人口规模不会发生很大的变化。

　　这里，我们主要从两个方面分析目前中国家庭面临的关键的问题，我们也将之称为"新家庭"面临的主要问题。

---

　　① 国家卫生和计划生育委员会编《中国家庭发展报告 2014》，中国人口出版社，2014。

1. 信息化的挑战

现在的孩子都是互联网的原住民。小学生就可以用电脑、iPad、手机等熟练上网，发微信、打游戏、QQ 聊天、写微博。他们的信息来源进一步多元化，网络、电视和手机等媒介组成的信息化"围城"，已成为学校、家庭、伙伴之外对青少年学生影响较大的因素，许多孩子在某些方面比父母懂得更多，后喻社会的特征越来越明显。

一方面，包括自媒体在内的各种媒体通过网络为孩子们提供了大量丰富的信息，孩子们可以通过生动有趣的方式轻轻松松地掌握各种人文、科学知识。同时网络也为孩子们提供了一个满足交往需要的虚拟空间。

另一方面，互联网上也存在大量色情、暴力、歪曲历史等趣味低下的有害信息，对少年儿童造成负面影响。由于自控力不够，许多孩子或者沉溺网络不能自拔，或者受不良信息影响染上不良习惯。如果父母亲和教师缺乏引导，尤其是缺乏亲密、和谐、民主的家庭沟通氛围，就会造成父母与孩子之间的隔阂、矛盾和冲突，形成代沟，让孩子转而从网络中寻求安慰与快乐。

2. 二孩政策的挑战

据国家卫计委统计，2017 年前 5 个月，全国住院分娩活产数为 740.7 万人，比 2016 年同期增加 7.8%，其中二孩及以上占 57.7%，比例超过一半。专家分析，这不能证明生育率有多大提升，因为生育二孩的高龄育龄女性数量远多于生育一孩的年轻女性，以及全面二孩政策放开以后的堆积效应。但是，大部分家庭的二孩化，对家庭教育产生的新的影响也是巨大的。

一方面，二孩政策导致许多家庭的家庭结构发生变化，由之前四个老人一对夫妇围绕一个孩子的"四二一"式转变为"四二二"式，教育孩子的精力开始分散，孩子受到的关注也会有所下降。但是家庭成员的多样化会让孩子体验到更为多样化的情感形式，比如兄弟、姐妹情等，也产生了新型的竞争与合作关系。如何发挥新型家庭结构对教育的有利影响，让孩子们相互帮助、共同成长，对于夫妇都是独生子女的家庭，是一个新的课题。

另一方面，二孩政策导致部分家庭成员的分工和责任都发生了明显的变化。随着二孩的出现，一些家庭的母亲开始离开职场，专职照料孩子，同时家庭的生活、教育开支明显增加，父母随之也更加焦虑。对于从来没有承担过如此艰巨任务的 80 后、90 后独生子女来说，这无疑也是很大的挑战。

2016 年 12 月，全国妇联发布了"实施全面两孩政策对家庭教育的影响"调查报告。本次调查对北京、辽宁、山东、江苏、河南、安徽、广东、广西、陕西、四川 10 省（区、市）21 个市（区）0 到 15 岁儿童的父母进行调查。调查内容包括了家庭的基本情况，家庭生育二孩的意愿和影响因素，二孩家庭的养育现状、教育观念和教育行为特点，二孩家庭教育面临的问题和指导服务需求等。

（1）生育二孩的意愿及影响因素

第一，一半以上的一孩家庭没有生育二孩的意愿。参与本次调查的一孩家庭中，有生育二孩意愿的为 20.5%，不想生育二孩的为 53.3%，不确定生育二孩的为 26.2%，不想和不确定生育二孩的家庭合计为 79.5%。（参见图 1-1）

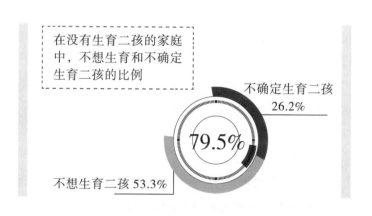

在没有生育二孩的家庭中，不想生育和不确定生育二孩的比例

不确定生育二孩 26.2%

79.5%

不想生育二孩 53.3%

图 1-1

第二，在发达省份和城市家庭中，生育二孩的意愿相对较低。从地区来看，北京和东部省份不愿生育二孩的家庭比例最高，已有二孩的家庭比例最低；从家庭类型来看，城市普通家庭中已有二孩的比例最低，为 29.6%，不愿生育二孩的比例为 55.9%。（参见图 1-2、图 1-3）

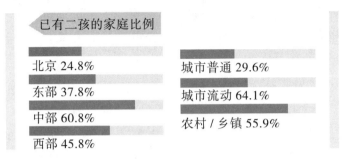

图 1-2

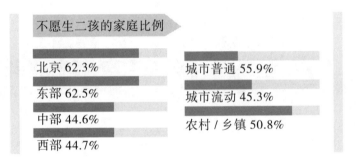

图 1-3

第三，教育、医疗、卫生、生活环境等公共服务资源状况和家庭状况是影响父母生育二孩的重要因素。（参见图 1-4）

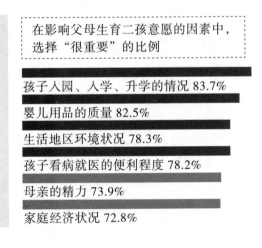

图 1-4

孩子上幼儿园前有人帮助照料 67.2%

父亲的精力 66.8%

与祖辈的亲密程度 64.7%

母亲年龄 60.7%

一个孩子承担的养老负担 59.1%

独生子女太孤单 59.0%

母亲产假长短 58.7%

父亲目前工作状况 57.9%

老大对生育第二个孩子的意见 53.9%

祖辈帮忙照顾孩子 50.1%

父亲年龄 48.6%

母亲目前工作情况 45.8%

与祖辈观念一致程度 40.6%

父亲产假长短 40.0%

祖辈经济支持 26.6%

图 1-4（续）

第四，对发达省份和城市地区而言，家庭经济状况这一因素对生育二孩的影响更大。（参见图 1-5）

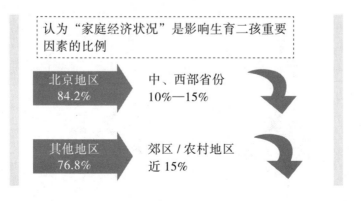

图 1-5

第五，父母的生育动机主要体现在"家庭的快乐与完整""陪伴第一个孩子"和"想要儿女双全"。（参见图1-6）

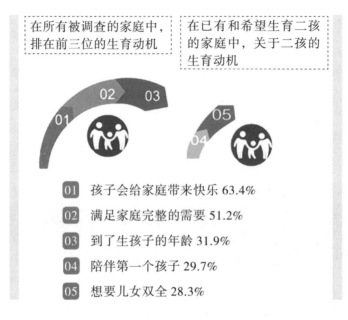

图 1-6

第六，生育二孩对女性如何平衡家庭和工作间的关系带来了巨大挑战。（参见图1-7）

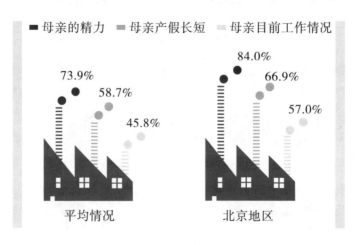

图 1-7

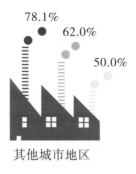

图 1-7（续）

（2）二孩家庭的养育现状

第一，有了第二个孩子后，父母的责任感进一步增强。（参见图 1-8）

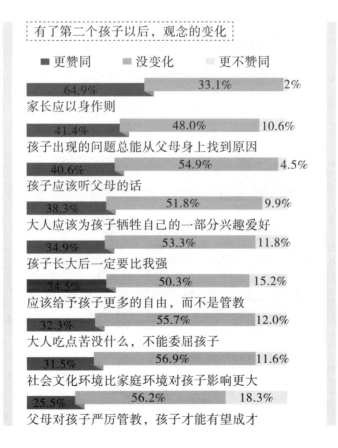

有了第二个孩子以后，观念的变化

- 更赞同　　■ 没变化　　□ 更不赞同

64.9%　　33.1%　　2%
家长应以身作则

41.4%　　48.0%　　10.6%
孩子出现的问题总能从父母身上找到原因

40.6%　　54.9%　　4.5%
孩子应该听父母的话

38.3%　　51.8%　　9.9%
大人应该为孩子牺牲自己的一部分兴趣爱好

34.9%　　53.3%　　11.8%
孩子长大后一定要比我强

34.5%　　50.3%　　15.2%
应该给予孩子更多的自由，而不是管教

32.3%　　55.7%　　12.0%
大人吃点苦没什么，不能委屈孩子

31.5%　　56.9%　　11.6%
社会文化环境比家庭环境对孩子影响更大

25.5%　　56.2%　　18.3%
父母对孩子严厉管教，孩子才能有望成才

图 1-8

| 22.1% | 61.2% | 16.7% |

孩子上学以后，学校应该对孩子的教育负主要责任

| 8.3% | 49.9% | 41.8% |

在一个人的一生中，事业比家庭重要

| 6.5% | 41.8% | 51.7% |

家务劳动是大人的事，不用孩子插手

图 1-8（续）

第二，大多数已有二孩的父母对孩子表现出温暖、民主的养育行为。（参见图 1-9）

已有二孩的父母的养育行为

■ 经常　　■ 有时　　□ 从不

| 59.4% | 38.8% | 1.8% |

我告诉孩子该做什么

| 56.4% | 40.6% | 3% |

我和孩子解释为什么要遵守某些规则

| 51.7% | 44.6% | 3.7% |

无论孩子和父母意见是否一致，我都会鼓励
孩子自由表达自己的想法

| 48.2% | 48.3% | 3.5% |

我会反思自己教育孩子的方式方法是否得当

| 46.6% | 49.8% | 3.6% |

我对孩子有耐心

| 39.8% | 50.1% | 10.1% |

我以拥抱，亲吻来表达我对孩子的感情

| 4.9% | 63.5% | 31.6% |

为避免孩子哭闹，我会满足孩子的要求

| 4.0% | 71.3% | 24.7% |

当孩子行为不当时，我会对他／她大吼大叫

| 4.0% | 72.7% | 23.3% |

当孩子不听话时，我会打他／她

| 2.0% | 41.9% | 56.1% |

我处罚孩子，会把他／她独自放在一边，不理
他／她，几乎不给任何解释

图 1-9

　　第三，大部分二孩家庭的父母能平等、公正地对待两个孩子。(参见图1-10、图 1-11)

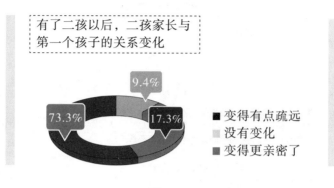

图 1-10

图 1-11

　　第四，在二孩家庭中，第一个孩子对第二个孩子的到来适应情况总体良好，部分孩子表现出一定的情绪问题。(参见图 1-12)

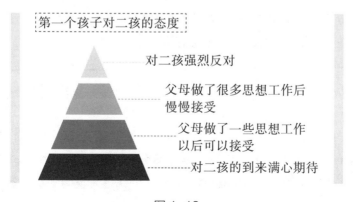

图 1-12

有了二孩以后，第一个孩子是否表现出问题

43.2% | **56.8%**

表现出情绪等
方面的问题 | 没有表现出
任何问题

有了二孩以后，第一个孩子表现最突出的问题

对家长依赖性太强 10.9%

乱发脾气或脾气暴躁 10.5%

情绪变化迅速 8.6%

不太与人亲近交流 8.5%

忧虑或闷闷不乐 5.1%

与兄弟姐妹不能很好相处 4.0%

不注重分享、合作和帮助他人等 1.6%

其他问题 0.5%

图 1-12（续）

从调查的结果来看，总体而言，中西部省份、初中及以下学历、农村儿童和流动儿童父母的教养观念和方法有待改进。六成以上的家庭在孩子上幼儿园前由祖辈帮助带养，而近八成的父母表示与祖辈的教育观念不一致。约三分之一的父母愿意在孩子 2 岁前将其送入托幼机构，超过六成的父母选择在孩子 2—3 岁时送入托幼机构。

（二）智慧爱：现代家庭教育需要爱与智慧同行

在西方，哲学（philosophy）一词的本意是爱智慧。源出希腊语 philosophia。它是由 philos 和 sophia 两部分构成的动宾词组，philein 指爱和追求，sophia 指智慧。Philosophia（哲学）就是人类为了更有智慧而进行的认识活动。

在教育上，我们需要把这个词重新拆开再组合一下，提出智慧爱。智慧爱就是人类为了更好发展而从事的充满情感和智慧的教育活动。

爱是教育的底色。教育离不开爱，这是古今中外教育家经常阐发的基本原理。夏丏尊先生曾经说过："教育之没有情感，没有爱，如同池塘没有水一样。没有水，就不成其池塘，没有爱就没有教育。"

但是，在现实生活中，尤其是在家庭教育中，我们经常在"爱"的名义下做了许多反教育的事情，用所谓的"爱"摧毁了孩子的尊严、自由与发展。这就是缺乏智慧的爱所导致的。

1. 智慧爱是有底线、讲规矩、守原则的爱

智慧爱的反面是溺爱。溺爱最大的特点是不讲规矩，没有底线，缺乏原则。如许多家庭对孩子的任何购物要求都尽可能满足，不考虑此物孩子究竟是否需要，家庭经济状况是否允许，购买难度有多么大。孩子想要个月亮，也要尽可能满足。

2. 智慧爱是尊重孩子的个性，给孩子充分的自由成长空间

生命，是大自然最神奇的创造。生命的成长，是宇宙间最神秘的过程。帮助生命成长，就是要按照生命成长的节奏，在需要的时候给予及时的协助和指导。帮助生命成长，就是不要把我们的意志强加给孩子。帮助，就是帮忙与协助，所有活动的主体都是孩子。我们只有成为他们的伙伴和朋友，才能够真正地走近他们，才能够真正地帮忙和协助。在许多家庭，父母经常用爱孩子的名义，去代替孩子做他们本来能够完成的事情，这种包办的行为其实已经剥夺了孩子成长的权利。成长与发展的权利，是儿童最重要的权利。蒙台梭利曾经说，人类的第一个老师是儿童本人。这不是否定父母和老师的作用，相反，是要求父母和老师充分认识到自己的角色定位，要学会顺应儿童的身心发展规律，顺应儿童成长的内部动力。[①] 之所以要如此，是因为我们还远远没有掌握儿童发展的规律，远远没有发现儿童成长的真正秘密。儿童的"黑匣子"仍然没有找到，更没有打开。所以，顺应儿童的"生命冲动和宇宙规律"，根据"儿童的意志"去帮助儿童，才是教育最正确的选择。

---

① 玛利亚·蒙台梭利:《童年的秘密》，马荣根译，人民教育出版社，2005。

　　蒙台梭利曾经说过："当为孩子提供了他们所需要的一切条件后，我们必须做的就是控制自己盲目帮助孩子的冲动，跟孩子保持一定的距离，不要总是去干涉他们，当然也不能漠不关心。当孩子专心地去做他们眼中非常重要的事情时，他们会非常安静，乐在其中地享受属于自己的快乐。这时，我们什么也不需要去做，只需要站在孩子的旁边默默观察他们。"① 距离产生美。与孩子们保持适度的距离，是教育孩子们最重要的艺术之一。如果靠得太近，孩子们会很不自在，因为你"侵犯"了他们的生活空间；如果离得太远，孩子们也会很不自在，因为他们觉得缺乏了"保护"，没有安全感。蒙台梭利非常重视这样的"距离"，她认为，父母总有帮助孩子的冲动，这也看不惯，那也很担心，往往喜欢越俎代庖，帮助孩子包办一切，因为自己做比孩子做更爽气更干脆，效率更高。但是，孩子总要独立地面对这个世界的。孩子自己做他们想做的事情，不仅培养了他们做事情的能力，更重要的是让他们学会了享受做事情的过程，以及专心致志等重要的品质。

　　3. 智慧爱是陪伴孩子一起成长，用自己的成长引领孩子成长

　　许多父母以为，给孩子的爱，就是让他们吃好穿好，让他们有好的玩具。其实，在一个物质条件非常优裕的时代，孩子们已经很少为温饱担忧了。相反，一个个小胖墩的出现，从另外一方面反映出我们过分重视儿童的物质生活这一问题。的确，我们的父母和老师为孩子的身体的考虑远远超出了为他们的心灵的考量，对身体需求的满足远远超出了对于心智与人格上的需求的满足。正如蒙台梭利说的那样，儿童的需求并非只是身体的需求，孩子的身心发展同样重要，在一定意义上讲，心智与人格的发展更加重要也更加崇高。因为，真正的贫困是精神的贫困，愚昧比营养不足更可怕，更致命。

　　所以，智慧爱不仅仅是简单地满足孩子的身体需要，更要满足孩子的心灵需要。其中，陪伴孩子就显得非常重要。就拿父母和孩子在一起吃饭来说，西方有个很有意思的心理学实验，研究发现孩子的词汇量和家庭交流，尤其是和在餐桌上交流的词汇直接相关。要有高质量的陪伴，就需要父母不断学习，用自己的成长引领孩子的成长。"父母好好学习，孩子天天向上"这句话在一定程度上阐述了父母成长的意义。

---

　　① 玛利亚·蒙台梭利：《发现孩子》，蒙台梭利丛书编委会编译，中国妇女出版社，2012。

4.智慧爱是扬长避短，而不是补短弃长之爱

人的复杂性和珍贵性就在于他的独特性，每个人都是一个独特的世界。所以，教育的最高目标，就是帮助每个人发现他自己，成为他自己。所以，不要轻易把你的孩子与别人的孩子去比较，更不要把你的孩子的缺点与别人的孩子的优点去比较。要相信，你的孩子就是一个与众不同的艺术品！

与其努力改正孩子的缺点，不如尽可能培养孩子的优点。孩子优点形成的过程，就是克服他们自身的缺点的过程。孩子身上的"潜意识心智"，不仅是他们智慧形成的基础，也是他们道德形成的基石。这种"道德的力量"，帮助孩子们形成诸如纯真、勇敢、自信的品质，同时也让说谎、害羞、恐惧、破坏等不良的品质消失得无影无踪。眼睛里充满了美好，阴暗的东西就自然没有空间。

5.智慧爱是理性之爱、鼓励之爱，而不是以暴力、控制方式表达的爱

许多人迫不及待地在孩子身上打上自己的烙印，迫不及待地想让孩子实现自己未曾实现的梦想。因此，他们希望孩子言听计从，希望孩子按照他们的设计、他们的安排去生活。因此，所谓的"乖乖孩"就成为父母眼中的宝贝疙瘩，集万千宠爱于一身，而不听话的孩子，父母轻则训斥谩骂，重则拳打脚踢。溺爱的另外一种表现形式就变成了暴力与控制。

理性之爱是有节制的爱。现在的父母，教育上总体呈现出"过度化"的倾向。父母往往在"爱"的名义下，把各种东西没有节制地塞给孩子。其实，正如吃多了把胃塞满了，孩子会消化不良一样，精神上的过分营养，也会导致消化不良。父母应该有节制地关心孩子，尽可能让孩子自己自主学习，学习他们感兴趣的东西，如此，他们才能真正地沐浴在智慧的阳光之下。

把爱和智慧完美地结合，可能是我们永远无法企及的教育最高境界，却必须成为我们拥有的理想朝向。只有这样，只有朝着这个方向坚定前行，我们的教育才可能越来越接近理想。尤其在当下，对于广大父母来说，与爱的情感相比可能更需要智慧。也只有拥有足够的教育智慧，父母才能有真正的爱。

爱与智慧同行，爱才有深邃隽永的价值。智慧与爱同行，智慧才有生命的温度。让爱与智慧同行，这不仅是父母与教师成长的不二法门，也是我们在任何教育活动中必须做出的选择。

四、"隔代教养"构建家庭教育共同体

在中国，家庭教育有两个独特的现象，是世界范围内其他国家较少出现的。一个是独生子女的教育问题，另一个就是隔代养育的问题。目前，前者由于政策的调整已经逐步成为一个历史的现象，但仍会在相当长的一段时间内影响中国家庭教育的格局。而后者则既有着深厚的文化传统，又有着现实的生活土壤，是一个需要特别关注的家庭教育的理论与实践的重大课题。

（一）"隔代亲"——中国家庭关系的一个重要表征

中国社会有着重视以血缘关系为纽带调整家族内部关系的传统。在中国的家庭关系中，"隔代亲"是一个非常有意思的现象。在封建社会，这个现象被长幼有序、等级森严的家长制所掩盖，但是有一个大家耳熟能详的词语——"含饴弄孙"，还是反映了中国隔代亲情的其乐融融。

在当代社会，随着传统宗法社会的瓦解，以及女性走上工作舞台，祖辈参与养育的程度加深，"隔代亲"在现实生活中的表现更为明显。这里有几个来自互联网的段子：

网友Ａ：哎，我儿子长期把他爷爷当马骑，我觉得不妥，我就说了我儿子，我爸说："我乐意，关你什么事！"

网友Ｂ：儿子小时候，每次教儿子写作业，他不会的我就急，有时候声音大了点，我爸就在旁边说："这么晚了，让孩子睡吧。"我说："今天不弄明白，到天亮都不能睡。"然后我爸干脆就把家里的电闸拉了。

网友Ｃ：老爸病了在医院输液，心情不好不吃不喝。我打电话给媳妇，媳妇一听就带着闺女到医院。闺女跟她爷爷说："您再不吃饭，我就不跟您玩了！"老爷子一听赶紧起来喝了两碗粥。

网友Ｄ：老妈每天打电话到家里，和小孙子亲热地说许多话。有一天晚上她打电话过来，说要和小孙子通话，我告诉她孩子睡着了。她马上就要搁电话，我说老妈我们聊聊吧，老妈说："和你有什么好聊的？"

我现在也是爷爷辈的人了，对"隔代亲"也有着感同身受的体验。我们也经常自嘲地说："没有孙子想孙子，有了孙子自己变成了孙子。"

为什么会有"隔代亲"的现象？

1. 中国有着重视家庭、血缘关系的传统

"不孝有三，无后为大"的观念根深蒂固，传宗接代、天伦之乐、光宗耀祖是中国传统家庭的理想所在。老一辈人经常把孙辈作为自己血脉的传承，觉得自己来日无多，自己的生命正在自己能看得到的最下一代身上延续，这也是老人对于生的愿望的表达，自然对孙辈呵护有加。

2. 中国传统家庭有着"尊老爱幼"、家族内部互相帮助的传统

与西方强调独立的传统不同，中国的老人直接参与和帮助下一代养育子女，是长期形成的文化传统。尤其是在现代社会女性走出家庭，忙于职业事务而无暇顾及养育孩子的时候，祖辈的"替代"养育就成为一件自然而然的事情。

3. 祖辈与孙辈的隔代亲还有一个重要的情感依恋关系

随着生理上的变老，老年人的智力和心理也会童稚化，他们对儿女的控制力逐步减弱，共同语言日益减少，而和孙辈之间则有着更多的天然接近性。事实上，祖辈与孙辈之间的亲密接触，对于排解老年人的寂寞和孤独，焕发他们尚未泯灭的"童心"，具有重要意义。

4. 祖辈与孙辈的隔代亲，具有一定的互补性

在家庭成员中，最老的和最小的，即将消失的和正在新生的，是两个互相补充、互相吸引的生命，加之在人生最初阶段的朝夕相处，不仅祖辈会表现出主动的"隔代亲"，孙辈的主动依恋也同样非常明显。所以，尽管许多老人经常抱怨孙辈调皮，带起来好累人，其实内心的快乐与充实也更为突出。在离开孙辈的时候，他们往往会极度难受，甚至精神崩溃。

（二）隔代教养的历史与现状

隔代亲，是隔代教养的文化基础。

当然，正如隔代亲不是中国特有的现象一样，隔代教养也并非中国特有。但是，无论是表现形式还是总体数量，中国无疑是更为显著。

20世纪90年代，隔代教养在国外学术界就引起广泛关注并成为研究热点。早在1965年，美国芝加哥大学老年学家伯尼斯·纽加顿就发现了祖父母隔代教养的五种模型：

传统正经型：循规蹈矩，保持对孙辈兴趣但不会管太多。

享儿孙福型：享受作为祖父母的悠闲，主要是和孙辈玩。

替代父母型：完全接过养育孙辈的责任。

智慧老人型：作为一家之主给出建议和支持，爷爷和外公通常只控制子女一代。

关系疏远型：不常接触，只在节假日或特殊日子出现。

据资料显示，近二十多年间的美国，有5%—10%的18岁以下儿童与他们的祖父母生活在一起，有10.9%的祖辈抚养孙辈至少六个月以上。①

在绝大多数西方国家，替代父母型的隔代教养，多数是父母一代因自身原因或其他社会问题无法继续承担监护责任，使得祖辈必须成为监护人，替代父母对孙辈进行教养。除此之外，祖辈参与的隔代教养总体上还是有限的。

相比之下，我国的情况却有极大不同，我们具有自己特色的隔代教养，而且其原因更复杂。我国的隔代教养比例、形式和参与度，等等，也都明显更高于世界上的其他国家。

除了前面提到的传统文化背景，现代中国快速发展的现实也导致了隔代教养在当代中国的新发展。中国自改革开放以来的城市化进程，尤其是工业时代到信息时代的飞速发展，让人们的观念产生了很大的转变。独生

---

① 伯尼斯·纽加顿（Bernice Neugarten）：《隔代教养的五种模型》。

子女这代人更注重追求自身价值的实现，他们成为父母后，往往会在自我生存发展和抚养孩子的时间、精力、重心、经验等之间产生矛盾冲突，而祖辈就越来越变成了家庭中孩子教养的重要力量，也因此形成了中国式的隔代教养特色。其中最重要的方式有两种：一种是出现在城市里的"老漂"一族，就是祖辈跟子女同住，担负协助教养孙辈的责任；一种是农村的留守一族，父母将孙辈留在或者送到祖辈身边，祖辈完全承担起孙辈的教养责任。

2004 年《新闻周刊》报道了一项关于"隔代教育"的全国范围的调查，其结果显示：中国近一半的孩子是跟着爷爷奶奶、外公外婆长大的。中国教育学会家庭教育专业委员会 2017 年得出的《中国城市家庭教养中的祖辈参与问题调查报告》也显示，有近八成的城市家庭存在祖辈参与孙辈教养的情况。其中在幼儿园入学前这一阶段，祖辈参与教养的比例为 77.7%；幼儿园期间，比例是 72.9%；到小学阶段，祖辈参与教养的比例仍占 60.1%，农村祖辈养育的比例更是高达 90% 以上。调查还表明，中国绝大多数（93.8%）祖辈乐意参与隔代教养（42.6% 属于"非常乐意，主动积极要求参与"，51.2% 属于"比较乐意"），而"不太乐意"和"非常不乐意"的比例仅为 5.7%和 0.5%。[①]

目前，生育二胎政策已经推出，祖辈参与教养的比例也许在很长一段时间内不会出现大幅度的变化，尤其不太会有明显的下降。因此，如何真正发挥祖辈教养的优势，避免隔代教养的负面影响，是我们必须面对和亟待解决的一个重要社会问题。

（三）隔代教养的优势与劣势

任何事物都是具有两面性的，隔代教养也一样。中国教育学会家庭教育专业委员会的一份调查报告显示，93.8% 的祖辈表示乐意参与隔代教养，其中大多数祖辈认为参与教养对他们自身具有正面的影响，主要包括"享受天伦之乐""增进与子女的代际交流""未来更能得到子女的赡养"等。但在小学中高年级阶段，有近半数的祖辈（49.2%）认为参与教养对他们自

---

① 岳坤：《父辈为主、祖辈为辅的教养方式有利于儿童的健康成长——中国城市家庭教养中的祖辈参与状况调查》，《少年儿童研究》2018 年第 1 期。

身具有负面的影响，主要包括"增加心理负担""不利身体健康""增加与子女代际冲突""不利于祖辈夫妻关系"等。权衡参与教养对自身的利与弊，52.1%的祖辈认为利大于弊，8%认为弊大于利，39.9%表示"说不清"。这里，我们重点分析一下隔代教养的利与弊。

1.隔代教养的优势

（1）经验丰富的优势

这种家庭教养方式存在的优势是很明显的。相对于初为父母的人来说，祖辈的经验优势是不言而喻的。

首先，因为祖辈养育过子女一代，在育儿方面有着相对丰富的经验，尤其在子女初为人父母而手忙脚乱的时候，祖辈参与并发挥出自己的经验优势，不仅对年轻父母有心理的慰藉，还会以其丰富的经验让年轻的父母信任并依赖。

其次，祖辈有着积累了几十年的丰富的生活经验，无论是照顾孙辈的日常起居，还是协助子女的衣食住行，都能够发挥出自己的经验优势，提供帮助。

最后，祖辈人生阅历丰富，见多识广，在孙辈成长过程中，甚至当子女在工作和生活中遭遇到问题时，祖辈都可以凭借自己的经验优势提出建议，使得家庭无论面临怎样的境遇，都能够得到疏导和引领，协助营造和谐的家庭生态。

前段时间在电视上看到一个小男孩，叫王恒屹，他的奶奶从小就教他背诗，现在4岁能熟练背诵《千家诗》，还认识3000多个汉字，最难能可贵的是他不是死记硬背，还能准确地讲出背诵的诗歌的意思。这就是祖辈的学识和经验发挥出的隔代教养优势。

（2）时间充沛的优势

年轻父母往往处于事业刚刚起步的关键期，工作上的打拼、职场关系的维护，往往会耗费许多精力，使得他们基本没有剩余的精力和时间抚育孩子。而祖辈多已退休，可以腾出更多的时间和精力专心帮助子女照看孙辈。尤其是那些刚刚退休的祖辈，往往还精力充沛，处于智慧和创造力最旺盛的时期，更重要的是他们有着自己可以完全自由支配的时间。

有些祖辈退而不休，有自己的事业和兴趣，但是一般没有在岗时那样的刚性安排。如果祖辈尚有自己的事业，其努力本身就是孙辈成长中最好的榜样示范。

子女在父母帮助自己承担起抚养下一代的教养责任过程中，可以腾出更多的时间，解放出更多的精力投入工作，更容易协调好工作和家庭之间的关系，幸福指数更高。

（3）情感亲近的优势

传统观念中对"含饴弄孙"的幸福追求，让祖辈在教养过程中不仅能够给予孙辈更多的情感付出，同时也能让自己享受到生命延续的满足感。

同时，祖辈在对孙辈付出的过程中，可以赢得子女及其另一半的信任和尊重，从而使自己拥有更幸福的晚年生活。孙辈亦会受到潜移默化的教育和影响。

无论古今还是中外，隔代教育都不乏成功案例。比如，李大钊是由伯祖父领养长大的，曾任美国总统的小布什就接受过奶奶严格而良好的教育，英国的哲学家罗素是由奶奶带大的，苏联文学家高尔基的早期启蒙老师就是外祖母等。

2. 隔代抚养的劣势

当然，隔代抚养的弊端同样明显：

（1）观念相对落后

祖辈作为隔代长辈，在教育和抚养孙辈的过程中，往往受自身所处时代和环境所限，教育理念落后陈旧，经验也往往过时，不能适应当下的育儿需求，甚至因此造成和子女及其配偶之间的矛盾，且对孙辈心灵关怀、行为规范和陪伴方面不够重视。

比如我们经常看到一些现象，很多祖辈觉得孩子听话就好。为了让孙辈听话不烦人，爷爷奶奶或外公外婆就把孩子交给手机游戏、电视动画片等，造成孩子养成一些不良的行为习惯，甚至心灵也受到不良的影响。

（2）方法比较陈旧

老方法不管用，新方法不会用，在孙辈许多行为面前束手无策，是祖辈共同的烦恼。对于他们来说，育儿方法的获取渠道相对封闭单一，且不能随着现在孙辈成长的新环境而做出适当调整，以至于不能适应孙辈成长的需求。

每一代人生存的环境各不相同。存在决定意识，也决定行为方式。自己与子女的生活方式也因为时代不同而存在差异，因抚养孙辈而共同生活的过程中，亦会因此产生冲突。

在处理孙辈成长的人际关系过程中，一代人和一代人所选择的方法也大有不同，祖辈往往比小孩的父母更宠溺和呵护他们，却疏于教导。研究表明，祖辈教养方式中"情感温暖"得分越高，儿童的问题行为越少，这是祖辈隔代教养的优势，也是许多人童年最温馨的回忆。但是总体来说，祖辈教养方式中的"行为指导"和"责罚与控制"相对较少，也在一定程度上限制了祖辈教养的效果。

曾经有这样一个悲剧：广州花都区花东镇一名 15 岁的女生因为嫌奶奶唠叨，又不给零花钱，竟将奶奶掐死。为掩盖罪行，她还纵火烧屋逃跑。据悉，该女生的父母离异，她与爷爷奶奶一起生活，家境困难。这起悲剧当中透露出一个很重要的信息，奶奶唠叨引起了孙女的嫌弃。显然是祖辈教养的方法已经陈旧落后了，没有意识到现在的孩子所处的时代和环境，仅仅靠说教唠叨根本不能达到教育目的。

（3）边界划分不清

有的家庭是祖辈全部承担孙辈抚养责任；有的则是祖辈有限参与，主导权交给父母；也有的只负责照料孙辈生活，教育责任完全还给父母。各种各样的模式中，情感边界和行为边界往往不能明确，导致育儿过程出现分歧甚至矛盾，引发家庭矛盾，给孙辈成长造成负面影响。

比如有的年轻父母抱怨：自己刚对孩子提出要求，转眼孩子的爷爷奶奶、外公外婆就偷偷带着孩子违反，还给孩子打掩护，祖辈和孙辈形成统一联盟对抗父母；自己稍有不满，就会被祖辈抱怨不孝，说自己辛辛苦苦付出，子女还不领情。由此引发的矛盾也比比皆是。

（四）隔代教养的方向——构建家庭教育共同体

在我国，家庭教育问题历来都存在。我发起的新教育实验，倡导过一种幸福完整的教育生活，家庭教育就是其中的一部分。在新教育的十大行动中，"家校合作共育"就是其中重要的内容，而"教育，从家庭开始""与孩子一起成长"等也是新教育家庭教育的重要理念。我们提出的家庭教育，本质上更应该是一种家庭中所有成员共同面对和接受的教育，即成为"家庭教育共同体"。

1. 更新家庭教育的理念

理念改变，关键是要让父母和祖辈等家庭教育共同体的成员树立正确一致的儿童观。

长期以来，儿童在历史上和生活中是缺位的。我们对"儿童"关注和研究非常不够，对儿童的权利，也不够重视。理解儿童是儿童教养的基础。为什么儿童观很重要？因为儿童观的转变，是一切改变的根本。无论是祖辈参与教养，还是父母的教养，都必须以正确一致的儿童观为前提和保障。

首先，要认识到父母是儿童成长的首要责任人。隔代抚养，祖辈不应该替代父母承担责任，而应该发挥辅助、协助作用。在这个过程中，祖辈若对父母教育子女产生异议，应该私下沟通和交流并最终尊重父母的选择，不能以自己的"经验"或者自己作为长辈的"权威"做筹码，逼迫子女顺从自己对孙辈的教育。而作为父母，也不能将子女抚养的责任一味推给自己的父母，应该主动学习，掌握教育子女的技能，并适当借鉴自己父母的经验，在其帮助下进行家庭中的子女教育。

其次，要充分认识和尊重儿童拥有的生存、发展、受保护、参与等权利。调查发现，祖辈参与教养的过程中，对孙辈身体的照顾远远多过对其心灵抚育及人格发展、习惯养成等方面的关注和重视，这引发了当下人们对隔代教养问题的普遍关注和重视。祖辈在自己成长的过程中，甚至在自己教养子女的过程中，物质条件远不及当下富足，所以更愿意为孙辈提供优越的物质生活，以弥补自己心理上的歉疚，而对于孙辈的心灵发展、习惯养成等方面却相对重视不足。

所以，这样的教养方式，恰恰暴露了抚育者并不是有意识地尊重了儿童权利。我曾经在新教育年度主报告中提出过，一个人的生命有三重属性，即"自然生命之长、社会生命之宽、精神生命之高"，只有三者协同发展，才是真正幸福完整的人生。所以只关注自然生命之长的家庭教育，显然是有缺陷的，更不能叫真正尊重了儿童的生存权、发展权等权利。

现在年轻的父母成长的时代，较之以前已经发生了翻天覆地的变化，他们对子女成长的重视，也逐渐从物质条件的满足转向精神生活的充盈，但同时这也引发了父母和祖父母教育的冲突。唯有教养者统一儿童观、发展观，让父辈和祖辈真正思考儿童发展的问题，以科学的方法教养儿童，才有可能解决这些冲突。

最近新家庭教育研究院联合湖南教育出版社出版了一套从 0 岁到 20 岁孩子的"新父母教材"——"这样爱你刚刚好"系列书籍（全 20 册），介绍了儿童成长不同阶段的身体、心理、精神等方面的特点和需求，帮助家庭中的教养者能够按图索骥，找到最适合自己教育孩子的方法。

2. 完善隔代教养的模式

在我国，隔代教养状况虽然有比较明显的城乡差异，并根据孙辈年龄有所不同，但大致可以按照祖辈和父辈在教养过程中参与程度的不同分为四种不同的模式：一是"单一的父辈教养，祖辈基本不参与教养"的模式，二是"父母为主、祖辈为辅的联合教养"模式，三是"祖辈为主、父母为辅的联合教养"的模式，四是"单一的祖辈教养，父母基本不参与教养"的模式。其中与隔代教养相关的是后三种模式。这后三种模式中，还分祖辈与子女一起居住和不一起居住等模式。

实践表明，第二种教养模式是最合理的模式，因为这种模式兼具了两代人的教育经验和智慧。如我们的调查数据表明，在幼儿园前和幼儿园期间这两个阶段，接受"父母为主、祖辈为辅的联合教养"的儿童，问题行为最少；接受"单一的祖辈教养，父母基本不参与教养"的儿童，问题行为最多。虽然从统计上看，小学期间，不同的家庭教养模式对儿童当前的问题行为影响不显著，但一个人成长最关键的幼儿阶段，对人的一生的影响是深刻而长远的。人的一生，其实是围绕童年展开的。

所谓完善隔代抚养的模式，就是要建构真正意义上的家庭教育共同体，发挥父母和祖辈各自的教育优势。一方面，父母应该承担起抚养孩子的主体责任。教育的角色是不能替代的，父母在教育中的缺位不仅会影响亲子关系，也会影响儿童个性的发展。在孩子生命发展的最初阶段，亲子的直接接触与情感联结具有非常关键的作用。另一方面，祖辈应该在教育中发挥自己经验丰富、时间充裕等优势，拓展孩子的人际交往圈，帮助孩子更健康地成长。完善隔代教养的模式，关键是要发挥 1+1>2 的作用，而不能产生 1+1<1 的效果，所以避免隔代教养中的观念冲突、价值冲突和方法冲突就显得非常重要。通过有效沟通，实现求同存异、尊重祖辈的教育主体责任，是两代人应该遵循的基本教育原则。所以隔代教养的模式，需要根据实践不断探索，从而为未成年人提供更好的成长环境。

3. 厘清隔代教养的边界

隔代教养的边界问题比较复杂。因为在祖辈参与教养的家庭当中，总体上祖辈多偏重关注孙辈的饮食、身体等方面，而往往忽略孙辈学业、品格、习惯等方面的教育。当父母对子女进行教育并提出严格要求的时候，祖辈常常维护甚至溺爱孙辈，成为父母教育子女的阻力。在我们的调查中，84.3% 的家庭中，祖辈参与了儿童的生活照料；12% 的家庭中，祖辈参与了儿童的学业管理；37.9% 的家庭中，祖辈参与了儿童的行为规范和习惯培养活动；40% 的家庭中，祖辈给予了儿童心灵关怀；39.9% 的家庭中，祖辈参与了对儿童的陪伴。[1]

祖辈进行隔代教养，首先在育儿决策方面，应该确认孙辈抚育责任的从属关系。也就是说，对年轻一代父母的育儿决策，祖辈应该给予尊重。毕竟承担直接育儿责任的，还是父母。

其次，在育儿方法方面，祖辈应该和父辈畅通沟通渠道，通过沟通取得相互的信任和支持，采取真正适合孙辈成长的科学方法。父母可以根据孙辈年龄的特点，结合婴幼阶段养育过程中的问题，多听取和尊重祖辈的建议；同时，随着孙辈年龄的增长，祖辈要多尊重孩子父母的选择。一旦出现冲突，祖辈在孙辈面前，应该尊重父母做出的决策，以便维护父母在孩子心中的权威地位，形成健康的亲子关系，从而让父母顺利完成完全承担育儿责任的过渡。

4. 整合隔代教养的资源

隔代教养不只是家庭的事情，也不能局限于家庭的场域。需要整合各种社会资源，让孩子能够走进大自然，走进博物馆、科技馆、图书馆、儿童乐园、青少年中心等各种场所，进行多方面的教育。

一是要充分利用社会教育资源。在城市，社会教育资源相对较多，如图书馆、科技馆、文化馆、体育中心、青少年活动中心、森林公园等公共文化场所，可以为孩子的成长提供广阔的空间，祖辈和父母应该尽可能抽出时间陪同孩子走出家庭，在大自然中，在各种社会教育机构中体验、学

---

[1]　岳坤：《父辈为主、祖辈为辅的教养方式有利于儿童的健康成长——中国城市家庭教养中的祖辈参与状况调查》。

习、研修。

针对孙辈在农村留守的隔代教养家庭，可以成立农村的区域教养中心，由教养中心承担部分孩子的兴趣爱好、心理情绪等方面的教养责任，以此来补足农村祖辈教养的短板。

二是充分发挥学校的主导作用。近些年，家校合作共育已经被空前重视，《教育部关于加强家庭教育工作的指导意见》中明确指出，学校要发挥家庭教育中的主导作用。很多学校也在以"家校合作委员会"等方式将家庭纳入教育工作形成合力，同时也从学校的角度开办"父母学校""父母讲堂"等，提供面向父母和祖父母的学习和成长机会。这样，两代父母可以一起参与学习，教育理念同步提升，教育方法一起改进，让孩子的成长之路上，两代人能真正成为目标一致、科学育儿的成长帮手。

三是进一步完善社会辅助机构。发展专业化的教养机构，也是今后家庭教养发展的重要方向。今年两会，民进中央提出《关于大力发展0—3岁婴幼儿托育服务的提案》，希望整合全社会的资源，鼓励社区、企业、公益组织等各种社会力量投身2—3岁托儿机构的建设。

总之，隔代教养需要更多社会资源的支持和助力，才能逐步规范产生良好的效果。

5. 共读共写与共同生活

共读共写共同生活，是新教育实验提出的重要理念。我们认为，生活在不同的语言里，就是生活在不同的世界上；共读一本书，就是创造并拥有共同的语言与密码。共读，就是和读同一本书的人真正生活在一起。而共写，记录下孩子与自己成长的经历，对于反思自己的教育行为，提升自己的教育水平，也具有特别的意义。

一是亲子共读。在孙辈的抚育方面，无论祖辈如何倾情付出，都无法替代父母陪伴所产生的积极作用。所以在家庭中，仍然应该以父母参与和陪伴孩子成长为主要形式。但是因为现在很多父母生活节奏快，工作情况特殊，往往导致不能每天都陪在孩子身边。不过随着孩子年龄的增长，陪伴不一定是物理距离上的在一起，而更多的是精神上的真正相融。父母可以借助现代通信手段和孩子共读一本书，共写亲子日记，通过电话、视频、语音等方式，父母和孩子生活在共同的语境中，拥有共同的语言密码，这样孩子才不会觉得父母缺席了自己的成长，无论身体还是心灵，都能够得以健康发展。

当下的父母越来越焦虑，会给孩子报很多的补习班，但无论什么样的班，都应该从孩子的兴趣出发。祖辈往往承担着接送和陪伴孩子上课外班的任务，所以就应该责无旁贷地关注孩子在此过程中的情绪变化、成长动态，并及时和孩子的父母进行沟通，以便对出现的问题及时做出调整和解决。

同时，祖辈也可以通过亲子共读参与孩子的教育。这不仅可以融洽自己和孙辈的关系，同时可以增进祖辈和父辈之间常常被忽略掉的亲子关系，从而让三代人之间填平鸿沟，营造更和谐的家庭氛围。

二是亲子共写。亲子共写有许多形式。新教育有一个听读绘说的项目，本质就是一种亲子共写。"听"，是孩子专注倾听父母或老师讲述故事，理解内容并回答相关问题，这种亲子或师生共读，是集中注意力的训练；"读"，是孩子在听过之后进一步独立阅读，主动思考，独自深入故事情境，是对提升阅读力的训练；"绘"，是孩子把听过的故事用图像复述，或接龙，或同主题创作，以涂鸦的方式画出来，是增强想象力的训练；"说"，是以涂鸦作品为提纲，孩子用口头语言进行丰富而完整的阐述，是提高表达力的训练。

教育叙事也是共写的重要形式。祖辈和父辈及时记录孩子成长的故事，是一种非常好的方法。前不久我读了一本很有意思的书——《泡芙妹，全世界我最喜欢你了！》，作者朱莎莎是个极其普通的妈妈，在一家报社当美术编辑。泡芙妹是她的女儿，也是一个普通的孩子。但是这位普通的妈妈不普通的地方，在于她把孩子的那些有意思的话语及时地记录下来了。她知道，"有一些灵光一闪的言论，在我还没来得及伸手抓住之前，那一道光就已经消逝不见了"。她对女儿说："我第一次当妈妈，你也第一次当娃娃，你在成长，我也在成长，你在学我，我也在学你。用每天的空闲时间记录下你这些毫无逻辑、乱七八糟却神幻闪亮的童心世界，好奇在你长大成人之后，这些势必遗忘的只言片语，最终会幻化成什么感受留在你的心底，成为日后回望此时的礼物。"这位妈妈不仅用文字记录，也用活泼有趣的图画记录，图文并茂，从而使这种记录变得更加生动有趣。这是一本女儿的成长记录，也是一本妈妈的育儿手记。作者把女儿泡芙妹从1岁到5岁的成长片段原生态地记录下来，并且配上了俏皮可爱的小画，把一个憨态可掬、天真烂漫、机智可爱的小姑娘立体地展现在我们面前，让人忍俊不禁。

如与女儿第一次讨论生死。女儿看见地上有一只小鸟死了，妈妈问她人会不会死，女儿给了肯定的回答。妈妈问人死了怎么办，女儿回答没有办法。妈妈接着问："妈妈会不会死？"女儿回答："妈妈不会死。"为什么？女儿的回答非常妙："妈妈不是人。"再如，一次女儿早上打碎了一只碗，放学回家以后她要求向那只小碗道歉。妈妈告诉她一早就扫到垃圾桶去了，女儿立即号啕大哭，说："它还没有听到我说对不起就被妈妈扔掉了。"在孩子眼里，所有的东西都是有生命的，都是可以对话的。

江苏徐州新沂实验区王智慧老师就通过叙事的模式成功地把所有孩子的父母深度纳入教育中来，取得了非常好的教育效果。2017年寒假，她带领全班同学的父母书写"生命叙事"，讲述自己和孩子以及整个家庭，在进入太阳花班以后的改变与收获。仅仅19天的时间里，就收到了88篇来稿，约11.3万字。王老师把这些文字整合出版，定名为《晒太阳》。这些父母，有上班族也有专职父母，有大企业老板也有个体商贩，有大学毕业的也有小学二年级没有念完的，有亲生父母也有继父继母，无论是哪种类型哪个层面，一年来的进步让他们自己都非常惊讶。王智慧老师说，主动参与是他们的姿态，阅读学习是他们的秘密武器，交流分享是他们互相传递能量的主阵地，陪伴是他们的第一快乐，成长是他们的最大骄傲，改变是他们全家的福气。

共读共写不仅父母可以和孩子做，祖辈也是可以和孩子做的。这方面也有不少成功的案例。

三是共同生活。陪伴是最好的共同生活。在许多家庭，父母与孩子很少在一起，祖辈往往把孙辈交给电视或者iPad，孩子要么缺少陪伴，要么是无效陪伴。龙应台曾在《做父母的有效期，不该偷懒那十年》一文中写道："我突然领悟到一件事，那就是其实父母跟食物一样，都是有'有效期限'的。"共同生活就是要抓住儿童成长的关键时期，与孩子一起共同阅读，共同出游，共同探索，共同交流。

家和万事兴。隔代教养是一个值得深入研究的大课题，希望各位家庭教育的学者，以此次研讨会为新的起点，继续合作研究中国的隔代教养问题，为我国家庭教育事业的发展，为中华民族的伟大复兴，做出我们家庭教育学者独特的贡献。

五、家校合作激活教育磁场

今天，家庭教育作为教育的重要组成部分，得到了全社会的重视，党和政府为此进行了多方部署，推出了诸多举措。2015 年春节团拜会上，习近平总书记就注重家庭、家教与家风建设做了重要讲话，2016 年 12 月 12 日，习近平总书记在接见全国文明家庭代表时，再次重申家庭和家庭教育的重要性，指出："家庭是社会的细胞。家庭和睦则社会安定，家庭幸福则社会祥和，家庭文明则社会文明。我们要认识到，千家万户都好，国家才能好，民族才能好。"[1]

注重家庭与家庭教育，当然离不开家校合作共育。这样的时代背景下，我们再次聚焦家校合作共育问题，深入研究相关理论，全面总结已有的思考与实践。可以说，这是我们十三年来的一次系统总结，也是我们的一次再出发。

我们希望通过更为丰富和深入的家校合作共育，在教育中建立良好的多方合作共生共赢关系，为全社会的文化生态奠基，助力中华文明的复兴。

（一）家校合作共育的历史考察与概念界定

1. 家校合作共育的历史考察

从教育史来看，家庭、学校和其他社会机构等教育的多方，由合至分，由分至合，在不同的历史阶段，以不同的方式，共同推进了教育的发展。

在人类远古文明的漫长岁月里，教育在社会实践中进行，没有固定的教育场所和专门从事教育的专职人员，主要内容也只是渔猎和农耕等劳动技术与生活经验的传授。

---

[1] 中共中央宣传部：《习近平总书记系列重要讲话读本》，学习出版社，2016。

家庭出现后，原来由社会承担的教育任务，开始由家庭与社会共同承担。

最早的学校萌芽，与家庭一样，也出现在原始社会的末期。随着生产力的发展和剩余产品的出现，原本存在于社会生活中的教育逐渐分化了出来——学校诞生了。

最初的学校只是少数人享有的特权，大部分人的教育仍然主要发生在家庭和社会的生活和生产劳动中，通过耳提面命的方式进行，直到现代学校教育制度伴随着工业革命的兴起而出现。

17世纪中叶以后，随着农业社会向工业社会的转变，资本主义生产力的发展和生产方式的变革，要求劳动者接受更多的、系统的、实用的学校教育，以满足大生产的需要。与之相适应的义务教育制度和现代学校制度也应运而生。到19世纪初，一套与工业社会相匹配的学校制度已经初步形成。这套制度体系把教育从少数人的特权变成全体人的权利与义务，是人类历史上重要的革命性事件。

现代学校制度出现以后，家庭和社会仍然承担着教育的任务，但是由于越来越多的父母参与到生产活动中去，他们有自己专门的职业活动，这在很大程度上导致他们开始"走出"家庭，逐步"淡出"教育的舞台。学校成为教育的主渠道，承担着最重要的教育使命，也就顺理成章了。

一直到20世纪60年代前，家庭与学校的联系与合作都是比较少见的，只有在出现各种事件或变故时，如孩子在学校出现了严重的行为问题，或在家中显露出承受了极度的课业压力时，彼此之间才会相互联系。

20世纪60年代开始，西方国家掀起了以教育机会平等为基本内容的平权运动，强调关注处境不利的儿童和家庭的教育机会。1966年，《科尔曼报告》提出了一个令学校教育感到尴尬的研究结论，即学校在孩子学业成功方面没有多少实际用处，而家庭及其同伴的影响才是决定孩子学业成就的关键因素。[1]同时，塞维尔（Sewell）、哈瑟（Hauser）等教育社会学家的研究也发现，父母的参与和期望是儿童成长的重要中介变量。这些研究让人们重新思考家庭与学校教育的关系问题，重新考量家庭在教育中的作用，家校合作问题也开始提上议事日程，许多国家的政府先后出台了推进家校

---

① 杜育红：《教育发展不平衡研究》，北京师范大学出版社，2000。

合作的政策，鼓励父母参与到孩子的教育中来。[①]

20 世纪七八十年代以来，以美国为代表的世界各国都开始广泛关注和重视家校合作共育问题，从财政支持、法律体系建设到理论研究，都加大了力度。

20 世纪 70 年代开始，美国教育界出现了一场声势浩大的有效学校运动。该运动的主旨是促进教育机会均等和提高学校质量。提出的重要策略是父母参与学校教育，改变过去学校与家庭相互隔离的方式。[②]

1970 年，美国国会通过了初等和中等教育法的修正案，第一条款就提出成立父母咨询委员会（Parent Advisory Council），以协助学校设计、发展和实施那些促进低收入家庭儿童发展的计划，父母参与教育的权利被正式纳入联邦教育法规。[③]

1983 年，冷战背景下的美国高质量教育委员会发表了名为《国家处于危机之中：教育改革势在必行》的报告，促进家校合作是报告的重要内容。在 1988 年的《哈金－史达佛改善中小学修正案》(*Hawkins-Stafford Elementary and Secondary School Improvement Amendments*) 中，再次强调为改善中小学教育，需要增进父母参与。[④] 在这个背景下，父母参与已经成为学校的常态，部分父母成为学校决策层的重要成员，对于所在学校的教师聘任、课程设置、教材选用，乃至学校的资金预算等都有一定的发言权。父母还可以通过竞选学区教育委员会、学校校务委员会、父母咨询委员会或学校咨询委员会的成员来参与学校决策。

这一时期还出现了一些新的家校合作组织，如 NNPS（美国合作伙伴关系联盟）研究中心。如 2006 年苏格兰政府颁布了《父母参与学校教育法》，2007 年在伦敦国王学院建立了"国立育儿辅导学院"。

在这场席卷全球的家校合作探索中，我国也在不断研究和实践着，包

---

① 吴重涵、王雾梅、张俊：《家校合作：理论、经验与行动》，江西教育出版社，2013，第 24–27、35–50 页。

② 威廉·詹恩斯：《美国教育史：学校、社会与公共利益》(*American educational history: school, society, and the common good*)，塞奇出版社，2007。

③ 黄靖、洪明：《美国基础教育改革的政策转向——从 NCLB 到 ESSA》，《外国中小学教育》2017 年第 4 期。

④ 朱永新：《家校合作激活教育磁场——新教育实验"家校合作共育"的理论与实践》，《教育研究》2017 年第 38 卷第 11 期。

括台湾、香港等地，都有着若干探索，比如香港地区的教育部门为了发展家庭和学校的关系，在 1993 年成立了"家庭学校合作事宜委员会"，推动家校联系，广邀专业人士及社会各界有名望人士加入。自改革开放以来，党和政府更是不断加强相关制度建设，先后出台了一些政策、法律、规章制度，为深化家校合作共育提供了政策依据与规范操作方法。

1995 年全国人大通过了《中华人民共和国教育法》，2012 年修订了《中华人民共和国未成年人保护法》，2018 年修订了《中华人民共和国义务教育法》，为家校合作共育提供了基本的法律依据。1999 年中共中央、国务院颁布的《关于深化教育改革全面推进素质教育的决定》，2010 年中共中央、国务院印发的《国家中长期教育改革和发展规划纲要（2010—2020 年）》（以下简称《纲要》），也都把家校合作共育作为教育改革的重要内涵。如《纲要》在"现代学校制度"部分，就明确提出了"建立中小学家长委员会"的要求。以上这些文件，都把家校合作共育作为教育改革的重要内容，为深化家校合作共育提供了政策依据。

全国妇联、教育部等部委也出台了若干关于家庭教育的专门文件。1998 年，全国妇联和教育部联合颁发了《全国家长学校工作指导意见（试行）》。2010 年 2 月，全国妇联与教育部、中央文明办、民政部、卫生部、国家人口计生委、中国关工委联合颁布了《全国家庭教育指导大纲》（以下简称《大纲》）。2011 年全国妇联、教育部、中央文明办颁布《关于进一步加强家长学校工作的指导意见》。2012 年 2 月教育部颁布了《教育部关于建立中小学幼儿园家长委员会的指导意见》。2015 年 10 月，教育部颁布了《关于加强家庭教育工作的指导意见》。

2016 年 11 月，全国妇联联合教育部等八个部门共同印发了《关于指导推进家庭教育的五年规划（2016—2020 年）》。其中，关于家校合作共育的领导体制明确提出：各级妇联组织、教育行政部门牵头负责指导和推进家庭教育；文明办协调各部门力量共同构建学校、家庭、社会"三结合"教育网络；教育部门加强幼儿园、中小学校家长学校的指导与管理；卫生、人口计生部门大力发展新婚夫妇学校、孕妇学校、人口学校等公共服务阵地，对父母进行科学养育的指导和服务；人口计生部门负责 0—3 岁儿童早期发展的推进工作，并逐步纳入公共服务范畴。妇联、民政、教育、人口计生、关工委等部门共同承担做好城乡社区家庭教育指导、服务与管理工作，推进家庭教育知识的宣传和普及，促进家庭教育事业全面发展。

由于《大纲》等文件对家校合作共育中的各部门职能的交叉，在实际工作中形成了相对灵活的多样化格局。最典型的有三种模式的家庭教育领导体制：一是以关工委为牵头部门，以江苏淮安为代表；二是以妇联为牵头部门，以广东中山为代表；三是以教育行政为牵头部门，以山东潍坊市为代表。三者都取得了良好的效果。因此我们可以看到，无论是谁牵头，只要能够有意识、下力气推动家校合作共育，就一定能做出成绩。

2. 家校合作共育的概念界定

要对家校合作共育下一个准确的定义，首先需要厘清相关的重要概念，对学校、家庭和社区等各方在教育过程中应有的角色与作用进行分析。

首先，关于家庭与家庭教育。家庭是以一定的婚姻关系、血缘关系或收养关系组合起来的社会群体，是"社会最微小的细胞"。家庭是一个人最早接受教育的地方，也自始至终地影响着一个人的成长。这就是家庭的教育属性。家庭教育，从广义上而言是指家庭成员之间的相互教育，从狭义上而言是指父母或其他年长者在家庭内自觉地、有意识地对子女进行的教育。[1]

家庭教育最明显的特征是非正规性，它不可能像学校教育那样有统一的课程标准、教育内容、作息时间和考试评价。但家庭教育同时又有其独特优势：一是时间上的优势，孩子日常只有6—8个小时在学校，而其余更多时间在家里或课外；二是情感上的优势，家庭教育具有用血缘和亲缘关系对子女产生影响的优势，可以利用亲情和父母言行的示范作用，对子女进行教育；三是资源上的优势，家庭教育可以超越学校的时空限制，利用所有的资源，从社会交往到旅行考察，从各种媒体到网络资源等多种途径进行教育。

其次，关于学校与学校教育。学校是有计划、有组织地进行系统的教育活动的组织机构。学校教育指教育者按照一定的社会或阶级要求，有目的、有计划、有组织地对受教育者在知识、技能、情感、态度、价值观等方面实施影响，使其身心等素质朝着教育者期待的方向发展的过程。相对于其

---

[1] 中国大百科全书编委会编《中国大百科全书·教育》，中国大百科全书出版社，1985。

他形式的教育，学校教育是教育的正规形态和主导形态，是制度化教育。

尽管未来学校形态也会发生革命性的变化，但学校的基本属性不会有很大变化：（1）社会性。学校是一种社会组织，具有社会属性，是学生社会化的重要场所。（2）专业性。学校是专门的教育机构，目的明确、工作专业、方法科学。（3）强制性。学校教育必须遵循国家的培养目标、学习时间与课程标准，代表国家和社会利益及要求。（4）阶段性。根据学制安排，学校教育一般将学生的学习分为若干阶段，每个阶段有一定的学习内容和考核标准。

正因为学校教育的上述特点，学校才能得到国家和家庭——这两个关键主体的共同支持而得以发展，并成为教育的主渠道。学校既要代表国家意志，也要代表家庭意愿；既要保证为国家培养建设者，也要保证为家庭培养人才。只有两者充分有机结合，才能得到健康发展。

再次，关于合作共育。家校合作共育，是指家庭、学校、社区等不同教育主体之间在教育方面的合作。合作是相对于分工而言的。长期以来，不同教育主体各自分工，以履行自己对儿童的教育职能。但是，在教育研究和实践中越来越发现，在分工基础上的合作，对儿童发展最为有利。

关于家校合作共育的主体，虽然用的是家校这个概念，但其中也包含着社区。因为，学校和家庭都处于一定的社区之中，社区是家校合作的重要空间环境和文化环境，也是重要合作伙伴。根据美国学者爱普斯坦的"交叠影响域理论"，家校合作共育是学校、家庭、社区合作，三者共同对孩子的教育和发展产生叠加影响的过程。[①] 家校社三者是合作伙伴关系。

我们认为，学校、家庭和社区虽然各有职能，但彼此间又密切相关。学校不仅仅是教育活动的组织机构，还是社区的文化中心和文明引擎；家庭不仅仅是亲缘关系的社会单元，还是孩子的课余学校与亲子乐园；社区不仅仅是区域生活的共同空间，还是孩子的第二课堂和实践基地。当然，根据约定俗成的称谓，也为了行文简便，通常情况下我们还是用"家校"来指代所有参与共育的不同教育主体。

在教育中，学校是专业机构，家庭和社区是非专业单位。专业和非专业两者之间，一旦发生合作，一旦围绕教育问题进行精神交流，就形成了教育磁场。就像南极和北极看似距离遥远，其实彼此呼应，形成磁力，影

---

① 爱普斯坦等：《学校、家庭和社区合作伙伴：行动手册》，吴重涵等译，江西教育出版社，2012。

响着磁场中的一切。家校合作共育中产生的这种"磁场效应"，会让所有参与者产生精神共振。就当下而言，会有着潜移默化的"不教之教"的良好效果；就长期来说，有着辐射社会并提升全民教育素养的重要功效。这将是一种理想的立体化、大教育状态。

我们在家校共育的工作中所要做的，就是把精神交流发展为精神共振，从而加强教育磁场的正向磁力，让这磁力作用于学生、教师、父母等所有相关人员身上，并通过磁力的持续向外扩散，将教育的影响力继续向全社会辐射和传播。

基于上述理解，我们认为，新教育实验的家校合作共育，是指通过建立和发展家庭、学校和社区多方教育主体之间的新型合作伙伴关系，拓展教育教学资源和条件，影响并改善家庭、家教和家风，加强现代学校制度建设，促进社区和谐共生，实现家庭、学校和社区的协调发展，父母、孩子、教师等相关人员的共同成长。

3. 家校合作共育的内涵分析

爱普斯坦曾经总结了6种家校合作活动的实践模式：当好家长，相互交流，志愿服务，在家学习，决策，与社区协作。[①]

考虑到中国家庭教育的实际，经过新教育共同体的讨论研究，我们进行了新的思考与归纳，从以下四个方面重新梳理了新教育实验关于家校合作共育的内涵：

（1）家庭教育指导

即学校指导和社区参谋家庭教育，包括具体指导父母如何处理好家庭关系，如何认识孩子的身心发展特点，如何科学地教育孩子，教会父母当好父母的基本知识与技能，帮助父母了解学校生活的特点与规律，了解孩子学习的现状与特点，获取社区的教育资源等。家庭教育指导的内涵，比爱普斯坦提出的"当好家长"和"在家学习"要更加广泛和丰富。

家校合作共育的效果如何，在很大程度上取决于父母的教育素养。所以，指导家庭提高教育的科学化水平，应该是家校合作共育的应有之义和基础工作。在这方面，学校应该发挥主导作用。作为专门教育机构的学校和作为接受过比较系统的教育科学训练的教师来说，对儿童的身心发展特

---

① 爱普斯坦等：《学校、家庭和社区合作伙伴：行动手册》。

点，对儿童的学习方式，对学校生活的情况更加熟悉，所以，应该自觉承担起指导家庭教育、帮助父母成长的责任。

（2）学校生活参与

即学生及其父母及社区代表对学校教育实践活动的参与，主要包括决策参与、课程参与和管理参与。

决策参与，是指通过校务委员会、家校合作委员会等机构参与学校的重大决策，反映学生与父母的各种诉求，为学校的发展提出合理化的建议。

课程参与是指参与到学校课程的规划、设置、研发、实施和评价各环节之中，常通过志愿服务的方式进行，学生及其父母和社区的代表通过家委会以及各个活动小组的形式，参与学校的各种教育教学的相关活动，如结合自己的专业、职业，为学生开设课程或讲座。

管理参与是指学生及其父母和社区的代表参与到学校具体事务的管理过程之中，一般也通过志愿服务的方式进行，如在图书馆、食堂担任管理者，在学校上学、放学期间协助学校导护教师维持秩序等。

可见，我们所说的学校生活参与，涵盖爱普斯坦提出的"志愿服务"和"决策"两个方面的内容。走进才会尊敬，参与才能理解。学生及其父母更多地了解和参与学校生活，就能更好地理解教育的过程与规律。学校老师在这个过程中也会更好地了解父母和社区，关注和参与到相关的教育、社会活动之中。学生及其父母参与学校决策并监督办学，本身就是学校民主治校的重要组成部分。

需要说明的是，在家校合作共育的过程中，我们经常会忽视学生（儿童）的权利。所以，通过制度化的安排，如让学生代表旁听决策讨论会，向学生征集预设立课程的主题等，让儿童参与到以上三个环节中，是工作中需要特别留意之处。

（3）家校互动沟通

即家庭、学校、社区之间通过各种媒介，建立正式和非正式的沟通渠道，及时交流和分享相关信息，如学生在学校、家庭或社区参加的集体活动等相关情况。互动沟通的诸多内容也体现在指导家庭教育（及社区参谋）、家庭和父母（及社区）参与学校教育两方面，此外互动和沟通还有其特有的目的作用，如增进互信等。

家校合作共育的效果如何，直接取决于家校之间的信息沟通交流是否对称，是否充分，是否有效。

（4）社区融合协作

即家庭和学校真正地融入社区，利用社区的教育资源，与社区的各种机构和人员通力协作；社区也主动开放各种资源，主动配合、积极参与家庭和学校的相关活动。社区融合协作的主要形式包括学校辅助社区服务家庭，推动家庭和组织指导孩子参与社区相关活动，社区帮助学校服务家庭等，以此为学校和家庭参与社区活动提供便利。

在家校合作共育中，社区是不可或缺的重要教育资源，与家庭、学校是非常重要的新型伙伴关系。家庭、学校本身位于社区之中，父母、教师和孩子本身也是社区的重要成员，社区的各种机构，如博物馆、科技馆、图书馆、文化馆、影剧院，甚至银行、企业和各种社会组织等，都能够在教育过程中发挥不同的作用。所以，社区融合协作是家校合作共育的重要内容。

（二）家校合作共育的意义与价值

家校合作共育是教育现代化、民主化、科学化的必然要求，也是教育和社会发展到当今信息时代的必然选择。

父母作为儿童的监护人，原本就拥有教育权，这种源自"教育原始的委托者"身份的教育权，在工业时代才开始更多委托给学校行使。到了信息时代，随着对教育要求的改变，随着学校自身的改变，无论家庭是自愿还是被迫，都将越来越多地进行教育上的选择、参与。

因此，如果说工业时代的家校共育，学校和家庭还可以根据自身需求进行主观选择的话，那么到了信息时代的家校共育，就是学校与家庭都不得不正视的，无论自身是否情愿，都将必须进行的必然选择。同时，只有做好家校共育工作，才能够正常促进信息时代教育的发展。

在这一时代背景下，家校合作共育有着更为重大的价值意义。

1. 家校合作共育有利于增强家庭的教育功能，促进新型家庭、家教和家风建设

首先，教育目标的一致有利于家庭和谐氛围的营造。在中国的家庭中，孩子的教育问题历来是家庭关注的焦点。因为孩子的教育一旦出现问题，或者围绕教育产生分歧，很容易导致家庭成员之间关系紧张。家校合作共

育过程中，学校通过各种形式向家庭传递科学的教育观念和教育方式，帮助家庭成员之间在教育问题上形成一致的教育目标，可以有效避免家庭成员之间因为教育问题而产生的矛盾。

其次，共同成长能够为家庭建设提供有力保障。教育上，父母不作为和乱作为，都会导致孩子的成长障碍。家校合作共育不断推动父母的学习和自我成长，不仅会有效避免由于自身错误的教育行为对孩子造成的伤害，也会形成尊重、理性、文明、友善的家风，以利于学习型家庭的建设，从而能避免因极端行为给家庭带来的伤害，带动家庭建设朝着健康方向发展。

再次，对孩子的抚育过程，促进父母的再次成长。教育孩子，是父母对自身成长历程的一种折射和反思。没有谁的人生是完美的，每个人的童年都会有伤痛，但如果处理不当，就会不知不觉中积累成为健康成长的障碍。如果父母能够用心梳理自己孩童时的经历，不仅有助于发现自己孩子的教育问题，还能借回顾和反思化解自己成长中出现的问题，从而实现精神生命的第二次发育，再次成长。

所以，我们强调家校合作共育，对家庭而言，是希望借此引领带动家庭，提高父母的教育水平，形成良好的家庭人际关系和家庭风气，构建有利于孩子成长、全家幸福的家庭。

2. 家校合作共育有利于建立现代学校制度，拓展教育教学资源，提升教育教学质量

现代学校制度是一种协调校内和校外关系的制度安排，重视协调和整合影响学生发展的各种力量。现代学校制度把学校视为一个开放的组织，它不仅关注学校内部的运作过程，而且也重视学校与家庭、社会的互动过程，特别强调学校利益攸关方在制度构建和发展中的作用。家校合作是现代学校制度建设的重要组成部分，也是现代学校教育治理体系的重要组成部分。家校合作共育对于建立现代学校制度，拓展教育资源，提升教育教学质量具有重要的作用。

家校合作共育凸显了办学的多元主体。学生父母和社区干部群众的知识、经验和专长，可以从不同侧面有效弥补学校教育资源的不足。社区的各种公共文化机构和名胜古迹等资源，更是可以直接丰富学生的课堂教学资源，丰富课余生活。在家校合作共育的过程中，学校可以充分利用家庭和社区的教育资源去优化、完善学校内外的教育环境，使学生接受的教育

更完整。社区和父母对学校的要求也是学校教育不断优化的一种动力。

家校合作共育还可以强化学校的自我管理，提高学校管理科学化的水平。科学管理的每一个环节都必须以及时、准确、完整的信息沟通为基础。从目前家校合作共育的情况来看，仍然有一些学校抱持"闭门办学"的态度，以学校围墙为界，将学校与外界社会隔离开来，使学校成为"教育孤岛"。因此，消除传统学校教育弊端，唤醒学校的教育活力，改进教育生态，推进教育的有效性，已经成为全社会的教育共识。《国家中长期教育改革和发展规划纲要（2010—2020年）》中提出要建立现代学校制度，其基本内容就是"依法办学、自主管理、民主监督、社会参与"，就是要吸引家庭和社会力量对学校管理和运行的有效参与。

从许多新教育学校家校合作共育的范例中可以看到，父母和社区参与学校管理事务带来的巨大力量，让父母从学校的阻力变成动力，从与学校对立变成友好合作，让社区与学校从互不相干到共同携手助力孩子成长，由此改变了学校的生态，提高了父母和社区对学校与教育的满意度，形成了一种强大的教育正能量。

3. 家校合作共育有利于师生、亲子和相关参与者共同成长

新教育实验认为，成长本来就应该是父母、教师与孩子共同的事情，是父母、教师与孩子必须共同面对的问题。因此，家庭教育、学校教育和社区教育，都不是简单地针对孩子，同时也是父母、教师和社区人员的自我教育。父母与孩子、教师与学生，在成长的过程中完全是互动的关系。父母和教师的成长会带动孩子的成长，孩子的成长也会促进父母和教师的成长。优秀的父母和教师更容易培养出优秀的孩子。反过来，学习如何科学培养孩子的过程，也会推动父母、教师自身不断走向优秀。

美国全国受教育者委员会（NCCE）曾先后出版《证据在增多》和《证据继续增多：家长参与可提高学生成就》两本著作，通过对数十项研究的分析，得出了几个非常重要的结论：第一，家校合作较多的教育项目能使学生在各方面表现出色，而几乎没有家校合作的项目学校的学生，表现则一般；第二，与家庭、社区保持联系的学校，其学生的表现优于其他学校；第三，与学校保持经常联系的父母，其孩子的成绩一般高于那些家庭背景和能力相当，但缺乏与学校合作的家庭的孩子；第四，当父母对其孩子的教育显示出兴趣，并能对他们的表现保持高期望时，他们就能够激发孩子的内驱力

和成就感；第五，在学校里表现欠佳的学生，一旦其父母参与转化工作，往往进步显著；第六，良好的家校合作能密切师生关系和亲子关系，从而强化学校教师和父母的权威形象及其对孩子的影响力。[①]

社会化不仅是儿童的任务。成年人其实也面临着一个再社会化或者继续社会化的问题。家校合作共育给父母提供了一个重要的学习机会和成长平台。由于父母来自各行各业，他们在分享教育子女的意义和经验的同时，也可交流其他诸如职业和生活方面的信息，在广交朋友的过程中学习别人的长处，为自己今后的生活开辟更广阔的道路。

对于教师来说，家校合作共育使自己更加全面、客观地认识学生，学习与别人交际的能力，推动合作向更好的方向发展。另外，家校合作共育也是社区各种相关人员学习与成长的过程。家校合作共育中可聘请一些校外的、非父母的志愿工作者，由他们来担任联络人、指导员或校外辅导员等角色。学校可对他们进行相应的培训，然后由他们对父母提供儿童教育指导。他们从父母处得到的信息又可反馈给学校，为学校的进一步决策提供依据。家校合作还会涉及政府机关、专业社会组织、社区服务机构（如图书馆、科技馆、博物馆、少年宫、电影院、医院、商场等）等的支持与协调，这也是一种相互学习、相互受益的过程。在教育孩子的过程中与孩子共同成长，是家校合作共育的特点，也是最理想的境界。

4. 家校合作共育有利于社会和谐稳定，生活幸福完整

美国社会学家 W. 古德（William Goode）说过，在所有已知的人类社会之中，几乎每一个人都卷入了家庭的权利和义务的网络之中。如果把整个社会关系比成一张网，那么，家庭关系就是这网上的重要纽结。[②] 人类社会最基础的关系是家庭关系。家庭在儿童社会化的过程中起着重要作用。家庭中的夫妇关系、亲子关系、同胞关系往往是社会上各种人际关系的折射。如果儿童能够比较顺利地习得处理家庭关系的艺术，未来他就能够比较好地适应社会生活，与领导、同事、朋友和睦相处。

对于中国的许多家庭来说，教育意味着未来，因为对孩子的教育成功，意味着父母掌握了自己的未来，意味着整个家庭的成功和希望。

---

① 马忠虎：《对家校合作中几个问题的认识》，《教育理论与实践》1999 年第 3 期。

② 威廉·古德：《家庭》，魏章玲译，社会科学文献出版社，1988 年。

当然，很多教育的难题其实是社会问题的折射，教育问题的根本解决还有赖于社会发展；而很多社会的难题，不可能一下子解决。但是，只要家庭和学校彼此之间充分理解，把希望寄托在共同教育的孩子身上，把未来寄托在孩子的创造上，并双方共同为之努力，就能打牢社会的稳定基石，促进社会的和谐。因此，从这个意义上说，家校共育不仅是为了抚育好孩子，同时也是为了给家庭这一社会细胞提供足够的希望。

从另一个方面看，父母参与子女的学校教育本是他们的权利、义务与责任。因此，参与过程也是父母树立权利意识和责任意识的过程。家校合作共育过程中，通过沟通、协商、相互妥协来解决冲突的过程，本身就是一个民主的过程。民主与法治意识的启蒙与觉醒，有助于父母积极地投入社会政治生活，从而促进社会的进步。

江西省弋阳县教育局曾经算过一笔账，他们县有 41 万人口，其中 7 万是学生，每一个学生的父母、爷爷奶奶、外公外婆加起来就是 6 位。全面开展家校合作共育，其影响面显然会涉及全县绝大部分人口，这样自然有利于实现"用良好的校风影响家风改变民风"的目标。可见，家庭、学校、社会，以孩子为纽带，通过合作共育紧密地联系在一起，就能够为构建和谐社会，过一种幸福完整的教育生活，奠定坚实的基础。

（三）新教育实验中家校合作共育的原则

我曾经说过，阅读与家庭是教育的两大基石，两者都关系到教育的全局和根本。从 2000 年开始，新教育着力推进书香校园建设，让阅读的理念逐渐深入人心。以新父母研究所和新家庭教育研究院的建立为标志，我们着力推广家校合作共育的新家教理念。以"家校合作共育"为基本特点的新家庭教育，是新教育理论与实践的重要组成部分。

1. 新教育实验在家校合作共育方面的思考与探索

新教育实验从一开始就非常注重"家校合作共育"问题。在 2000 年出版的《我的教育理想》一书就提出，理想的父母应该努力配合学校、社区进行全方位、多层次的教育，从而使孩子快乐、健康成长。

2004 年 3 月 28 日，"莫愁新父母学校"在苏州工业园区娄葑第二中心小学正式挂牌成立。

2004年4月24日，在昆山玉峰实验学校举行的新教育研究中心会议上，决定把"优化家校合作"作为6+1的项目正式纳入新教育的行动计划，家校合作开始成为新教育的重要行动。

2005年3月，玉峰实验学校的《玉峰新父母校报》正式印发。同时，由福建教育出版社正式出版的《与理想同行——"新教育实验"指导手册》（2005年第一版）和2006年全国教育科学"十五"规划重点课题"新教育理论的实践及推广研究"结题报告中，都详细介绍了新教育实验"优化家校合作"的行动。

2007年7月，新教育运城年会正式提出"共读共写共同生活"的理念。新教育的一些榜样教师在年会上讲述了自己在家校合作共育方面的故事。

可以说，家校合作共育作为一种打开校门、融合力量、共同推进教育发展的举措，是新教育实验的底色之一，贯穿在新教育历年的年会主报告中，也是十大行动中促使其他行动开展更为有效的一种工具。新教育的营造书香校园，其实就包括了亲子共读、书香家庭与书香社区等内容。师生共写随笔，则包含了师生、亲子、师亲等互相的交流。父母进课堂，本身也是聆听窗外声音的重要内容。培养卓越口才、构筑理想课堂、建设数码社区、推进每月一事、缔造完美教室等也都与家校合作有着密切的关系。如我们在"习惯养成第二天性"的主报告中就明确提出，家庭是培养良好行为习惯最重要的场所，早期的行为习惯养成训练，对人一生具有重要的作用。明确提出"教师、父母与孩子一起成长，共同养成良好习惯，形成同频共振的氛围，是习惯养成的重要原则"。

2011年11月，新教育成立了"亲子共读研究中心"，把父母与孩子的共同阅读作为新父母成长的重要内容，每天早晨的"新父母晨诵"等项目已经有上亿点击阅读量。2012年，该中心更名为新父母研究所，全面开展新父母晨诵、新父母学校、父母书目研制、亲子共读等项目。新父母研究所成立以来，秉承"点亮自己，照亮他人"的萤火虫公益精神，2012年已有义工496人，在全国30多个省市建有萤火虫工作站56个，汇聚4万多位父母开展萤火虫亲子共读。

2012年，在新教育宁波国际高峰论坛上，"家校合作共育"正式成为新教育实验的十大行动之一。新教育实验开始了家校合作共育探索的新时期。

2015年，新教育研究院与全通公司联合成立了新家庭教育研究院。研究院成立以来，先后组织力量编写了《中国家庭教育蓝皮书》《新父母读本》

（从胎儿时期到大学阶段，每年一本，共20册），与中国教育电视台合作评选了2016年度中国好父母，协助中国教育学会家庭教育专业委员会组织召开了2015、2016年家庭教育国际论坛和2016、2017年全国家校合作经验交流会，组织了近百场新父母大讲堂等学术与公益活动。

2016年开始，以海门新教育实验区为代表的有关实验区和实验学校，举行了多个以家校合作共育为主题的新教育开放周，开始书写深化家校合作共育的新篇章。

在家校合作共育的理论研究方面，新教育也做了不少有益的探索。继2000年《我的教育理想》一书中提出了理想父母的标准以后，我先后发表了《教育从家庭开始》《与孩子一起成长》《家校合作的三种模式探讨》《家校携手教育不愁》等一系列文章，并且主持研制了《中国父母基础阅读书目》，为中国父母的成长提供了第一个系统的书目。新教育研究院院长李镇西先后撰写了《做最好的家长》《陪你走过0—6岁》等关于家庭教育的著作。新家庭教育研究院院长孙云晓先后撰写了《亲子关系 决定孩子一生的幸福密码》《五元家教法 好父母的必修课》《向孩子学习：一种睿智的教育视角》《好好做父亲：男人最有价值的投资》等著作，并且发表了《新家庭教育宣言》和《新家庭教育十大愿景》等理论文章。新家庭教育研究院的理事长童喜喜出版了《喜阅读出好孩子 中国孩子的阅读问题》和《新教育的一年级》，前者对亲子共读等问题进行了探讨，后者则全面讲述了新教育实验学校在幼小衔接阶段的故事。新家庭教育研究院副院长蓝玫先后出版了《家校之间有个娃》（低年级版和中年级版），洪明研究院出版了《合育论》。新教育榜样教师顾舟群的《改变，从习惯开始》、郭明晓的《各就各位准备飞》和常丽华的《教室，在书信中飞翔》等著作，以师生家校通信的方式，记录了家校合作共育的故事。

2. 新教育实验家校合作共育的基本原则

过一种幸福完整的教育生活，是新教育实验的宗旨。幸福和完整是家校合作共育的根本朝向。

幸福，不仅仅是教育的目标，更是人类的终极目标。发展经济也好，生态建设也好，最重要的是为了让人获得幸福感。幸福教育是幸福人生的基础。新教育实验的理想，就是能够让每个人真正地快乐、自主学习，让每个人能够真正地享受学习生活、享受教育生活，让每个人能够发现自己的潜能与天赋，让每个人在和伟大事物遭遇的过程中发现自我、成就自我，成为最好的自己。教育本来就是增进幸福的重要途径。挑战未知，合作学习，本来就应该是非常幸福的。所以，家庭和学校、社区，都应该努力创造让孩子幸福成长、快乐学习的环境，让教师和父母能够体验职业尊严和责任使命的环境。

教育还有一个很重要的使命，就是帮助人成为他自己。现在教育很大的问题，就是用统一的考试、统一的大纲、统一的评价，把所有的短板补齐了，所有的人变成一样了，而不是扬每个人的长。其实，真正的教育应该扬长避短。人什么时候最幸福？发现自己的才华，找到自己值得为之付出一生努力的事，能够痴迷一件事情，实现自己的梦想，一个人在这些时候，才是最幸福和快乐的。这就是新教育说的完整的幸福。所以，新教育实验提出应该让我们的家庭和学校，让我们的社区成为汇聚美好事物的中心，让所有的人在学习与成长的过程中能够找到自己、发现自己、成为自己。

当然，新教育所说的完整，内涵是丰富的。从培养的目标来看，包括自然生命、社会生命和精神生命的完整，即身心灵的完整；从教育的主体来看，应该包括家庭、学校和社会的完整。只有这样，才能够真正形成合力。

在坚持过一种幸福完整的教育生活的根本朝向的前提下，家校合作共育应该遵循以下基本原则：

（1）目标一致原则

家庭、学校、社区的教育目标是一致的。尽管三者是不同的社会单元，在社会生活中分别扮演着不同的角色，发挥着各自的独特作用。但在家校合作共育中，他们具有明确而共同的目标，这就是更好地促进青少年儿童身心健康、全面、个性化的发展，实现教师、父母与孩子的共同成长，让家庭、学校、社区的所有人能够过一种幸福完整的教育生活。

目标一致性原则，是家校合作共育最坚实的基础，也是最大的共识，为扫除行动中的一切阻碍铺平了道路。坚持这个原则，才可能让家庭和学校、社区保持一致，并肩前行，而不是互相掣肘。

（2）地位平等原则

家庭、学校、社区在合作共育的过程中具有平等的主体地位。

家校合作共育必须建立在平等互信的基础之上。家庭、学校、社区是"伙伴"关系，共同承担儿童成长的责任。青少年儿童在家庭是父母的孩子，在学校是老师的学生，在社区是未成年人，家庭、学校、社区三方共同承担教育的责任，地位也是完全平等的，不存在谁"依附"于谁的问题。任何一方都不能够凌驾于其他各方之上，也不能够成为其他方面的附庸。学校不能压制家庭，漠视社区；家庭和社区也不能挟持学校。必须在保障各方的独立性的前提下，在互相平等的过程之中，家校合作共育才能走上良性循环，同频共振。

在操作的过程中，如何能够彼此平等尊重，实现共同利益的最大化呢？最好的办法是三方共同制定游戏规则，确保边界，保障理念的统一性、决策的公开性，最后实现共同的治理。因此，在组织家委会等各种家校共育机构时，要特别注意以教育理念、服务态度、领导能力、奉献精神等综合素质吸纳成员，而不能只吸纳单一类型的父母，尤其不能仅以家庭环境优劣、父母社会地位等来吸纳成员。同时，在决策的过程中，要公平、公正、公开，这样才能最大限度地赢得多方的支持，让所制定的决策更快更好地得到落实，从而实现教育共同体成员的多赢。

（3）尊重儿童原则

家校合作共育所制定的各项制度、拟订的各种计划中，参与的无论是家庭、学校，还是社区，无论是成人还是儿童，都必须保证各自的权利，由此才可能达成真正的理想结果。

在这一点上，必须特别强调儿童一方的权利保障。1989 年 11 月 20 日第 44 届联合国大会第 25 号决议通过的《儿童权利公约》（*Convention on the Rights of the Child*），中国于 1990 年 8 月 29 日成为第 105 个签约国，确保儿童权利是家校合作共育中的应有之义。只有在决策中权力均衡，让儿童代表能够为自身代言，才能在实践中保障权利，让所有儿童在平等参与中得到真正的教育，收获更大的成长。

（4）机构开放原则

家庭、学校和社区彼此敞开大门，尤其是作为合作主导方的学校，要向家庭和社区开放，这是家校合作共育的最重要的条件。

家校合作共育的开放性，也意味着在参与家校共育的过程之中，一个家庭也向其他的家庭敞开家门。这种家庭之间的互相交往，让好的家庭变成更多家庭的典范，其价值和意义不亚于学校和家庭之间产生的交往互动。这样的交往，意味着传统之中关着门的家庭教育，因为家校合作共育而投进了一抹阳光。

开放性，同时也意味着家校共同体面向社会开放，吸纳更多社会力量的参与。因为无论是各类公益机构的支持，还是各种教育项目的合作，都是促进教育的有生力量。

（5）方法多样原则

家校合作共育的方法多种多样，没有固定模式。

家校共育的方式和方法应该也可以做到丰富多彩，只需要多动一点脑筋，就可以让家校共育和学校平时的日常教育教学完全融为一体。它可以无声无息融入绝大多数的日常教学环节之中，并不需要额外占用过多时间，投入精力。只有这样科学、简便、高效的家校共育方法，才能保障日常工作之中坚持家校共育的可能；也只有这样的家校共育方法，才能在工作中取得良好的效果，从而让家庭和学校都增进互相合作的信心。

（6）长期坚持原则

家校合作共育不是权宜之计，不是暴风骤雨，而是需要在立体化的教育生态中长时间地、常态化地、始终如一地坚持，这可能是家校合作共育最大的难点。缺乏相对的系统性和完整性，缺乏行动的长期坚持，就会让家校的工作投入了精力，却难以见到成效。

家庭毕竟不是学校，社区也不是一个专门的教育机构，因此，无论是时间和精力上，还是人员的素养和能力上，家庭和社区对学校教育的参与都很难得到真正的保障。父母和社区人员也不是学生，在对父母的管理和社区角色作用的发挥上，也不可能做到像对学生一样，能够有章有法，能够强制执行。正因如此，我们特别需要强调坚持常态化、制度化地构建和运作家校合作共育的长期性机制。

为此，必须制定长期有效、可操作性的工作计划，明确具体的负责人员。通过工作计划，科学梳理和合理规划家校合作共育的重要内容，确保计划周密、分工明确、责任到人和有效督查，避免在家校合作共育机制运作过程中失去整体的完整，错过对关键内容的推动。更需防止工作中头痛医头脚痛医脚，遇到问题就紧锣密鼓，山雨欲来风满楼，一旦问题过去就随随便便，甚至抛在一边。

（7）多方共赢原则

在家校合作共育中，受益的不仅仅是学生，还包括父母、教师、学校和社区的其他相关人员。

家校合作共育收获的是一个共生多赢的硕果。对父母来说，家校共育应该促进多方的共同成长，尤其是让亲子之间因共同成长而愉悦，家庭生活因此幸福完整。对教师来说，家校共育赢得父母的支持，能让日常教学工作之中减少阻力，增添动力，从而让教师的本职教育生活幸福完整。对社区的相关人员来说，家校共育能融洽社群关系，在对教育的投入中获得更为丰富的职业认同感，更为积极的人生意义感。如若只考虑家庭或学校、社区之某一方面的利益，合作显然无法长久维系，家校合作就会变成相互拆台，互相挑剔，结果适得其反。

（8）跨界协调原则

家庭、学校和社区，有着各自的功能定位。所以，从传统的观点来看，家校合作共育是典型的"跨界"行动。教师"走出"学校，父母和社区"迈进"学校，都是去做"分外的事"。因此，家校合作共育有着特殊的困难，尤其是持续性的难度，要远远大于体制内的组织行动。工作中必须特别注意明晰家校合作共育的边界。遵守边界的跨界，到位而不越位，是做好家校合作共育工作的基本原则。

从目前的情况来看，明晰家校合作共育的边界，关键还是要进一步认识家庭、学校、社区在教育问题上的任务、使命和特点，扬长避短。要充分认识到家校合作共育不是纯技术层面的简单模仿，也不是独立于学校整体工作之外的附加题，更不是减轻教师工作量的手段。特别是要尊重家庭教育的规律与特点，尊重父母的主体地位与责任，尊重儿童的权利，尊重家庭的传统与个性。不要把家庭变成学校，也不要把家庭变成学校的附庸，而是要让家庭更像家庭。①

（四）新教育家校合作共育的途径与方法

1. 加强制度建设

制度是做好一件事情的重要保障。在家校合作共育推进上，制度建设分为两大类。一是学习掌握国家的相关政策、法律、规章制度，二是制定和完善本机构的相关规章制度。

新教育实验区校应该认真学习各种法律法规文件，根据各地实际，积极主动争取妇联、关工委以及教育、文化、卫生、文明办等各个部门的支

---

① 孙云晓：《亲子关系：决定孩子一生幸福的密码》，浙江文艺出版社，2016年。

持，争取最大的政策空间。同时，也要在政策法规的框架下，完善自己的家校合作共育制度，依法依规开展工作。

四川省宜宾市人民路小学从 2015 年起，就制定规章制度，请学校家委会参与学校学期计划的制定工作，参与学校大型活动的决策，他们把家校合作共育工作视为全新基石，让学校真正实现了自我提升、自我超越，如今不仅学校在教育系统中备受认可，影响力还蔓延向全社会。

2. 积极搭建平台

家校合作共育需要一定的平台和载体。我们日常最常见的平台与载体就是"家长委员会"和"家长学校"。这些年以来，无论从机构的名称还是实际发挥的作用，还是未来发展的趋势来看，新教育都在进一步拓展家校合作共育的平台。

从具体概念来说，在家庭教育的理论研究与实践探索中，我们比较主张尽可能用"父母"代替"家长"，用"家校合作委员会"代替"家长委员会"，用"新父母学校"代替"家长学校"。

为什么要变"家长"为"父母"呢？首先，对外而言，在国际交流中，"家长"一词缺乏相应的概念。在英文中，"家长"的概念勉强可以解释为：The head of a family, the parent or guardian of a child, patriarch, genearch, householder. 但是我们一般使用的"家长"概念，其实说的就是父母。其次，对内而言，"家长"是一个封建传统的概念，这个称谓已经不适应现代民主社会的需要。在现实生活中，"家长制"依旧很大程度上存在于家庭之中。如今我们身处后喻文化时代，许多父母的知识已经落后于孩子，如果仍然采用"家长制"的管理方式，不仅对孩子的成长起不到正面的作用，也不利于父母自身的学习与成长，更不利于构建和谐、平等、相互尊重的新型家庭关系。①

所以，我们建议在新教育人的话语体系中，尽可能不用"家长"这个概念。

---

① 《辞海》关于"家长制"的解释是："家长拥有统治权力的家庭制度。在家长制家庭里，家长握有经济大权，居于支配地位，掌握全家人的命运。旧中国的家长制，在宗法制度下，以封建的法律、礼教、习惯，束缚家庭成员，维护封建财政，巩固封建统治。新中国推翻了封建买办阶级的统治，废除了家长制。"

从搭建平台的具体方法上，新教育人已经做过许多探索。

（1）家校合作委员会

家校合作委员会，在我国的最初形态是家长委员会。1988 年颁布的《中学德育大纲》首次明确提出家长委员会建设问题，并将其与家访等其他形式并列，作为家校合作的重要平台。[①]

在国际上，家校合作的组织很多，如 PTA（Parent-Teacher Association，父母教师协会）、ATP（Action Team for Partnerships，合作伙伴行动小组）、SC（School Council，校务委员会）、SIT（School Improvement Team，学校发展小组）、PTO（Parent-Teacher Organization，父母教师组织）、HSA（Home-School Association，家庭学校协会）等，也有类似我国的家长委员会的、属于父母自己的组织，如父母委员会等。

新教育的"家校合作委员会"有几个重要的特点：

第一，从名称来看，新教育用"家校合作委员会"代替"家长委员会"，同样可以简称为"家委会"，但是内涵不完全一样。

第二，从参与主体来看，新教育的家委会要体现合作与共育，必须有家庭、学校、社区的代表参与，而不是单一的、父母参与的"父母（家长）委员会"。这样才能真正全面反映各方的利益诉求，全面改进各方工作，建立良好的家校合作共育生态环境。

第三，从领导构架来看，学校领导和教师不得担任新教育的家委会主要负责人，家委会领导需要由三方推选的代表协商选举产生。建议由父母或者社区中热心教育、有号召力、乐于奉献的人士担任。

第四，新教育学校的家委会，分班级、年级、学校三个层次。班级、年级的家委会主任，原则上为上一级家委会成员。在条件成熟的时候，学校家委会主任参与区域家委会或者全国家委会机构，形成从班级、年级、学校到乡镇、县市、省和全国的家校合作共育体系。

（2）新父母学校

新教育的新父母学校，一般有以下几个特点：

---

　①　1988 年颁布的《中学德育大纲》中提出："学校要通过家访、家长会、家长接待日、举办家长学校、开展家庭教育咨询、建立家长委员会等多种方式，密切与家长的联系，指导家庭教育，使家长了解并配合学校贯彻实施本大纲，改进家庭教育的方法。"该文件首次明确提出家长委员会建设问题，并将其与家访等其他形式并列，作为家校合作的重要平台。

第一，从名称来看，虽然目前在国家有关文件中仍然称为家长学校，但我们建议新教育学校尽可能用"新父母学校"代替"家长学校"，可以简称为"父母学校"。

第二，新父母学校的办学宗旨，应严格遵守国家法律法规的相关规定，贯彻国家教育方针，组织学生父母接受系统、专业的家庭教育培训学习，从而提高其教育素养，使之成为家校合作共育的有力支点，共同营造良好的育人环境，让师生及学生父母都能过一种幸福完整的教育生活。

第三，新父母学校是接受所在学校及其家校合作委员会的监督管理，接受上级教育主管部门和妇女联合会共同指导的非正式社会组织。由本校教师和教育界及社会各界专家担任讲师，培训本校学生父母。

第四，新父母学校实行校长负责制。校长由举办学校校长兼任或者由举办学校推荐，负责主持全面工作，副校长原则上由举办校分管副校长和其家校合作委员会主任担任，协助校长分管课程设置、实施、检查、反馈、评价、宣传等具体工作。

第五，各级教育行政部门可以建立新父母学校的总校，指导学校的新父母学校工作。江苏省海安县教育局就建立了具有20个编制的家长学校总校。

（3）新父母俱乐部

与新父母学校通常由学校主导成立、职能上侧重学习成长不同，新父母俱乐部通常由父母主导成立，职能上侧重寓教于乐的活动。

比如山东省威海市沈阳路小学新父母俱乐部，其举办的活动既有规定活动又有自选活动。规定活动包括：一年级走进福利院，二年级走进哈工大威海分校，三年级走进图书馆，四年级走进气象台，五年级走进工厂。自选活动则丰富多彩，有春游、秋游、钓鱼、登山、打乒乓球、品茶、放风筝、走进刘公岛、周末爱心义卖、沙滩游戏、海边游乐会，也会走进福利院、敬老院、聋哑学校，还会到大众报业、气象台、博物馆进行参观学习。

（4）萤火虫工作站

这是一个立足阅读、推动教育，立足教室、影响社区、辐射社会的公益项目。一般情况下，由热心教育公益、具备较高阅读素养的教师担任站长，负责阅读指导等教育内容的把关和引领，以及工作站整体工作调度。由具有爱心和活动能力的父母担任副站长，在站长的指导下，承担组织事务等各项日常工作。

新教育萤火虫项目为父母提供亲子阅读指导，研讨各类家校教育问题，从个体从小事做起，以亲子阅读为突破口，以融洽家校关系为切入点，以教育反哺社会，以个体汇聚群体，开展每天早晨的"新父母晨诵"、每天晚上的"天天喜阅"、每个周三晚上的"萤火虫亲子共读全国讲座"、每月一次的"萤火共读"、各分站自行不定期举办的网络共读及线下活动等，诸多栏目齐头并进，取得了良好的效果。

自 2011 年 11 月 23 日项目启动以来，新教育萤火虫工作站建立了良好的运行机制。《新教育萤火虫亲子共读工作站建站章程》参见本书附录。

3. 共读共写共赏

新教育实验"共读共写共同生活"的理念，本身体现了家校合作共育的理想。我们认为，只有共同阅读，才能拥有共同的理想与愿景、共同的语言和密码、共同的价值和追求。推动亲子师生共读共写共赏，也是新教育实验的一个重要特色。

（1）共读

新教育的共读，指的是家校共同阅读一本书，通过父母、学生、教师等多方研讨交流，建起一座学校和家庭之间的桥梁。

阅读是成长之基。在家校合作共育的共读经验上，有以下几条原则：一是专业引领。无论教师还是父母，有一定经验的阅读推广人才能起到引领作用，才能保证阅读的品质。二是日常坚持。根据不同时间确定阅读主题，让阅读成为生活方式。三是作品经典。共读作品无论是传统经典还是全新创作，都应该具有相当品质，好读又耐读。四是平等真诚。无论活动组织筹备，还是阅读研讨交流，能坦诚相待，认真交流。五是榜样激励。注意发现身边的优秀读者，成为接地气的"共读代言人"，为阅读鼓与呼。六是知行合一。围绕阅读图书，积极拓展相关活动，把所学运用到生活中，再从生活中提炼问题，开始新的阅读之旅。

（2）共写

新教育的共写，是优秀的新教育实验教师开展家校共育的绝招。它需要投入的精力较多，但取得的效果也很好，对教师来说还会有额外的奖赏。许多新教育榜样教师都因为坚持共写而出版了自己的著作，如郭明晓出版了《各就各位准备飞》并总结了家校通信的必要性：第一，大部分父母需要具有专业知识的老师的引领，才能少走弯路；第二，父母需要在一个共同体之中成长。共读共写共同生活，会形成一种相互激励的力量，让父母坚持不懈地深度卷入教育中来。

这种日常生活中的共写式叙事，是以多种方式邀请、吸引所有父母、老师、学生参与到共同书写中来。一般来说，共写分为三种：家校信，家校便签，随笔接龙。

家校信，通常每周一封。由教师总结日常教育生活，把全班集中表现的、需要得到关注的问题，在周末向全班父母进行介绍，父母回复后，双方及时沟通。

家校便签，不定期写作，基本上每天一次。老师把每天突发的事情，用便签的方式和父母进行交流。内容一定要自然真诚，富有意义。

随笔（日记）接龙，可以自行约定时间。由学生记录，父母和老师跟随其后分别写下对话或评点。

以上的共写，可以与学生的作业结合，利用作业本进行，也可以利用网络社群进行。

（3）共赏

新教育的共赏，指的是父母、孩子与教师共同欣赏一部影视作品，以优秀的影片为主。尤其在家庭或社区中，共赏特别简便易行，值得推荐。影片时间长短合适，主题相对集中，共赏的各方能够在有效的时间之内，得到效果最好的家校共育效果。

在新教育电影课项目研究中我们发现，电影作为人生思考的浓缩，人们特别容易被电影震撼，从而打开自己的心扉，特别适合向忙碌的父母推荐以电影为纽带开展家校共育工作，让学校延伸到家庭，让家庭连接着学校，在家校的双向连接之中，自然而然地形成教育效果的最大化。

4. 畅通交流渠道

家校之间坦率而又真诚的交流，充分而又对称的信息分享，经常性的联系，是良好的家校合作关系的基础。家校沟通的渠道主要有：

（1）家校读物

沟通交流需要媒介和载体，比如精心策划、用心编写、精致印刷的各种读物，如《家校合作指导手册》《家校通讯》以及校刊校报、年鉴年报等，还有假期作业也是家校读物的一种。这类读物既是家教指导的重要方法，也是家校沟通的重要阵地。

比如《家校手册》，它是新生父母走进学校的第一本入门书。在新生接到入学通知书的同时，父母也应该有一本关于学校介绍和家校合作共育知识介绍的简要读本。每学期开始，也可以专门印制一本指导手册。《家校手册》一般包括如下内容：新生注册注意事项，给父母的访校邀请信，家委会机构及其产生办法，学校重大活动日历，学校设施介绍（如图书馆、医疗室、餐厅、体育场等），学校特别项目介绍（如乐队、合唱团、体操队、美术班等），与家庭和儿童有关的社区服务机构介绍，与不同年级有关的活动介绍，家庭教育的相关要点与建议，孩子所在班级班主任和科任教师的简介及联系电话等。

比如《家校通讯》，它是由学校、家庭、社区共同参与创办的报纸或者刊物，具体名称可以由各个学校确定，也可以与校报校刊合而为一。《家校通讯》应该全面反映家庭、学校、社区的各种信息，讲述学校或者家庭、社区的教育故事，报道优秀的父母、教师、学生的事迹，刊发师生、父母和社区相关人员的文章，转摘专家关于教育尤其是家庭教育的重要观点、文章。《家校通讯》的编委会应该由家庭、学校和社区的代表组成，并由学校或者家委会聘请主编。相对于《家校手册》而言，《家校通讯》在及时交流信息方面有更多的优势。

比如假期作业，有的学校在每年寒暑假会编写包括亲子共读、亲子观影、亲子运动、亲子厨房、亲子旅游、亲子种植、亲子公益等内容在内的假期作业手册，让学生与父母共同完成，是一种家校合作共育的"作业套餐"。

（2）微信群、QQ群

无论是手机短信，还是飞信、QQ、微信、家校通等APP，其及时性、互动性和便利性等特点，都为家校沟通提供了技术支撑。许多新教育实验的教师也能够利用这些"利器"做好自己与学生父母的交流。现在，许多新教育实验学校都建立了基于网络平台的家校社共育新机制。家庭、学校、社会，教师、父母、学生都能够通过短信、QQ、微信等多种平台，便捷及时地实现信息资源的交互与数据共享，形成了学校、家庭、社会立体的"爱的朋友圈"。

（3）家校互访

家校互访，就是家校双方深入彼此的教育现场。包括家访与校访两种形式。

家访，曾经是家校交流最行之有效的做法。信息时代到来之后，我们一度用电话、网络代替了家访，或者以把父母请进学校交流，代替老师走进家门交流。如今许多有识之士已经发现了取消家访的弊端。人们发现，许多用语言难以说明白的事情，一旦到了孩子家中，看一看孩子日常的生活环境，观察一下家庭成员之间的交流方式，通过他们的一言一行、一举一动，在无声无息中就能够捕捉到问题的根源。所以，家访，就是让教师深入家庭教育现场，是一项无可替代的重要工作。

为了使家访更有成效，应该注意以下问题：第一，家庭访问的目的是全面了解学生的生活环境，沟通与学生父母的感情，建立信任关系。第二，每次家访最好事先与学生父母约定，不作"不速之客"，以免使父母因教师的突然来访而感到不自在或者父母不在家而"扑空"。第三，家访一定要围绕事先确定的目的进行，并且进行必要的准备，无目的无准备的家访往往难以取得真正的成效。第四，不要把家访搞成"告状"。第五，对于学生家庭和父母的相关情况要注意保密，在家访一开始就申明保密的原则。对于一些不愿意透露家庭情况的父母，也不要勉强进行家访，可以约谈在学校或者住所附近见面交流，或者通过电话、邮件等进行家访。

校访，主要通过学校开放日进行。在开放日或者父母约定的时间，让学生父母走进校园，深入学校教育现场。父母可以在开放日中随时随地推开任何一间教室的大门，到每一间教室里去观察学校生活的细节，到食堂、图书馆等场所直观地了解教师与孩子教学与生活的方方面面。

家校互访可以增进彼此的了解和信任，为其他工作的顺利开展奠定坚实的基础。在具体操作中，还可以与其他家校共育活动相结合，以期取得更好的效果。

（4）家校叙事

家校叙事是指家庭和学校通过教育叙事的书写，让家校共育中的各方共同回顾总结自己的教育生活，从自身的经验教训之中，提炼出进一步成长的心得，不断挑战自我，提出新的目标，攀上新的高度。

在具体做法上，一种是特殊日子进行的庆典式叙事。比如在读书节、期末典礼等活动中，对家校共育中的优秀人物与事迹进行叙事性的展示和表彰。这样的叙事能够集中呈现一个阶段的思考，并能借助仪式的特性，给人留下鲜明、鲜活的记忆。另一种是前面提到的日常生活中的共写式叙事。

5. 共享多方资源

家校合作共育的优势，就是能够实现家庭、学校、社区资源的共享互补，把有关各方资源进行多种组合，为学生成长提供更加宽广的空间与可能。

在资源共享上，家庭、父母向学校开放，成为教育中的人力资源、社会资源乃至补充部分的财力资源。

学校作为社区的文化中心和社会的文明引擎，也需要进一步加大学校资源对社区开放的力度。如学校的图书馆，应该不仅仅是为教师和学生准备，同样应该为社区居民和父母开放。学校图书馆建设应该同时考虑配置家庭和社区可以阅读的书目。学校的体育场地设施，也可以向社区居民和学生父母开放。学校的教室在假期和节日可以向社区居民和父母开放，为他们的终身学习提供便利。这样，学校就可以成为真正的学习中心，成为社区的文化中心。

社区教育资源也应该向家庭和学校开放。如社区图书馆、文化馆、体育中心、青少年活动中心等公共文化场所如何配合学校与家庭的教育需要开展活动，社区的有关机关、团体、企事业单位如何发挥自己的优势，主动为学校和家庭做好服务，这些都是家校合作共育需要探索的重要课题。

社区不同职业、不同岗位的人员走进学校，也是非常重要的教育资源。

家校合作的共享资源包括：

（1）资源室

家校合作共育资源室是为家庭、学校和社区开展家校合作共育建设的资源中心。

资源中心应该包含关于教育、心理、青少年儿童发展、家庭教育、父母成长、家校合作、学科教学等方面的书刊。可以考虑配置新教育研究院研制的"中国幼儿、小学生、初中生、高中生基础阅读书目"和父母书目、教师书目等家校合作共育的图书，以及《中国教育报》《父母课堂》等报刊资料和相应的影视资料。

资源中心可以为学校和家庭开展游戏提供资源。如父母和教师可以从书籍、杂志、报纸等中搜集游戏活动，经过改编，使它们适应家庭或者学校的需求，成为孩子们能玩的教学游戏。然后，将它们分类置于资料盒中，便于使用。父母和教师们可以制作供阅读、拼写、计算用的游戏板（卡）。

资源中心可以为学校教育教学提供资源。可以鼓励教师和父母按照不同年级和学科提供相应的资源。如有经验的父母和教师可以根据学生的年龄层次和不同的学习科目，即数学、语文、艺术、音乐、自然科学等，从有关书籍、报刊中挑选、整理有用的文章，然后将它们分类以便主讲老师和他们的助教在课堂上使用，或者父母在指导孩子家庭学习时使用。

资源中心一般建在学校，与家委会的办公机构或者父母活动中心合而为一，也可以建在社区或者企业中。

资源中心可以由学校主导建立，也可以由家委会主导建立。无论是建在哪里和谁来建设，家校合作共育资源中心的关键，都是共同参与，共同建设，实现新教育家校合作共育的共享、共生、共赢的目标。

（2）学校社团

三百六十行，行行出状元。每一位父母都是一个课程的资源。在新教育学校，父母资源已经成为学校教育中不可或缺的宝贵资源。如贵阳云岩实验区贵阳市第十中学的父母，为学生免费开设了篆刻、扎染、合唱、电脑美术、橡皮章、书法、绘画等社团，还帮助学校成立了"学生长笛乐团"，由家委会管理。

（3）新父母课堂

新父母课堂，是共享家庭教育资源最重要的形式之一。新父母课堂可以与学科融合，有不同学科兴趣特长的父母，可以成为老师的助教；可以与阅读结合，成为"故事爸爸""故事妈妈"开展阅读活动的载体；可以让有特长的学生父母走上讲台，对孩子们进行知识的教学和相关的技能传授。这样的新父母课堂为父母展现自己的才华搭建了一个舞台，也为学校丰富特色课程资源提供了多样化途径。

新父母课堂可以成为班级举办"聆听窗外声音"行动时最简便、最经济的做法。父母资源就是专家资源。在新父母课堂中举办讲座，请优秀的父母现身说法讲给其他父母或者孩子听。

在新父母课堂的工作开展中，必须注意：并非一般意义上的名人父母、精英父母，才有必要进课堂。成都市武侯实验中学，是一个以失地农民和进城务工人员子弟为主要生源的涉农学校，他们有一个"百家讲坛"，经常在升旗仪式上，请来自各行各业的父母给孩子们做演讲，以他们的人生故事激励孩子们。有一所乡村的新教育实验学校，把当农民的爸爸请进了学校，请入了课堂。农民爸爸在课堂上讲述自己如何种地，帮助孩子们不仅了解种地的知识，而且更加理解当农民的父母的不易。这位爸爸有了这次经历之后，增进了对教师、对教学的理解，从那以后更加关注家庭教育，更加积极地投入家校共育之中。

在许多新教育学校，父母进课堂已经成为学校一道美丽的风景线。河南省滑县新教育实验区新城小学，把一至六年级每周一下午第一节课，作为父母授课的固定时间。每周以年级为单位提前统计上报课程内容与上课时间，优秀资源还可以在级部甚至是全校范围内交流。讲课的内容和形式丰富多样，既满足了学生们的求知欲望，也让学生从中学会了感恩、分享、坚强、宽容、奉献……深受学生喜欢，大大提高了家校合作共育的实效性。

（4）父母志愿者

父母志愿者也是共享家庭教育资源的重要形式。在新教育学校，各种形式的志愿者、义工非常多，如安全护卫队、新父母监督员、新父母授课志愿团等，每逢学校举行重大活动，父母义工都是重要人力资源，更是最美丽的教育风景。

（5）社区大讲堂

社区不同职业、不同岗位的人员也是非常重要的教育资源。社区大讲堂可以根据学校教育的需求，邀请周边如交通警察、消防员等不同职业的人员，以讲座等方式开展，灵活简便。

（6）社会实践基地

社区中不同单位、不同机构的硬件，也可以成为重要的教育资源。学校应该探索统筹协调各类社会资源单位，积极争取社会支持，加强社会教育资源开发，进行校内校外统筹，发挥各方力量，合力打造一批社会实践教育基地。

这样的社会实践基地可以成为学生的第二课堂，可以成为教师的第二讲台，可以成为父母的第二客厅，也可以成为本单位职工的第二舞台，从而让社会资源更充分更稳定地发挥效用。

6. 榜样示范引领

按照新教育实验的生命叙事理论，每个人都是自己生命故事的主人翁，也是自己生命故事的作者。能否把自己的生命写成一部伟大的传奇，在很大程度上取决于我们能否为自己找到人生的榜样。

在家校合作共育的过程中，家庭、学校、社区都要主动为孩子和成年人自己寻找人生的榜样。

当然，父母、教师也应该自我反思并不断地自我提升，努力为孩子和学生做好人生的榜样。孩子是最伟大的观察家，他们一直在观察着成人的行为，考量着父母和教师的言行。说一套做一套的教育，都是效果甚微，甚至是无效的。

发挥榜样示范引领作用，其实就是要求家校合作共育中的多方一起成长，在为孩子做榜样的过程中提升自己，完善自己，成就自己。

（1）发现榜样

生活中并不缺少美，缺少的是发现美的眼睛。家校合作共育也需要及时发现先进的典型。一方面，我们要注意身边的榜样，这样的榜样往往亲切，容易产生共鸣，也容易学习借鉴。另一方面，我们也要关注其他单位、其他区域，甚至其他在国家与地区的榜样。这就需要我们注意观察、学习，注意各种媒体关于家校合作共育的报道，学会收集先进典型的案例。

（2）表彰榜样

发现榜样以后，就要通过举办各种表彰活动，对在家校合作共育工作中表现优异的人与事进行物质与精神的激励，从而鼓励榜样继续成长，激励大家向榜样看齐。

在具体操作中，要注意规则的公平公正，注意精神激励与物质激励的结合，否则表彰失去意义，反而会对工作产生副作用。

（3）言说榜样

对于在家校合作共育中成绩优异的个人和单位，仅仅依靠激励与表彰是不够的，更应该及时总结他们的经验，讲述他们的故事。身边的榜样以及他们的故事是最能够打动人的。一旦孩子与伟大人物相遇，就有可能为自己的生命找到原型，从而确立起人生的志向。而父母、教师等也可以与那些伟大的灵魂相遇，汲取与孩子一起成长的力量。

通过各种方式，如举行报告会、经验分享会，对家校合作共育中出现相关的榜样人物进行学习和交流，也能起到榜样的模范带头作用，并且对实施条件要求不高，是一种树立榜样的有效做法。

最后要特别强调，虽然我们十分强调家校合作共育，但是所有新教育实验区、实验学校的教育工作者们，无论是校长还是教师都要做好准备，懂得如何在缺乏一方支持的情况下整合各种资源，坚守教育理想。譬如，遇到难以开展家庭教育的各种情况，无论是孤儿，还是因父母外出打工留守在老家甚至遭到遗弃的孩子，或是遇到学校周边环境恶劣，社区缺少力量参与的时候，每一个校长和教师要有一份舍我其谁的担当：在孩子已经绝望的时候，让教育帮助孩子看到希望，让学校成为孩子的精神家园，而不只是传授知识的地方。这才是我们新教育人的使命，才是家校合作共育的方向。

在高度信息化、智能化、个性化的时代，许多传统的事物都面临被颠覆的命运，传统的学校制度也正在面临深刻的变革。在可以预见的未来，学校作为现存单一化、封闭式的教育机构，将被未来学习中心逐渐替代。家庭、学校、社区携手前行的家校合作共育机制，将共同形成教育的磁场；教师、学生、父母以及所在社区的相关人员会共同成长，这将成为未来学习中心的常态。

我们认为，家校合作共育，是指通过建立和发展家庭、学校和社区多方教育主体之间的新型合作伙伴关系，拓展学校教育教学资源和条件，影响并改善家庭、家教和家风，加强现代学校制度建设，促进社区和谐共生，实现家庭、学校和社区的协调发展，以及父母、孩子与教师等相关人员的共同成长。

第二辑

好关系才有好教育

——朱永新对话艾利森·高普尼克

一、好关系才有好教育

最近这几年来，整个教育界、心理学界，对关系的问题都特别关注。过去我们更多关注的是课程、课堂、教学环节等，关注的是和教育本身关系更密切的一些内容。但是我们越来越发现，如果没有"关系"，一切都没有意义。没有关系就没有教育，好关系才有好教育。这是我们通过很多科学研究得出的一个非常重要的结论。

2019 年突如其来的新冠疫情也让我们更深刻地反省关系和教育的关系。为什么呢？因为在这次疫情中，很多家庭中的父母和孩子、爷爷奶奶和孙辈在一个空间里度过了一段漫长的岁月。本来我们以为在这样一个长的周期里，这么密集的陪伴，亲子关系应该有更好的发展，教育应该有更好的样态。事实上我们发现，一部分的家庭的确做到了，他们抓住了这难得的与孩子们长时间在一起的机会，陪伴孩子一起阅读讨论，探究交流，一起分享，建立了更加和谐的家庭关系和亲子关系，也取得了更好的教育成效，孩子们的学习状态也更棒。但是我们也注意到相当多的家庭亲子关系反而更紧张了。为什么？因为过去很多父母亲是影子父母，父母和孩子基本上不打照面，相互看不见。但是现在不一样了，孩子每时每刻都处于父母的监控之下，父母像警察一样紧紧地盯着孩子。这个时候批评多了，训斥多了，关系变得紧张了。所以很多地方的统计数据表明，在这个阶段，跳楼走极端的孩子多了，不当的行为多了。这是一个非常值得我们关注的问题。

我们知道，教育是人和人的互动，是教育者和受教育者共同成长的一个过程，如果教育者和被教育者之间没有建立良好的关系，教育主体之间没有建立良好的联系，教育往往就很难有成效。清代的一个非常著名的教育家戴震就说过："理也者，情之不爽失也。"这是什么意思？就是说我们的道理，我们的知识，我们的教育，如果没有情感的悦纳，是得不到收获的。所以教育的第一步，教育的基石，其实就是建立关系。仔细想一想，我们在学校里成长的历程不也是如此吗？我们在学校里喜欢上什么课？喜欢语文课，你一定先喜欢语文老师，进而喜欢他的课。喜欢数学课，你一定先喜欢数学老师，然后再喜欢他的课。所以其实最重要的是建立关系。那些高明的老师、高明的父母，他们最高明的地方就在于把关系建立好了。有了关系，教育才能真正地开始。

那么，怎样去建立好我们的亲子关系呢？我想提五个关键词：尊重、信任、规则、爱、陪伴。

我觉得把这五个关键词做到了，你的亲子关系就做好了。

（一）尊重

尊重，不要以为尊重很容易。孩子尊重父母容易，父母尊重孩子不容易；群众尊重领导容易，领导尊重群众不容易；地位低的人尊重地位高的人比较容易，要让地位高的人尊重地位低的人很难。尊重的一个最重要的前提就是平等。所以在家庭里，父母亲常说："你是我生的，你不听我的怎么行啊？"他们压根就没想到，孩子跟自己一样，是一个人格平等的人，只有平等才能更好地尊重。我曾经读过一个非常感人的故事。俄国作家屠格涅夫有一天晚上出去散步，对面走来一个乞丐向他乞讨，说："先生行行好吧，给我点吃的。"这个作家在口袋里掏了半天什么都没掏出来，因为他出来散步什么都没带。他说："对不起啊，兄弟，我什么都没带，真的很抱歉。"没想到这个乞丐听到后就紧紧地握住他的手，说："谢谢你，先生。"屠格涅夫感觉奇怪："我什么都没给你啊。"可乞丐仍然激动地感谢，说："不，先生，你给了我世界上最尊贵的东西，你把我当人。这么多年来，我已经不把自己当人了，本来今天我想最后乞讨一顿饭就离开这个世界了，但是你称我一声兄弟，为了这声兄弟，为了你把我当成人看，我也得活下去。"所以一声"兄弟"，一个尊重，救了一条人命。

孩子也是有人格尊严的。当你不把孩子当人的时候，当你把孩子当作比你低一级的人的时候，对他是无法尊重的。所以尊重孩子，把他作为一个和你平等的人，跟他一起来协商、讨论，很快他就会一起来交流。在这个时候，他就会有尊严感。一旦人有尊严感的时候，他就有信心，他就有能量，他就能够很好地成长。所以，我觉得学会尊重是非常重要的。为什么马斯洛的需要层次理论把尊重放在很高的位置，仅次于自我实现呢？在他的金字塔结构里，下面是生理的需要、安全的需要、交往的需要，最上面是自我实现的需要，尊重是仅次于自我实现的需要。所以要尊重孩子，不要以为他不懂，不要以为他是你生的就可以随意对待，家庭成员之间应该是平等的，建立起平等意识很关键。这是第一个关键词。

（二）信任

信任，在教育中同样具有特别的意义。为什么呢？因为信任是基于你对一个人的基本假设：每个孩子都是最棒的，每个孩子都可能成为最好的自己。目前教育的一个最大的问题就是我们充满着对孩子的不信任，我们用很高的标准去要求所有的孩子，因此所有的孩子都离这个标准很远，孩子慢慢地对自己都失去了信心。其实，教育就是帮助一个人建立他的自信的过程，而没有信任他就不可能有自信，他信和自信之间是有着非常密切的关系的。我曾经讲过，上帝让每个人来到这个世界的时候，其实都是在他身上安装了一个成功的密码的。他只要找到这个密码的按钮，他就能够成功，就能够成为最好的自己。但是目前我们是用一个标准去要求所有的人。试想一下，我们用考取清华北大的分数标准来要求姚明，要求刘翔，要求一个艺术家，当然是不合适的。其实每个人都有自己的潜能和天赋，都可能成为最好的自己，信任孩子是非常关键的。

前不久我读到一个故事，非常感动。一对年轻的夫妇，都是985大学毕业的高材生，后来又到了国外的常青藤大学读博士后。他们两个学霸以为完全可以把孩子培养成下一代新学霸。但是没想到孩子学习很糟糕，他们想不通，两个学霸怎么养了一个学渣呢？怎么办？他们很痛苦，对孩子没有基本的信任。但是很快他们就调整了心态，他们慢慢地找到了孩子的闪光点，发现孩子除了学习成绩差一点，其他各方面都很棒，身体很好，人际关系很好，对爸爸妈妈特别关心。非常喜欢厨艺，简直无师自通，一个十岁的孩子能做一桌好菜。爸爸妈妈吃着他的菜，品味着幸福，开始重新认识自己的孩子，对他信任，不用其他孩子的标准来要求他，慢慢地就想通了：这样的孩子不是很好吗，为何一定要上北大清华呢？人们上北大清华最后还是为了幸福，幸福比成功更重要，成人比成才更重要。让他做自己喜欢的事，他以后就做一个伟大的厨艺家，就做一个让自己快乐，还受别人尊敬和欢迎的人，不是很好吗？所以，信任孩子，相信他，让他做他自己喜欢的事，那样他就很开心，那样他就能够很好地成为他自己。总之，信任是教育的一个大前提，要信任孩子。你只有信任孩子，孩子才会反过来信任你，这是一个相互的过程。

（三）规则

没有规矩不成方圆，这是家庭教育的一个前提。为什么我把规则放在爱的前面呢？因为爱大家都会，规则不是所有人都会。很多家庭里有规则，但是这个规则都是爸爸妈妈说了算的。今天这件事情不能做，明天那件事情一定要做，玩电脑只能一个小时，或者只能玩 20 分钟，甚至干脆就不允许玩，全是父母说了算。凭什么你说了算？就是因为你是他爹，是他娘吗？不应该这样。好的规则一定是双方共同制定的，你要有尊严，要有信用，从在家庭里制定规则开始。当孩子跟父母一起来制定规则的时候，当孩子跟父母平等地坐下来讨论问题的时候，规则才能真正地有成效，否则就很难有成效。

甘肃平凉市的一位教育局长给我讲了一个故事。他说，他们当地有一个非常优秀的孩子，他有一对非常优秀的父母，父亲是一个电脑工程师。疫情期间，孩子上网课，父母不能时时刻刻盯着孩子。这位父亲就在电脑上装了个软件，可以监视孩子在不在学习。结果发现，这孩子 6 堂课，有 3 堂课打了卡，然后偷偷地玩游戏。在被父母亲一顿暴骂以后，孩子一冲动跳楼了。其实，与其费尽心思监视孩子，还不如事先跟孩子一起制定一个规则，你可以玩游戏，但是你每天什么时候玩，玩多长时间，我们一起来讨论、交流。你做到了，我可以怎么奖励你，你做不到，我会怎么惩罚，你自己说。这样可以培养孩子自律的行为，让孩子自己管理自己。规则非常重要，规则其实就是契约。一个良好的社会，管理的法宝有二：一个是道德，一个是规则、法律。中国自古以来就是采用刑罚和教化结合，教化更多的是让人有良心的发现，有良好的品格，让人们能够更好地成长。而刑罚呢，其实背后就是规则。所以让学生一开始就学会制定规则，服从规则，我觉得这是非常重要的一条经验，对于建立良好的亲子关系非常重要。事实上，我们的亲子关系往往更多的时候是不平等的，规则是大人强加给孩子的。所以，孩子做不到时，他就偷偷地违背。如果规则是孩子与你一起协商的，他就觉得这个规矩是我自己定的，我要说话算数。这时，他就能比较好地融入规则，让规则来管理，而不是人治。今天高兴了，你玩吧，你随便玩几个小时都无所谓；明天不开心了，一分钟都不能玩，那就是没有规矩，没有规则。不能让孩子觉得父母反复无常，不能让孩子觉得父母根本就没有规矩，或者说你的嘴巴就是规矩。那样的教育是没有意义的。

（四）"爱"

"爱"对我们父母亲来说都很容易。前两年中国教育学会家庭教育专业委员会有一次年会的主题就是"智慧爱"。只有"智慧爱"才是真正的爱。因为高尔基先生曾经说过，爱其实是连母鸡都会做的事。那是一种本能，那是上一辈对下一辈的一种自发的本能。我们看过太多的各种生命、各种动物的爱。有时动物的爱不输人类，但是只有人类才可能会有真正的智慧爱。因为只有人类才懂得如何真正地、科学地去爱孩子，有分寸的爱，有节制的爱，而不要溺爱。你一定要让孩子感受到这样一份无法比拟的爱，这样一份只有父母才能够有的爱。当孩子真正信任你，真正相信你无私地爱他的时候，他会用更大的爱来回报你。

很多孩子为什么跟父母亲关系那么紧张，甚至走上不归路？因为溺爱，或者孩子不相信爱，我觉得这是我们教育的一个很大的问题。智慧爱是有分寸、有节制，但又无处不在地让孩子能够感受到的爱。

（五）陪伴

陪伴，这是我要特别说的。很多年前我曾经写过一篇文章叫《父亲是男人最重要的工作》，其中就讲到陪伴的问题。其实陪伴当然远远不是父亲的事情，是包括父母在内的所有家庭成员的事情。陪伴并不意味着全时空地在一起，我们过去讲陪伴，就是你跟孩子在一起就好。这次疫情来了，那么多的时间，朝夕相处，时刻陪伴，但是为什么没陪伴好？因为那是低品质的陪伴，低品质的陪伴还不如没有陪伴。很多父母亲有一个很大的问题，就是他们不知道如何有效地跟孩子在一起相处，如何高质量地陪伴。

过去我们很多父母亲的确没有时间陪伴孩子，现在年轻的父母在工作上打拼的时候，基本上也是孩子成长的关键时期，职务的升迁，学业的忙碌，工作的需要，往往让年轻人无暇照顾孩子。许多人成为影子父亲、影子母亲，很多人更加简单，把孩子往爷爷奶奶、姥姥姥爷那儿一送。其实，爷爷奶奶、姥姥姥爷是无法代替父母的。作为父母亲，一定要明白你跟孩子在一起的时间是有限的，能待一刻就拥有了一刻，等到孩子长大了，你想让他跟你在一起，他还不一定愿意呢。所以你要好好地享受孩子成长的那样一个最关键的时期，和他在一起，这样不仅孩子会有着幸福童年的回忆，你也会有一段跟孩子在一起的幸福时光。我现在回头想一想，在我孩子成长的关键时期，每个暑假我都会带他去一个地方。现在回想，我这一生最幸福的时光，就是跟孩子在庐山，在敦煌，在全国各地的时光。

怎样才是有效的陪伴呢？我前面讲的亲子旅行是一种非常好的陪伴，旅行里的沟通交流，接触不同地方的人，感受不同地域的文化，都是教育的重要组成部分。现在为什么研学旅行那么火，我觉得就在于它非常有意思，跟我们的生活联系得很紧密。

运动也是一种方式。因为运动具有互动性，具有竞技性，跟孩子一起游戏、运动，孩子会非常投入，感觉他们对此非常有兴趣。

还有一种更重要的陪伴，就是亲子共读。

20多年前，我发起了新教育实验。新教育实验有十大行动，第一个行动就是营造书香校园。其实要营造的不仅仅是书香校园，在"书香"这个概念下，还有书香家庭。一个好的书香家庭对孩子的成长是非常关键的，我曾经讲过，"最好的学区房就是你家里的书房"。你花那么多钱去择校，其实还不如你好好地陪伴孩子读书，帮助孩子养成读书的兴趣，提高读书的能力，孩子一定会有更好的发展。

苏州大学的唐晓玲教授写了一本书，叫《父母的书架决定孩子的未来》。这本书本来是写我的读书故事，后来我建议她写我们新教育人读书的故事，因此她搜集了大量的新教育的案例。这些案例充分表明，凡是书香充盈的家庭都是非常和谐的家庭，都是有很好关系的家庭。为什么呢？因为亲子共读以后，他们会有共同的语言、共同的密码、共同的价值观、共同的信仰、共同的愿景。有了共同语言以后，教育就真正开始了。

我曾经说过山东一位父亲的故事，这位父亲是个知名的企业家，经常在外面喝醉酒回家。后来，我们新教育的老师要求父亲要跟孩子一起读书，他被逼无奈，跟女儿一起读了很多书。他说："我这一辈子都没读过那么多书。"读了一个月以后他就发现，读书比喝酒有意思多了。有一天几家人聚会，女儿就在餐桌上问爸爸：谁是你的夏洛？其他的孩子，还有桌子上的其他成年人都不太理解：什么夏洛呀？你们在说什么？其实他们父女两个刚刚读了一本书——《夏洛的网》，讲的是一个小猪威尔伯和蜘蛛夏洛的故事。小猪准备要进屠宰场了，这个蜘蛛为了救它，就在门上织了三个字"王牌猪"，一下子让它的主人和其他村里人惊呆了，搞不明白怎么会有这么神奇的事，小猪就因此没有被屠杀。另外，每到小猪遇险的关键时刻，蜘蛛就织出精彩的文字来帮助它。就是这么一个美丽的故事，其实讲的是友谊、真诚、爱。"谁是你的夏洛"，只有读过这本书的他们父女两个人懂，他们心照不宣。共同的阅读生活很重要。一个家庭如果真正有了亲子共读，那就是高质量的陪伴。

我们有些人在一个家庭里生活，但是心思走不到一块儿，就像同一个屋檐下的陌生人。真正能够走到一起的，即使不在同一空间，也可以陪伴。现在很多留守儿童即使和父母不在一起，他们也可以共读、共同交流，可以每天视频，分享彼此的生活，这也是陪伴。所以陪伴不一定就是要在一个时空里的陪伴，精神的陪伴是更加重要的。

所以，如果我们做到了这五点，尊重、信任、规则、爱、陪伴，我们一定能够建立起良好的关系。作为父母亲，首先不要忙着想怎么教育，怎么抓分数，而要首先想着怎样搞好关系。我们会很注意跟单位的领导搞好关系，跟周边的同事搞好关系，其实最重要的关系是你家里的关系，是你跟孩子的关系。你跟孩子建立起平等的、和谐的、良好的亲子关系，这是整个家庭教育的基石，孩子就可以在良好的关系中阳光地成长。

（本文根据作者 2020 年 9 月 25 日在第四届新家庭教育文化节云上大会的讲演整理）

二、你是园丁式父母，还是木匠式父母

（一）爱孩子并不是给他们一个目的地，而是为他们的旅程提供给养

确切地说，爱孩子的意义就是为那些无助的幼儿提供一个丰富、稳定、安全的环境，这个环境充满变化、创新和新奇的元素，可供他们无限发展。无论是从生物学和进化的角度来看，还是从个人和政治的角度来看，都是如此。爱孩子并不是给他们一个目的地，而是为他们的旅程提供给养。[①]

（《园丁与木匠》，第 8 页）

这段文字进一步阐述了什么是爱，什么是真正的爱孩子这个基本的问题。高普尼克认为，爱孩子远远没有人们想象得那么简单，虽然关于爱的言论、书籍、歌曲、影视不计其数，虽然现实生活中爱的表现充满"矛盾、复杂和独一无二，情感激烈，有时甚至是狂吼"，但是爱的意义也很明确，那就是要为孩子们的成长提供一个"丰富、稳定、安全的环境"。什么是"丰富的环境"？我理解就是要尽可能为孩子提供与美好事物相遇的机会，尽可能让孩子尝试和探索他感兴趣的事情，在探索世界的过程中与自己相遇，在相遇的过程中发现自己、发展自己。

什么是"稳定、安全的环境"？我理解就是尽可能让孩子避免各种不必要的伤害，儿童早期的安全感对他们一生的心理健康至关重要，对父母和周边环境的信任会让孩子更加阳光、轻松、自然地应对外部世界，更加主动积极地去探索与合作。父母的陪伴和同伴的温暖在儿童成长的早期至关重要。什么是"充满变化、创新和新奇的元素"，这与稳定、安全不仅不

[①]　艾利森·高普尼克：《园丁与木匠》，刘家杰、赵昱坤译，浙江人民出版社，2019。第二辑中引用的句、段皆出自此书。

矛盾，而且是完全互补的。因为，儿童对外部世界总是充满好奇，而好奇心是他们成长与发展的最重要的动力，如果他们的生活世界没有变化、创新和新奇，就无法激发他们的好奇心。无论是作为生物学意义上的人，还是作为社会学意义上的人，这样的环境和因素才是最适合人的成长的。也正是在这个意义上，高普尼克说，如果我们只是给孩子一个目的地，而不能够为他们的旅程提供给养，他们是无法自己抵达目的地的。

（二）爱的意义，是帮助孩子找到自己的道路

爱没有目标、基准和蓝图，但爱是有意义的。这个意义不是为了改变我们所爱的人，而是为了给他们提供条件，让他们蓬勃发展。爱的意义不是塑造我们所爱之人的命运，而是帮助他们塑造自己的命运；不是为了向他们展示道路，而是为了帮助他们找到自己的道路，哪怕他们所走的道路不是我们想选的，也不是我们能为他们选择的。

（《园丁与木匠》，第 8 页）

教育不能没有爱，这是所有人都明白的道理。但是，究竟什么是真正的爱，不同的人却有着不同的理解。有些父母对孩子宠爱有加，满足孩子的所有要求，包办孩子的所有事情，认为世界上所有的事情都不如孩子重要。有些父母对孩子的未来精心谋划，按照自己的设计来规划孩子的人生，让孩子帮助自己实现未曾实现的梦想。表面上看，他们是爱孩子，其实是爱自己。高普尼克告诉我们：真正的爱，不是让孩子按照我们指引的道路前行，而是帮助他们找到属于自己的道路；不是让孩子按照我们选择的"模特"塑造自己，而是帮助他们塑造自己的命运。每个孩子都有属于自己的星座，都有属于自己的天空，让孩子成为最好的自己，才是最好的教育，也才是最好的爱。作为父母，我们可以提供建议和指导，帮助孩子看清方向，认识自己，但是不能够越俎代庖，不能够代替孩子做决定。哪怕孩子最后走的那条路不是父母所喜欢的，也要尊重他们自己的选择，因为腿长在孩子的身上，我们不能够强迫他们走，也不能代替他们走。

（三）什么是父母最重要的奖励

作为父母，最重要的奖励不是孩子的成绩和奖杯，甚至也不是他们的毕业典礼和婚礼，而是与孩子一起生活所感受到的身心愉悦，以及孩子与你在一起的点滴快乐时光。

（《园丁与木匠》，第 8 页）

从今天开始，与大家一起读《园丁与木匠》。这本书的作者艾利森·高普尼克是牛津大学的心理学博士、加州大学伯克利分校的心理学教授与哲学教授，也是国际公认的儿童学习与发展研究的领袖，对于儿童的大脑、心智和学习方式有着丰富的研究成果和独到的见解。上述这段文字出自该书的引言部分，强调了父母与孩子关系的重要性，这也是本书的基本观点之一。也就是说，对于父母来说，最重要的奖励不是来自孩子的学习成绩，或者考上了什么名牌学校，找到了什么高薪体面的工作，不是孩子们的那些"高光"时刻，而是来自你与孩子们在一起的时候所感受到的身心愉悦，来自你真正地享受那些你与孩子在一起时分分秒秒的点滴时光。陪伴是最长情的告白，一起成长是最美丽的教育风景。让我们一起走进这本书，看看园丁与木匠有什么不同，看看什么才是智慧的爱，看看什么是儿童的天性。

（四）让孩子学得更多、更好、更快的做法对吗

在一个学校教育决定成功的世界里，很多教养方式都侧重于让孩子学得更多、更好、更快。教养模式也是大部分教育的默认模式，即成人把孩子应该知道的东西教给他们，并由此塑造他们的想法和行为。如前所述，这个想法看起来好像理所当然，但并不符合科学道理和历史规律。

（《园丁与木匠》，第 10 页）

我们的学校教育是成人中心主义的价值观，教育的内容是成年人决定的，教育效果也是由成年人评定的。成年人把他们认为最重要的东西强加给孩子们，认为这是他们今后需要的东西，而不考虑孩子们喜欢不喜欢、需要不需要。他们认为，最好的教育就是把那些他们认为最重要的东西学

得"更多、更好、更快"。为了这样的多、好、快,老师与老师、学校与学校进行紧张的"竞赛",而父母又为这个竞赛推波助澜,最后牺牲的就是孩子们玩耍和休息的时间。正如高普尼克指出的那样,"尽管几乎每个人都认为孩子应该有玩耍的时间,但是当我们开始规划孩子的生活时,玩耍时间是最先被舍弃的"。没有玩耍和游戏,就没有真正的童年。玩耍和游戏就是儿童的工作,玩耍和游戏是创造性工作的基础,专注、合作、智慧、热爱,是游戏和工作都需要的品质,而这些在单一的学习中,在紧张的刷题中是无法获得、无法形成的。她批评当下的教育体系让孩子们"有一张列满了应该要做的一长串活动的清单",弄得他们根本没有多少时间玩耍和游戏,这样,明显是不符合儿童的天性,也不符合儿童身心发展的规律的。童年,就像一幅精彩的山水画,是需要留白的,是需要空间的。

(五)童年是一个充满着探索、创新、学习和想象的时期

童年天然就是一个极具可变性、可能性且充满着探索、创新、学习和想象的时期。尤其是人类的童年那么漫长,就更加如此。但是,我们卓越的学习和想象能力也是有代价的。在探索和运用、学习和规划、想象和行动之间,处处存在着权衡。

(《园丁与木匠》,第 13 页)

每个人的发展,是整个人类发展的缩影。每个儿童的童年,则是整个人类童年的缩影。童年是一个充满着不确定性,充满着变化与丰富性,充满着成长与可能性的时期。在探索中成长起来的人类,也探索了许多帮助儿童成长的经验,其中最重要的就是"权衡":一方面要允许孩子们玩耍,另一方面还要促进他们学习;一方面必须要求孩子们传承传统,另一方面还要鼓励他们创新。"养育的矛盾就是在这种基本生物学事实的背景下产生的"。其实,教育过程中最难拿捏的就是"权衡"的分寸。在前面所说的"更多、更好、更快"的压力之下,许多父母与教师"权衡"的天平自然而然就导向了学习。他们不知道儿童的玩耍本身就是最好的学习,导向了传承,他们不知道传承的目的是为了更好地创新。其实,人生不同的时期有着不同的矛盾与使命。玩耍和游戏,就是童年的主题,就是儿童的最重要的"工作"。让儿童有真正的童年,就要让儿童像个儿童,就要把玩耍和游戏还给

孩子，儿童从玩耍与游戏中学到的东西一点也不亚于他们从课堂里学到的东西。所以，玩耍、游戏、探索、想象，才是"权衡"的过程中天平应该倾斜的一方。

（六）照顾孩子就像照顾花园

要理解我们与孩子的特殊关系，也许最好借用一个古老的比喻。照顾孩子就像照顾花园，做父母就像做一个园丁。

（《园丁与木匠》，第 14 页）

这一段文字，也是《园丁与木匠》这本书的主旨。真正理解了这段文字，也就把握了这本书的要义。在高普尼克看来，园丁，是相对于木匠而言的。她认为，传统教育就是一个木匠的活儿，父母和老师扮演的就是木匠的角色。木匠的工作，就是把木材塑造成为最终的产品，"你可以通过查看完成的产品来评估你所做的工作有多好。这是门吗？这把椅子牢固吗？混乱和变异是木匠的敌人，精确和控制是他的盟友"。也就是说，木匠的工作强调的是精确与控制，一切按照流程、工序、标准来进行。但是，人不是木头，人是一个生命体。

对于人来说，精确和控制不仅不可能，而且会对人造成伤害。现代的教育更像一个照顾花园的活儿，父母和老师扮演的就是园丁的角色。对于园丁来说，"特定计划总是会失败"，花儿不会按照园丁的意志生长和开放，更重要的是，园艺的最大的胜利和欢乐"正来自花园逃离我们的控制之后发生的事：当白色的鹤虱草意外地出现在黑色紫杉树前方的正确位置，当被遗忘的水仙跑到了花园的另一边，在蓝色的勿忘草丛中怒放，当那些本来应该牢牢固定的树荫下的葡萄藤在树丛中长成红色的风暴"的时候，才是园丁最荣耀的时刻。优秀的园丁不是去指定哪一株植物成为最高、最美或最长盛不衰，而是"致力于创造肥沃的土壤，以涵养整个生态，其中不同的植物具有不同的优势和美丽，同时也具有不同的弱点和生长困难"。

当然，任何比喻总是有缺陷的，我曾经在《致教师》中指出，教师不是园丁，教师本身也是花儿。作者只是从工作的确定性与不确定性、流程的可控制性与不可控制性，讲述园丁与木匠的不同，提醒我们要尊重生命自身的特点与规律，注重创造良好的生态，让孩子自由地生长。

（七）打造出强健、具有高适应性和韧性的新一代人

好父母不一定会把孩子变成聪明、快乐或成功的成年人，但可以打造出强健、具有高适应性和韧性的新一代人，以更好地应对未来将要面临的不可避免、不可预测的变化。

（《园丁与木匠》，第 16 页）

正因为教育充满了不确定性和不可控制性，所以任何人都不可能像捏泥人一样把孩子塑造成自己希望的模样。高普尼克也坦承，父母和教师就像园艺师一样，也是"危险的，甚至经常令人心碎"，因为每个园丁都体验过最有希望长好的幼苗意外枯萎的痛苦。所以，好的父母和老师虽然不一定会把孩子变成聪明、快乐或成功的成年人，但是应该努力把他们培养成为"强健、具有高适应性和韧性的新一代人"。

如何让孩子学会在不确定的世界中生存与发展？首先需要让孩子们熟悉不确定的环境，掌握在不确定的环境中解决问题的方法。传统教育的最严重的缺陷之一，就是用确定性的思维去培养孩子，一切都是有标准答案的。解决问题只需要记忆，不需要合作，不需要审辨性思维，不需要胆略，不需要毅力，这样的体系自然不可能打造出强健、高适应性和韧性的人才。而项目式学习，强调探究、合作，没有标准答案，是有助于培养这些品质的。

我曾经反复强调，幸福比成功更重要，成人比成才更重要。一个强健、具有高适应性和韧性的人，虽然不一定有令人羡慕的荣誉、地位和收入，但是他一定能够战胜人生的各种矛盾、困难、挑战甚至灾难，平静坦荡地笑对生活。

（八）我们不能逼孩子学习，但可以让他们自己学习

我们作为父母的工作并不是要创造一种特定的孩子。相反，我们是要提供一个充满爱且安全、稳定的保护空间，让充满无限可能的孩子都可以蓬勃发展。我们的工作不是塑造孩子的思想，而是让这些思想去探索世界的所有可能；我们的工作不是告诉孩子该如何玩，而是给他们玩具，然后在孩子玩

完后再把玩具捡起来。我们不能逼孩子学习，但可以让他们自己学习。

（《园丁与木匠》，第16—17页）

这是《园丁与木匠》引言部分最后一段的文字，也是引言与全书的重要观点。既然我们的工作不是木匠，不是按照特点的流程、工序、标准来生产某种产品，作为父母和教师，我们自然也不是要培养"特定的孩子"。那么我们就应该创造一个"充满爱且安全、稳定的保护空间"，让家庭和学校更加温暖、丰富、自由，成为汇聚美好事物的中心，让孩子们不断地在和美好相遇的过程之中发现自我，成长自我。儿童的可能性不是指定出来的，而是探索出来的，寻找出来的，实践出来的。所以，我们也不能够把我们的想法灌输给孩子，让孩子按照我们的思维模式去形成与我们保持一致的思想，而是应该鼓励他们用自己的眼睛去看世界，用自己的头脑去思考世界，用自己的双手去探索世界，在寻找与探索世界的过程中寻找和探索自我，丰富和完善自我。孩子的玩耍和游戏也是如此，我们没有必要告诉孩子如何玩，而是应该把玩具交给孩子。他们可能会玩出比我们能够想象的更多的玩法。正像著名的"树洞实验"一样，从未接触过平板电脑的孩子们，完全可以无师自通地玩转复杂的"玩具"。

最后，也是最重要的，学习本来是一件快乐的事情，一件充满着智慧挑战的事情，但如果我们把学习当作任务，把学习当作强制性的活动，学习就不再是快乐的事情。让孩子享受学习的过程，包括享受挑战学习过程中的困难，是学习的重要本质特征。

（九）你是园丁式父母，还是木匠式父母

你是园丁式父母，还是木匠式父母？

1. 你觉得对孩子来说，童年最重要的是什么？

A. 不匮乏的生活条件

B. 无忧无虑的玩耍

C. 父母的充分陪伴

D. 符合科学规律的学习方法

2. 孩子惊恐万状地说："妈妈，壁橱里有一只可怕的妖怪！"你会怎么做？

A. 赶快安抚孩子，告诉他世界上没有妖怪，让他不要害怕

B. 跟孩子一起编故事，跟他说："那我们要小声一点，不要惊动了它！"

C. 孩子可能动画片看多了，产生了联想，不用管

D. 制止孩子的胡思乱想，仔细观察他有没有出现心理问题，必要时咨询心理医生

3. 孩子在家里和一群小伙伴玩"警察抓小偷"，把屋子搞得一团糟，你看见了会怎么做？

A. 不参与，让孩子们自己玩个痛快

B. 给孩子们立好规矩和界限，让他们玩的时候注意不要把屋子弄乱

C. 提前跟孩子们讲好，玩的时候可以随便玩，但是玩完以后要收拾屋子

D. 加入战队，跟孩子们一起胡闹、折腾

4. 你认为以下哪些关于孩子学习的观点是科学的？

A. 孩子不停地问为什么，是想寻求符合因果逻辑的解释，父母应该耐心解答

B. 孩子注意力不集中，可以通过科学的方法帮他提高专注力

C. 孩子的注意力本身就是发散的，这样能够广泛地认知世界，不应该强迫他们专注

D. 对孩子的学习帮助最大的是一套科学有效的方法，这需要父母悉心引导

（《园丁与木匠》，第 18 页）

这是作者在《园丁与木匠》引言部分安排的一个小测验。为了帮助读者对园丁式教育方式和木匠式教育方式有清晰的认知，作者设计了四个问题，根据这些问题，大致可以判断一个人究竟是园丁式父母还是木匠式父母。

在作者看来，对每个问题的不同回答，大致可以判断一个人究竟是园丁式还是木匠式父母。比如她认为，对于第一个问题回答的选择是 B 和 C

的话，表示他的育儿风格是园丁式，而选择 A 和 D 的则是木匠式。前者强调的是玩耍与陪伴，后者重视的是满足与规律。对于第二个问题回答的选择是 B 的话，表示他的育儿风格是园丁式，而选择 A、C 和 D 的则是木匠式。因为前者强调的是尊重孩子的幻想，与孩子一起面对；而后者采取的行为，或者是赶快安抚，或者是放任不管，或者是严厉批评。对于第三个问题回答的选择是 A 和 D 的话，表示他的育儿风格是园丁式，而选择 B 和 C 的则是木匠式。按照作者的观点，最好是选择要么不参与让孩子自己玩个痛快，要么与孩子一起疯，这是园丁式；而定规矩、提要求则是木匠式。对于第四个问题回答的选择是 A 和 C 的话，表示他的育儿风格是园丁式，而选择 B 和 D 的则是木匠式。耐心回答孩子的提问，满足孩子的求知欲，以及不强迫孩子专注，是园丁式；过分在意孩子的注意力不集中，刻意想办法帮助孩子提高专注力是木匠式。

　　需要说明的是，我个人认为，对于上述四个问题的回答，并没有什么标准答案。园丁式与木匠式之间也没有一道泾渭分明的"楚河"鸿沟，有些选择也不一定就是绝对正确的。如第三题，我自己也选择了 C，即提前和孩子们讲好，尽兴玩，玩完以后收拾好。这是培养孩子规则意识与良好习惯的有益做法。再如孩子注意力不集中，通过科学方法培养注意力，也是应该倡导的科学养育方法。所以，我们在运用这本书的时候，也要注意不要陷入教条主义的泥沼。

（十）父母是人不是神

　　虽然孩子们经常认为父母是全能的、无所不知的，但作为父母，我们都不无痛苦地知道，自己完全没有类似"神"的权力和权威。尽管如此，无论是亲生父母还是关心孩子的每个人，都是人类故事中最令人动容的那一部分的见证人和主角，这使得成为父母本身就充满意义。

（《园丁与木匠》，第 16 页）

　　在儿童的眼里，父母往往就是无所不知、无所不能的存在，就是一个"神"。一直到儿童进了学校，这个"神"的位置才逐步被老师替代。等孩子真正开始自主阅读以后，儿童又逐步把信任的目光投向书籍。但是，作为父母和老师，我们千万不能滥用儿童的这种信任，千万不能把自己当作

"神"。目前，还没有真正意义上的"父母学校"，父母基本上是自发地按照前辈抚养的经验和家庭教育的传统，在孩子身上"复制"自己受教育的历程与方法。绝大多数父母在没有经过系统的学习培训，没有拿到"驾驶执照"的情况下，就匆匆忙忙上路了。所以，在家庭教育中，很多父母经常会犯错误，经常会出现忙累感和无能感，有时候甚至会痛苦不堪。这也是现在许多父母出现焦虑情绪的重要原因。但是，作者同时指出，培养孩子，关心孩子，见证和参与一个生命的成长，本身就是"人类故事中最令人动容的那一部分"。帮助孩子从最具依赖性的生物转变为最具自主性的生物，从一个自然人转变为社会人，这本身就是一个充满意义感、非常了不起的事业。所以，父母应该自觉地学习育儿知识，学一点教育学、心理学和儿童发展理论，学一点优秀父母的家教经验，更重要的是，建立和谐、民主、平等的家庭关系，把孩子当作自己的"同学"，呵护他并且与他一起成长。把孩子从一个懵懵懂懂的小生命培养成为朝气蓬勃的青年人，本身就是充满意义的旅程。

（十一）亲子关系让我们成为真正的人类

从进化的视角来看，成人和孩子的关系至关重要。学习、发明、创造乃至传统、文化、道德等人类独有的能力都在亲子关系中萌芽，这些能力是人类与其他物种最大的区别。可以说，是亲子关系让我们成为真正的人类。

（《园丁与木匠》，第 22 页）

好关系才有好教育。为什么成年人和孩子的关系在儿童发展的过程中如此重要？因为人类是所有动物中本能最少、最需要学习的。除吮吸行为外，人类几乎所有的行为都是通过学习而来的。这与发育完全的正常动物不同，后者不需经过任何学习、练习、适应、模仿或经验，即能表现出某种协调一致的复杂固定性行为，如蜘蛛织网、蜜蜂跳舞和鸟类迁徙等，都是本能行为。人类无论是语言还是行走，无论是社会交往还是生活生存，都是在成年人的帮助、指导下学会的。在儿童成长的早期，或者通过模仿成年人学习，或者在成年人的指导下反复练习，儿童是无法离开成年人而掌握知识和技能的。我们的学习、发明、创造，乃至传统、文化、道德等人类独有的能力，都在亲子关系中萌芽，这些能力是人类与其他物种最大的区别。也正是在这个意义上，作者得出重要的结论："是亲子关系让我们成为真正的人类。"大量的心理学研究成果也表明，儿童早期的亲子关系，对人的一生具有重要的影响。既然如此，在家庭教育之中，良好的亲子关系的建立，就是最重要的基础工程。

（十二）混乱是童年生活的主旋律

为什么人类不能像很多动物那样，出生后很快就能自己照顾自己？为什么人类的孩子需要那么多的关爱？如果抚育不能带来可预测的改变，为什么还要这么做？"无序"是解答这一切问题的钥匙，也是本书的核心科学论点。无可辩驳，混乱是孩子生活的主旋律。无论为人父母能获得什么奖赏，整洁肯定不在其列。

（《园丁与木匠》，第 26 页）

无序、混乱是童年生活的主旋律。人类的孩子不像其他动物那样，出生以后很快就能照顾自己，获得生存与生活的基本能力。但是，人类的孩子比其他动物更充满着成长的可能性。动物的行为基本上是可以预测的，出自本能的。人类的行为则是难以预测的，这与人类早期的际遇有着密切的关系。

之所以要对早期的孩子们关爱有加，是因为这种关爱对于儿童具有难以想象的作用。作者在描写这个特点的时候，用了非常夸张的表述。她介绍说，她曾经非常好奇地想"是否可以申请军事资源来武力镇压婴幼儿带来的一地鸡毛。如果让一支部队去对付一个婴儿，他们肯定花一上午都走不出屋子，更谈不上发动战争了"。这当然是玩笑，其实，她是想说明儿童的多样性、可变性与不确定性。虽然许多父母对于这样的"一地鸡毛"颇有怨言，但是浪漫主义者却看到了无序、混乱本身的意义——它们是"自由、创新和创造力的源泉"。因为，"一个可以变化和演进的系统，哪怕是随机演变，都可以更加智慧、灵活地适应变化中的世界"。

正是儿童的多样性、可变性与不确定性，让人类在可进化性上具备了优势，得以适应千奇百怪、不断更迭的文化与自然环境。高普尼克举例说：家里的孩子有些胆大，喜欢冒险；有的胆小，害怕露脸。但是社会需要这两种人的结合，如果我们身边既有胆小者，又有冒险家，那么每个人的生存概率都会提高。"世事安稳时，保守派们可以确保冒险家安然度日；当变革来临时，大胆开拓、锐意创新的人可以把收获的果实分享给胆怯的同伴。"也就是说，无序、混乱的背后是五彩缤纷，是多样化和可能性，要容忍孩子以他们自己的方式成长，成为最好的自己。

（十三）年轻的大脑天生就要探索

人类拥有一个非常漫长的童年，比其他任何物种都要长得多。这并不是巧合，漫长的童年为我们提供了探索的良机。如果孩子的天职是探索，那他们自然就会比成年人更加混乱。最新的科学研究发现，孩子的混乱天性为人类的可进化性做出了特有的贡献。在孩童时期，人类变化和探索的能力都达到了顶峰。

（《园丁与木匠》，第30页）

高普尼克认为，与其他所有动物不同，人类不是被动地等待自然选择将其变成适应环境的人。人类是在不断探索的过程之中成长起来的。人类往往是先随机生成多种可能性，再保留可行的选项，但对于失败的选项并不是完全淘汰，而是"会把它们储备起来，为新环境和新问题做准备"。人类的童年期之所以比其他动物的漫长许多，就在于儿童需要足够的时间去探索。儿童时期的探索习惯，虽然带来了无序与混乱，但是更带来了机遇与可能，为人类不断地拓展生存与发展空间奠定了基础。在一定意义上讲，没有儿童的探索，就没有人类的未来。所以，不要害怕儿童探索带来的"一地鸡毛"，不要埋怨孩子把家里弄得乱七八糟，就像当年陶行知面对那个把钟表拆坏的孩子，不仅不批评，反而表扬他的探索精神，带着他去钟表店观察师傅拆装钟表的全过程，满足孩子的好奇心。对于儿童来说，童年的探索不仅为一生的探索求知奠定了基础，也为解决自己日后面临的问题提供了方法模式。童年的探索经验是人生最宝贵的经验，也是人生幸福的源头活水。

（十四）"非共享环境"对孩子的成长有着出人意料的强烈影响

在行为遗传学中，非共享环境对孩子的成长有着出人意料的强烈影响。这意味着，哪怕是兄弟姐妹，长大后也会截然不同，并且无法预测他们之间的差别。这一系列的研究也说明，多样性和可变性是人类发展的基本规律。

（《园丁与木匠》，第 32 页）

心理学家们关于遗传与环境的关系有着丰硕的研究成果。他们对同卵和异卵双胞胎、兄弟姐妹、亲生孩子和收养孩子之间的异同，以及和他们的父母进行了大量比较研究，一个基本的结论就是，人的发展是遗传与环境共同作用、先天因素与后天因素互相影响的结果，"先天的基因特点和后天的不同经历共同决定了基因的表达"。有些孩子，受遗传的影响大一些，有些孩子则受环境的影响更大。"有些孩子很皮实，在什么环境下都能够茁壮成长，就像四处盛开的蒲公英。有些孩子则很敏感，他们在良好的环境下如鱼得水，在糟糕的环境下一塌糊涂；他们更像兰花，在精心照料下盛开，在无人理睬时凋零。"而且，这种变化是很难预测的，这是人性的复杂性，也是教育的困难性的缘由所在，所以，多样性和可变性既是人类发展的普遍规律，也是教育发展的普遍规律。这种多样性和可变性，需要我们关注儿童成长的"非共享环境"，即每个孩子特殊的生活环境，这个环境对于他们个性的养成具有非常重要的意义。同时，需要我们关注儿童时期的探索，让儿童在探索中逐步找到自己，而父母和教师也在儿童的探索中发现他们，帮助他们成为更好的自己。正如作者所说，"年轻的大脑天生就要探索，成熟的大脑则负责运用"。

（十五）父母的爱让孩子的智力发展成为可能

无论孩子们拥有什么样的性格特点，是胆大还是胆怯，是注意力集中还是分散，是蒲公英还是兰花，我们都会无条件地爱他们，尽己所能去抚养他们。这为多样性创造了条件。这种爱也让"无序"的智力发展成为可能。孩子们可以尽情探索，不急着运用，并让不同的想法代替他们去试错。如果孩子是波普尔笔下的科学家，我们就是高校和资助机构。通过我们，孩子拥有了我们想也想不到的资源、工具和基础设施，并会用它们去解决问题。同样，就像做基础研究一样，当我们支持数以千计的不同项目时，结果会比孤注一掷要好很多。

（《园丁与木匠》，第 33 页）

人类的童年比其他所有的动物更需要关爱。父母对孩子的爱是没有附加条件的，是放手让孩子去探索世界。儿童是在不断地尝试错误之中学习的，也是在不断地探索过程中认识自己、认识世界的。儿童的探索更多的是出自好奇心和求知欲，没有什么功利性的目的，也"不急着运用"。但是在他们探索过程之中形成的思维方式，以及在探索过程中养成的探究欲望和探索成果，会在日后迁移到他们的学习、工作与生活之中。一个对世界始终拥有好奇心，一个喜欢打破砂锅问到底的习惯，会让人不断地成长，不断地超越。所以，父母亲和老师就应该像开明的大学和科学机构一样，不是发号施令让科学家去做什么，而是做好服务、提供支持，让科学家根据自己的爱好去做科学研究。在某种意义上而言，科学研究与儿童的探索很相似，是一个不断尝试错误的过程。科学研究不可能 100% 成功，儿童的探索也不可能 100% 成功。所以，宽容失败是科学研究的重要原则，也是我们对待儿童探索应该有的态度。如果我们只允许儿童做一件事，只要求他们成为分数的英雄，那么很多孩子终究无路可走，就像我们只要求科学家做我们规定的事情，科学家们也会无路可走。允许失败，宽容失败，鼓励探索，鼓励创新，才能孕育成功。为孩子们提供"可以无拘无束探索的机会"，是对孩子们最可贵的支持和最伟大、最智慧的爱。只有这样，孩子们才可能创造出超乎我们想象的奇迹。

（十六）照顾孩子的工作需要互相合作

父母、祖父母、年长的孩子、过路者甚至宠物狗都和宝宝在一起，这是人类特有的现象。这也是一个事实，如此多的人共同承担照顾孩子的工作，这是一家互相合作的企业，就像狩猎一头猛犸象一样具有挑战性。

（《园丁与木匠》，第 40 页）

在这段文字中，高普尼克讲述了人类养育孩子的复杂性、合作性与挑战性。作为一名祖母级的心理学家，她深有体会地说，人类是唯一一种在自己不能再生育孩子的时候，仍然还能够继续生活、成长、照顾孩子的灵长类动物。这就意味着，照顾孩子不仅是父母的事情，也是围绕着孩子的相关生命组成共同体，她称之为"一家互相合作的企业"。其中，有孩子的父母，有父母的父母即祖父母（爷爷奶奶、姥爷姥姥），有孩子们的兄弟姐妹，尤其是年长的同伴，和相关的生命。他们在孩子的成长中扮演着不同的角色，发挥着不同的作用。养育孩子是比狩猎更为复杂的技能，更需要上述人的分工合作，协调行动，才能胜任此项挑战性很强的工作。中国是一个重视隔代抚养的国家，祖辈参与教养的情况更加普遍，这种"一家互相合作的企业"的结构也更为复杂，需要明确各自的角色与任务，更加要注重发挥好父母亲自养育的作用。这里还提到了"过路者甚至宠物狗"，也就是说，只要出现在孩子生命中的生命，都会对孩子产生这样那样的影响。所有生命之间的关系，都是孩子学习、模仿和探索的对象。父母不仅要在处理家庭、家族关系方面，也要在处理与外部社会关系，与大自然、与所有生命的关系方面为孩子做好表率。正如在国外很流行的一句话："培养一个孩子需要一个村庄（的努力）。"

三、童年越漫长，智力越发达

（一）童年越漫长，智力越发达

童年是用来学习的，这就是孩子被赋予的使命，这就是为什么成年人和孩子有着如此特殊的关系。但孩子的学习远不只是听父母说什么或者做父母想让他们做的事。

（《园丁与木匠》，第 50 页）

童年的主题是学习，"探索""混乱""无序"都是学习的代名词。童年之所以需要学习，是因为人类具有其他动物不具备的许多特征，如人类的童年有着更长的不成熟期，人类的大脑有着更大的相对容量，人类有着比其他动物更强的学习能力，人类的父母会在孩子身上投入更多的时间和精力，等等。作者认为，上述四个特点，决定了"童年越漫长，智力越发达"的事实。

从人类发展的历史可以清晰地看到，随着人类的进化，人的童年期变得越来越长，人类要有充分的时间发育完善自己的大脑，掌握语言、思维和行动的基本技能，所以也需要他们的父母投入更多的精力和时间来照顾。这样，就造成了人类的亲子关系比其他动物要更加紧密。许多其他的动物，生下来就能够站立、行走、飞翔，只有人是最脆弱，天生的本领最少，最需要关爱，最需要学习的。当然，儿童在父母帮助下的学习，不仅仅是对父母的言听计从，不完全是父母亲自教导，而更多是自己的观察、模仿、训练的结果。高普尼克认为，"人类孩子的心智与关心他的人的心智是同心协力运作的，这是人类已知宇宙中最灵活、最强大的学习工具"。也就是说，儿童的学习与父母的学习协同共进，才能取得最佳的学习成果，这种协同学习也是人类最独特、最伟大的地方。

（二）照搬上一代的做法就永远不会取得任何进展

当每一代人将信息传递给下一代时，他们所能做的事情就会有质的进步。最初在社会学习上的微小差异会迅速扩大，最终在思想和生活上演变成巨大的差异。不过，这里有一个有趣的附带前提条件。如果每一代都照搬上一代的做法，我们就永远不会取得任何进展。

（《园丁与木匠》，第52页）

人类是在学习中成长的。每一代人都是站在上一代人的肩膀上前行的。因此，在学习的过程之中应该有创新，只有这样，每一代人才能够在将信息传递给下一代的时候，确保这个信息是经过加工的信息，经过创新的信息，有质的提升的信息。下一代人也才能够不仅仅像他们的父辈、祖辈那样使用工具，而且会比他们做得更好，"这些技术会使下一代成为更有效的觅食者、猎人和养育者，他们有能力抚养更多的孩子，这些孩子则会花更长的时间去学习使用工具"。如果每一代人只是重复照搬上一代人的做法，他们就无法超越上一代人。因此，创新是每一代人的使命，"创新者才是应该追随的人"。也正因为如此，人类的学习能力是在创新的基础上代代更迭的。

（三）让每个孩子产生差异化

让每个孩子产生差异化，无论是他们的思考和发展方式，还是他们从别人那里学到的东西，才能让所有这些孩子都有更好的机会在环境发生变化时生存下来。因此我们可以预期，孩子的性情和发展方式以及成人对待他们的行为，都会有大量明显的不同之处。

（《园丁与木匠》，第 54 页）

世界上没有两片截然相同的树叶，更没有两个截然相同的人。世界的多样性决定了人的多样性，而多样性也决定了人有更多的生存与发展的可能性。人的多样性，不仅仅取决于人的遗传本身的多样性，同样取决于人的环境的多样性。这也是前面所说的，即使是同卵双生子或者异卵双生子，在不同的环境下成长，也会有许多不同之处。所以，不同的养育主体和养育方式，会让孩子们接触到各种各样的信息和模型，"每个孩子的性情、能力和发展过程的多样性增加了复杂性和不确定性，而历史的可变性和变化会增加更多的复杂性。每一代人类都在成长，创造出一个与他们之前一代略有不同的世界"。我们说教育是科学，因为科学是有其规律性的，应该根据人的身心发展的内在规律施教。我们说教育是艺术，因为教育的对象具有唯一性，需要创造性。一把钥匙开一把锁，要找到适合自己孩子的教育方法，帮助孩子成为更好的自己。与众不同的孩子，才有与众不同的未来。所以，与其说让孩子产生差异化，不如说应该尊重孩子的差异化，不能够用统一的要求、统一的内容、统一的方法来教育那些本来就五彩缤纷的孩子，不能够让他们成为一模一样的流水线的"产品"。

（四）对孩子精雕细刻终归是徒劳

即使人类能够精确地塑造孩子的行为以适应自己的目标和理想，这样做也会产生反作用。我们不可能事先知道未来的孩子将面临怎样前所未有的挑战。以我们自己的样子或者当前理想中的样子来塑造他们，可能会使他们无法适应未来的变化。

（《园丁与木匠》，第 55 页）

为什么说对孩子的精雕细刻终究会徒劳无益呢？一个最根本的原因是，孩子不是一个没有生命的石块或者木板，任由雕塑家随心所欲地雕刻。只有顺应孩子的个性因势利导，才能取得好的教育成效。高普尼克认为，人类社会处于不断的进化之中，从进化的角度来看，我们是很难真正地把握未来变化的大趋势和可能性的，所以，用我们的方式试图"有意识地将你的孩子塑造成某种特定的样子是徒劳的，也会产生很强的挫败感"。中国台湾学者洪兰曾经说过，用昨天的教学方式来教今天的孩子是剥夺他明天的机会。我们的确不应该再用过去的内容和方式来教今天的学生去适应未来，而应该培养学生们的适应能力和学习能力，帮助他们能够自主地迎接未来的挑战。

（五）祖父母为儿童成长做出了重大贡献

人类最重要的特点是，我们是一个文化的物种。漫长的童年使我们特别能够适应文化。我们可以从之前所有世代中学习，祖父母为我们提供了丰富的文化信息。他们将孩子与两代人的经验和知识联系了起来。无论是歌曲、故事、拼读、食谱甚至是荒诞的故事……我们都是在祖母身边学到的。在文字书写发明之前，祖父母是人类历史最有效的联结。

（《园丁与木匠》，第 74 页）

在所有的生命之中，人类的祖父母对第三代的教养发挥的作用可能是最大的。而且，在文字和书写发明之前，人类文化的传承，也主要是通过祖父母来实现的。在人类的早期，青壮年的父母往往直接从事狩猎、捕捞、种植等活动，养育孩子的任务也主要落在祖父母等老一辈人身上，歌曲、故事、拼读、食谱等也是他们一代代口耳相传下来的。人类漫长的童年，让孩子们有相对从容的时间学习这些文化和经验。人类学家克里斯滕·霍克斯提出了"祖母假设"理论，她提出，祖母为早期人类儿童的成长做出了重大贡献，"当婴儿特别需要照顾时，帮助拥有相同基因的孙子、孙女可能比自己生育更多孩子更好"。作者高普尼克也在书中讲述了自己的亲身体验：母亲之爱与祖母之爱的区别，有点像青春期的爱情与成年后的爱情，15岁时是先有欲望后有爱情，55岁时则是爱情带来欲望。"当我是个母亲时，是先体会到对孩子的感情，再抚养我的宝贝；当我成为祖母时，是责任和承诺催生了情感。"从这个意义上来看，我们中国人的隔代抚养模式，的确是更多地接续了人类的教养文化传统和中国家族文化的传统。隔代亲，成为中国家庭的一个重要现象。如何发挥其优势而克服其不利方面，是一个重要的家庭教育课题。

（六）因为照顾所以爱

我们爱孩子的原因不是出于孩子本身，而是出于我们自己。我们不是因为爱孩子才照顾他们，而是因为照顾他们，所以爱他们。

（《园丁与木匠》，第 86 页 ）

高普尼克认为，人类对孩子的爱"就像一个无法言喻的承诺"。这种承诺是不讲回报，没有利益交换的承诺，"因为我们为孩子所做的事情与他们为我们所做的事情之间存在着如此深刻的不对等，我们对孩子的投资与回报之间也存在着长期滞后"。这种爱，可能有作为父母的本能的作用，但更多是在陪伴孩子的过程中获得的深刻的满足感。这种深刻、积极的依恋和承诺的感觉，也是一种奖励爱本身的进化方式。这段文字对于父母亲还有一个更值得重视的意义，那就是：更多地陪伴孩子，你才会真正地更爱孩子。孩子对于父母的依恋与父母对于孩子的爱有着密切的关系。这也是为什么爷爷奶奶、姥姥姥爷带大的孩子，对祖父母的依恋会超过自己的父母的原因所在。心理学家对动物依恋现象的研究，也证明了这个观点。如许多鸟会在出生后就依赖它们看到的第一个大型移动物体，生物学家洛伦茨带着一排出生不久的小鹅行走的实验，都说明"特定的照顾者和特定的幼崽之间的特定联结"，对于建立彼此的关系起着非常重要的作用。

（七）再强大的计算机也无法与最弱小的人类婴儿相匹敌

再强大的计算机也无法与最弱小的人类婴儿相匹敌。

（《园丁与木匠》，第86页）

这句话，是《园丁与木匠》第四章《边看边学》的题记。作者通过大量的心理学研究成果证实，即使是最小的孩子，也可以从别人那里学到许多东西，远远超出我们的想象。而且，"这种学习很少是通过刻意的教授来实现的"。我们经常说，人脑目前还是一个"黑匣子"，现代科学还没有揭开儿童学习的神秘机制。但是，科学家们都不约而同地意识到，孩子们可能拥有一套"精心设计的强大工具"，让他们既能够从自己的经验中学习，又能够向其他人学习。虽然人类的童年期比其他动物漫长得多，但是儿童在生命的早期就掌握了他一生需要的复杂技能——说话、走路、吃饭、交往等，而且，儿童在这个过程之中逐步构建了他自己的大脑和认知世界，发展了他与整个周围世界的各种关系。从这个意义上说，儿童的学习能力不亚于任何计算机。

（八）儿童是伟大的观察家

孩子可能对别人提供的信息很敏感，但绝不会被动地被他人塑造。相反，他们会主动解读并试图理解人们在做什么，以及为什么这么做。他们还会以复杂的方式将这些信息和他们自己的经验结合起来，有时可能做得比大人还好。孩子会逐渐理解这个世界的物理环境、周围人的心理特征与社会属性。他们的准确性令人惊讶，甚至令人不安。

（《园丁与木匠》，第90页）

儿童的大脑是一个强大的吸收器，他们看到的、听到的、感觉到的所有一切，都会被他们吸收。在这个意义上，儿童本身就是伟大的观察家，所有的一切被他们尽收眼底，正如高普尼克说的那样，"至少在某种程度上，你的孩子可能比你还了解你。孩子会注意到父母行为的细节，有些连你自己都没意识到"。而且，儿童不是被动地镜子式的吸收，而是经过自己的理解、吸收、消化、加工，他们会思考现象背后的原因，"以复杂的方式将这些信息和他们自己的经验结合起来"，形成自己的判断。儿童对于许多事情的认识之准确和深刻，常常让成年人觉得不可思议。我们以为他们看不见、听不懂的事情，他们不仅看见了、听懂了，而且比我们想象的要看见得更多，听懂得更多。的确，我们经常低估了儿童，低估了他们的观察能力和思考能力，低估了他们的学习能力和创造能力。蒙台梭利曾经说，儿童是成人之父。我们只有怀着谦逊的态度对待儿童，怀着谨慎的态度注意自己在儿童面前的行为举止，才能让他们发展得更好。

（九）学校以外的社会化学习要更为复杂，也更为基础

科学研究表明，学校以外的社会化学习要更为复杂，也更为基础。这类学习行为在进化上更加原始，在孩子的发育上出现得更早，也比学校学习更为普遍。在很多历史时期和文化传统中，它们都显得更加重要。然而，由于我们的文化怪癖，中产阶级父母和他们身边的养育文化只了解关于学校的一切，却对其他类型的社会化学习知之甚少，直到他们自己有了孩子。

（《园丁与木匠》，第 91 页）

现代学校制度产生以后，教育的重心从家庭移到了学校。这对于教育的普及和科学的发展具有积极的意义，但是在一定程度上弱化了家庭的教育作用，弱化了学校以外社会化学习的价值。从人类漫长的发展来看，学校以外的社会化学习一直是教育的主体，尤其是儿童进入学校前的学习，其价值丝毫不逊色于学校教育本身。作者也明智地认识到，"在校学习是一个非常现代化和本土化的发明"，现代的人们成为父母的时候，往往都是从幼儿园念到大学，他们具有丰富的学校生活经验，"但几乎没有任何养育经验"，所以他们更习惯于把学校的教育方式带到自己的家庭之中，让家庭成为第二学校，成为学校教育的复制品，这样，往往导致了很多教育上的问题，失去了家庭教育独有的温馨、灵活、多样化、生活化。其实，家庭教育与学校教育有很大的不同，家庭教育是在生活中进行的，"身教胜于言传"，而且，家庭教育和社会教育的时间空间更大，变化因素更多更复杂，也更需要教育的智慧。要尽可能避免家庭教育与学校教育的同质化，发挥家庭教育的优势，让孩子在家庭生活中见证成长着的父母，与孩子一起成长。

（十）模仿是一种很有效的因果学习形式

无论是在身体上还是心理上，工具的使用都需要因果知识。你需要了解做一件事会如何导致另外一件事的发生。这是最基础也是最难掌握的知识之一。而模仿就被证明是一种很有效的学习因果知识的形式。

（《园丁与木匠》，第 98 页）

既然儿童是最伟大的观察家，模仿就是他们最有效的学习方式。研究表明，儿童的早期学习很少是通过刻意的教授来实现的，"即使是最小的孩子，也可以从别人那里学到很多东西，远超我们的想象"。科学家的研究发现，儿童通过观察进行模仿学习是从出生就开始的，但是这种学习绝对不是简单的机械的模仿和重复，而是具有因果关系的联系与推断。模仿有助于儿童学习两件非常重要的事情：一是可以了解物体是怎样工作的，二是可以了解人是怎样工作的。然后再把两者的因果关系厘清，通过反复尝试错误来学习因果关系，这是所有动物学习的最基本的方式，但是较为高级的动物可以不用亲自行动，而是通过观察和模仿就可以学习。"与其他动物相比，人类会更多地依赖这种间接观察的学习方式。这也是孩子向父母学习的一种特别有效的方式。"作者通过对儿童的简单机器实验研究发现，儿童通过观察成人的动作，很快能够从成功的尝试和不成功的尝试的两种方式中，选择了成功的尝试模式。也就是说，他们"只模仿有效的行为，不会模仿无效的行为"。既然儿童是通过观察他人进行学习的，我们一方面要学会给孩子放好"样子"，一方面在训练儿童的行为时，也要学会尽可能通过行为展示的方式进行。你要让孩子成为什么样的人，你自己就要成为那样的人。

（十一）孩子拥有超越成人的创造力

童年似乎旨在开发出创新能力和创造力。成年人更坚信那些经过考验、证明是可靠的方法，而 4 岁的孩子一直奢华地享受着寻找和探索这个奇妙世界的能力。

（《园丁与木匠》，第 106 页）

为什么说孩子们拥有超越成年人的创造力呢？因为成年人解决问题更多依靠经验，更"坚信那些经过考验、证明是可靠的方法"，而孩子们则不落窠臼，没有思维定式，兴致勃勃地享受着"寻找和探索这个奇妙世界"的过程。高普尼克和她的同事们用"因果感知探测器"做了一个有趣的科学实验，当在机器上放上特定的积木组合时，探测器会亮灯并且播放音乐。最后发现，孩子们解决问题的正确率高于那些聪明的大学生。之所以发生这样的现象，就是因为"孩子可能特别善于思考不太可能发生的可能性，而成年人因为已经知道了大量关于这个世界是如何运作的信息，反而更依赖于通过已知的信息来分析问题"。这也表明，大人们更多地是以"运用式"对待各种问题，即运用过去的经验，努力尝试快速找到最有可能当下就能够解决问题的方案；而孩子们更多是以"探索式"对待各种问题，即探索尝试很多的可能性，甚至包括不太可能有效果的可能性。所以，在这一点上，孩子们解决问题的办法可能比我们更高明，更智慧，更有创造性。尊重和保护儿童的好奇心、探索精神，尊重他们发现的成果，是我们对待儿童应有的态度。

（十二）和孩子一起做，而不是"照我说的做"

过去的命令方式是：照我说的去做，而不是照我做的去做，这在幼儿面前是不太管用的。孩子不仅会像你做的那样去做，还会按照你想要做的去做，就像你真正应该做的那样，还会以对你来说最合理的方式去做。如果你知道自己在做什么，他们会做他们认为你应该做的事，即使你不知道自己在做什么，他们也会继续做他们认为你应该做的事。

（《园丁与木匠》，第 114 页）

既然孩子是最伟大的观察家，是最优秀的模仿者，我们就要在家庭生活中为孩子做好样子，成为他们的榜样。孩子经常不太在意大人怎么说，而更在意他们怎么做，"对孩子来说，观察和模仿技术娴熟的父母和其他人本身就是一种教育"。所以，高普尼克建议，父母亲最好尽可能和孩子一起做事情，而且在做事情的过程之中，不妨将行动"放慢一点"，让孩子们看得更清楚一些，做得更准确一些。她认为，父母对孩子的爱，主要不是体现在生活中的甜言蜜语之中，而是体现在与孩子一起做事的实践之中："在实践中去爱的关键是一起做事，无论是工作、养育孩子、散步还是烘焙蛋糕，都要以适应你们两者优点和缺点的方式参与世界。"永远记住，孩子其实远远比我们想象的更聪明，更能干，更能领会我们的意图。我们不要觉得与孩子一起做事情会浪费时间，孩子会把一些事情弄得很糟糕。其实，孩子们在和我们一起做事情的过程之中成长得更快、更好。

（十三）信任比教养方法更重要

> 亲子关系中最基本的信任要比教养方法更重要。
>
> （《园丁与木匠》，第 118 页）

这句话是《园丁与木匠》第五章《边听边学》的题记，也是作者关于家庭教育的基本观点。我一直认为，好关系才有好教育。没有好关系，就无法实施真正的教育。而在好关系中，信任是最基本、最基础、最重要的关系，没有信任也就没有教育。也正是在这个意义上，高普尼克认为建立信任的亲子关系，比任何教养方法都更加重要。心理学家埃里克森有著名的八阶段人格发展理论，其中最基础的阶段，就是婴儿期（0—1.5 岁）的基本信任和不信任的心理冲突。他认为，不要认为婴儿是一个不懂事的小生命，只要吃饱不哭就行。这个时期是儿童建立基本信任和不信任的心理冲突期，这期间，孩子开始认识人和周围的世界，当孩子感觉身体不舒服或者饥饿时，父母是否出现，是否及时帮助他们，是建立信任感的重要问题。建立了信任感，就能够在他们的人格中形成"希望"这一品质。具有信任感的儿童敢于希望，富于理想，具有强烈的未来定向。反之则不敢希望，时时担忧自己的需要得不到满足，认为这个世界是危险、难以预测的，影响他们以后对其他人的看法和能否建立信任。所以，在孩子成长的早期，父母和成年人要为他们提供足够的安全感，帮助他们建立对自己和周围世界的信任感。

（十四）通过倾听来学习

几乎所有的动物，甚至是鼻涕虫，都可以通过反复试错来了解世界。聪明的动物，比如乌鸦还有灵长类动物，也可以通过观察其他动物来学习。

正如我们看到的，人类的孩子把通过观察和模仿来学习的方式提升到了一个全新的层次。他们普遍采用模仿的方式来探索这个世界、其他人还有自身文化的运作方式。但是除此之外，孩子还有一个人类独有的学习方式。由于我们使用语言，所以我们可以通过与他人交谈的方式来教授知识，同样，我们也可以通过倾听来学习。

（《园丁与木匠》，第 119 页）

　　高普尼克把学习分为三个重要的层次。第一个层次，也是最初级的学习，是尝试错误的学习。这是所有动物都运用的学习，即通过不断的尝试错误，建立联想和记忆。第二个层次，也是第二级的学习，是通过观察和模仿来学习，即通过观察和模仿，直接学习别人的行为和动作，这种学习比尝试错误的效率提高了很多。第三个层次，也是第三级的学习，即运用符号的学习，这是人类特有的学习，也是最高级的学习，即通过语言的中介，通过说话与倾听来学习。这种学习超越了其他动物的地方，就是可以从直接的学习变成间接的学习，让学习得以跨越时间与空间，在更大的范围内进行。如果说，边做边学强调的是做，那么，边听边学强调的则是听。我们大部分知识的学习来自倾听、阅读和网络，而倾听对于儿童早期的学习更有着不可替代的重要作用，因为在他们学会阅读之前，他们关于世界、关于生活的大部分知识都是来源于倾听。倾听可以学到通过观察与模仿学不到的东西，可以深入人际关系与情感领域。而且，儿童倾听的方式和态度，以及通过倾听养成的习惯，也会影响到日后的生活与工作。听，是非常重要的学习！

四、"父母的语言才是孩子的起跑线"

（一）"父母的语言才是孩子的起跑线"

　　最近的研究表明，即使是非常年幼的孩子也对这些细节很敏感，并且可以广泛地从他人所说的东西中学习。这与人们的一般想法是吻合的，即跟孩子讲话、给孩子读书是有好处的。

（《园丁与木匠》，第 120 页）

很多知识是无法通过观察和模仿获得的，如作者所说的虚构、神话或宗教知识等，就必须通过语言来学习。作为这个世界上已知的唯一的符号性动物，人类之所以为万物之灵，就在于人类能够通过语言和文字进行学习，能够把自己的经验符号化，并且通过符号化的文字记录和保存下来，传承下去，让一代人站在另一代人的肩膀上前行，超越前人，不断发展。人类的话语中蕴含有大量的信息，孩子们对这些话语十分敏感，所以，父母陪伴孩子成长，关键就是要多和孩子说话，多给孩子读书。儿童早期的语言环境越是丰富，他的人生发展就越是丰富。

在《园丁与木匠》中，还介绍了 20 世纪 70 年代美国学者贝蒂·哈特和托德·里斯利的一项研究，表明不同家庭使用的对话和语言存在惊人的差距。统计表明：社会底层的家庭，孩子每小时听到的单词数是 616 个；工薪阶层的家庭，孩子每小时听到的单词数是 1251 个；高收入的家庭，孩子每小时听到的单词是 2153 个。4 岁之前，出生在底层家庭的孩子由于缺少和父母的沟通交流，会比高收入家庭的孩子少听 3200 万个单词。高收入家庭的父母与低收入家庭的父母相比，和孩子们交流的时间更多，孩子们与人沟通交流的意愿更强烈，词汇也更加丰富，而丰富的词汇和流畅的对话，恰恰是今后学校生活和社会生活的重要基础，也是一个人最重要的能力。从这个意义上看，我们也可以说："父母的语言才是孩子的起跑线。"

（二）孩子就像海绵

孩子就像海绵，但他们并不是随意的海绵，从很小的时候开始，他们就会判断其他人是否可信和可靠。随着他们越来越了解别人，也学会了调整自己相信或者怀疑他人的程度。

（《园丁与木匠》，第 127 页）

的确，孩子就像海绵，具有强大的吸附力。孩子们的学习吸附力是成年人难以想象的。他们无时无处不在学习，不在观察，不在倾听。当然，孩子并不是对大人的话百听百信的。"随着孩子年龄的增长，他们开始对与他人交谈时的更多细微之处变得敏感。孩子可以感知到别人在说话时有多自信。"也就是说，孩子们不仅仅在消极地倾听，也在积极地去思考和辨析，他们会从说话者的语气、语调、口吻等判断大人们的话语是否自信。而且，研究发现，自信的人对孩子们会有更大的影响力，孩子们会更加相信自信的声音。作者在这个部分的标题用了一个疑问句："你的孩子为什么不信你的话？"其中一个重要的结论就是自信与不自信的区别。当然，作者也发现了这一问题引发的另外一个问题："与大人相比，孩子似乎更容易被'吹牛大王'欺骗。"所以，一方面大人们要尽可能以更加自信的方式出现在孩子们的面前，另一方面也要教会孩子在学习和倾听的过程之中学会不被表象蒙骗。

（三）永无止境的"为什么"是在寻求好的解释

孩子对自己的问题是否被充分地回答非常敏感。他们回应一个不太明确的答案或者没有答案的方式就是问另外一个问题，或者重复刚才问的问题。直到他们得到一个有用的回答，才会表达认同，然后用下一个问题去详细阐述、区分或者问更多的细节。

（《园丁与木匠》，第 137 页）

儿童有着强烈的好奇心，有着永远问不完的问题。心理学家研究发现，学龄前的孩子平均每个小时要问 75 个问题。这也意味着，每个孩子在上小学之前就有成千上万个问题向成年人提出。而许多成年人是满足不了孩子们的要求的。书中引用了喜剧演员路易斯·C.K. 与 3 岁女儿的一段对话：

"爸爸，为什么我们不能到外面去？"
"因为在下雨。"
"为什么？"
"嗯，因为水从天而降。"
"为什么？"
"因为水藏在云端。"
"为什么？"

"嗯，当有蒸汽时，云就会形成。"

"为什么？"

"我不知道！我不知道任何更多的东西了！这是我所知道的一切！"

这样的对话几乎在每一个家庭都会发生。书的作者声称也经常被自己的孙辈提问，她开玩笑说自己应该改名为"谷歌奶奶"。如果父母和教师，耐心地对待他们的问题，他们就会有更多的问题，他们的好奇心和求知欲就会得到满足，就会把探索未知世界作为自己的兴趣。如果父母、教师或者其他成年人粗暴地打断他们的问题，不理睬他们的提问，甚至批评孩子老是没完没了地提问，孩子们慢慢就会丧失好奇心，就不再提问了。孩子们是在问题中逐步认识世界的，科学家是在问题中逐步发现世界的。小孩子与科学家其实只有一步之遥。

（四）"为什么"的最佳答案是揭示因果关系

孩子不仅需要更多关于这个世界的信息，他们还需要理解因果关系，才可以从一个更深入、更广泛的角度理解这个世界，也就是说，这些信息可以促进他们未来学到更多的知识。

（《园丁与木匠》，第 140 页）

问题是打开世界的钥匙。对于孩子们无穷无尽的问题、连续不断的"为什么"，父母和老师应该怎么办呢？作者的观点是："为什么"的最佳答案是揭示因果关系。也就是说，解释事实比重述事实要好得多。书中介绍了一个很有意思的实验：实验人员给 4 岁的孩子展示一个复杂的机械装置，装置上还有一些装饰性的乐高积木块和非装饰性的齿轮。把孩子们分为解释组和描述组，前者讲述机械装置的工作原理，解释机械是如何工作的，后者只是简单描述一下机器。然后，把机器上所有的东西拆开，让孩子们重建装置，同时问孩子一些事实性的问题。结果发现，前者解释组的孩子，无论是重建还是回答问题，都比后者描述组的成绩要好。实验表明，应该尽可能对孩子解释原因，揭示因果关系，这样才能够"让孩子更深入、更广泛地了解这个世界"。父母和教师不要担心孩子不能够理解事物背后的原因，因为孩子们可能"比你还清楚你想表达的意思，对于自己需要什么和想要什么，他也比你更清楚"。因果关系的思维，有助于孩子更加深刻地认识世界，也更容易养成他们不迷信、不盲从，凡事多问"为什么"的好习惯。

（五）多问孩子一些"为什么"

父母很重要。孩子是从父母和其他照顾者那里学习的，不管是通过观察的方式还是通过证言的方式。孩子会仔细观察父母是怎么做的，也会非常仔细地倾听父母在说什么。与孩子沟通并倾听他们所说的，多问孩子一些"为什么"，也多回答一些"为什么"，都可以帮助孩子茁壮成长。

（《园丁与木匠》，第 149 页）

我们都说：家庭是孩子的第一所学校，而且是永远的学校；父母是孩子的第一任老师，而且是终身的老师。那么，孩子是如何在这所学校向老师学习的呢？毫无疑问，观察与"证言"是两种重要的方法。观察，就是通过眼睛来看父母的行为，通过行动来模仿父母的动作；而"证言"，就是通过眼睛和耳朵，倾听父母的说话，以及说话过程中的表情和动作。心理学家认为，成年人的说话方式会影响孩子的思考方式，"甚至就连相当细微的地方也会影响孩子看待这个世界的方式。事实上，那些细微的地方可能对影响孩子如何思考尤其有效，甚至比更明显、直接的教学方式更有效"。孩子们总是喜欢问"为什么"，这对于他们建立关于世界的因果关系，了解事物更深的本质特征具有重要的意义，所以，父母和老师应该尽可能满足他们的好奇心，同时通过多问孩子一些"为什么"，去激发他们的好奇心以及探索这个世界的欲望。成人的说话对孩子的影响远远超出我们的想象，因为，在说话的过程中，不仅有丰富的词汇，也有他们对于这个世界的认知与情感、他们思考的逻辑与方法。

（六）孩子对你的信任胜过一切方法

成为一位稳定且可以提供可靠学习资源的照顾者要比成为一位直接教导式的照顾者更有价值。在依恋关系的研究中，我们看到孩子在获取知识时会根据不同的人和他们对这个人的感受来采取不同的学习方式。关系里最基本的信任要比教学方法更重要。

（《园丁与木匠》，第 150 页）

　　好关系才有好教育，没有关系就没有教育。关系的基础是信任，没有信任就没有教育，所以信任比方法更重要。高普尼克主张，父母和其他的照顾者不需要教授孩子太多知识，而"只需要让他们去学习就可以了"。因为，孩子们具有很强大的学习能力，即使是很小的孩子，也能够很轻松地从别人那里学习，他们非常善于从别人那里获取信息，并且用自己的方式去理解和加工这些信息。由于孩子在学习过程中的这种"敏感性和微妙性"，父母不必刻意控制自己的说话内容与方式，因为孩子们能够识别你是真实的还是假装的。特别有意思的是，孩子们的学习态度、情感与方法，与他们和父母、老师的关系有着密切的相关性，他们会"看菜下饭"，根据关系的程度采取不同的学习方式。关系好，他们的学习就更努力；关系不好，他们的学习就会敷衍。所以，父母和教师要想取得好的教育效果，首先要建立好的关系。清代教育家、思想家戴震说："理也者，情之不爽失也；未有情不得而理得者也。"说的也是这个意思。

（七）对话是一种构建关系的方式

　　无论对成人还是对孩子来说，对话都是一种构建关系的方式，一种和另一个人相处的方式。没有比反复的取笑和逗乐、使用小爱称和做一些亲昵动作，以及自我反省和闲聊更有爱的表示了。没有哪个代表亲密关系失败的信号比拒绝和对方谈话更有破坏性了。孩子是在亲密的关系中，通过开放且充满活力的对话来学习的。

（《园丁与木匠》，第 150 页）

　　如何与孩子建立互相信任的好关系？对话是最有效的方式。人与人之间的交流交往，对话与沟通无疑是最直接、最方便、最有效的路径。所以，作者建议通过叫孩子的昵称，通过身体的亲密接触，通过轻松的谈笑，通过聊双方感兴趣的话题等，建立良好的亲子关系。与孩子的对话，不仅能够帮助父母与孩子之间建立良好的关系，对于孩子学习对话活动本身，对于发展孩子的对话能力与沟通习惯，也是非常重要的路径。家庭，本身就是孩子社会化学习最重要的场域。

在《园丁与木匠》第五章的最后，作者做了一个结论性的建议：应该让孩子有机会近距离地观察很多不同的人是怎么做事情的，这是帮助他们通过观察来学习的最好方法。同时，作者主张，应该让孩子有机会与很多不同的人交谈，这是帮助他们通过倾听来学习的最好办法。

（八）孩子天生喜欢玩耍

孩子天生喜欢玩耍。童年和玩耍天然地联系在一起。大多数家长和老师都有一种模糊的感觉，认为玩耍是件好事。我们甚至可能认为，鼓励孩子玩耍是一种很好的教养技巧。但如果你仔细想想就会发现，把玩耍作为养育的目标，这其中是存在悖论的。毕竟，根据定义，玩耍就是当你不想做任何事的时候才会做的事情。这是一种没有目标的活动。

（《园丁与木匠》，第 154 页）

《园丁与木匠》第六章的章名是《边玩边学》，顾名思义，是肯定玩耍对于儿童学习的意义与价值的。但是这段文字又明显告诉我们，玩耍本身没有目标，玩耍不是学习。作者在书中分析了玩耍的五大特点。第一，玩耍不是工作。玩耍看起来与真实的活动相似，好像是在战斗或者狩猎、挖掘或者清扫，但是实际上什么也没有完成。玩耍不仅是没有成效的行为，而且与真实的工作有明显的区别。第二，玩耍是有趣的。玩耍会带来欢乐、愉悦和笑声。第三，玩耍是自愿的。玩耍是动物为了自己的利益而做主动去做的事情，而不是为了得到外部的奖励。第四，玩耍是在安全感等基本需要满足后的活动。第五，玩耍有一种特殊的结构，一直重复和变化的模式。如一个 6 个月的孩子在玩拨浪鼓时，会反复摇出更大或更柔和的声音，并且或多或少地用它敲打桌子。作者认为，人类对于玩耍在儿童发展上的意义还没有非常清晰的认识，但是人类的童年和其他动物的童年都与玩耍紧密联系在一起，儿童天然地喜欢玩耍，这是不争的事实。经验表明，儿童是可以通过玩耍变得"更聪明、更专注，或者更好地理解他人"，但是，还没有直接的科学研究证据表明，玩耍可以帮助孩子学习，否则，我们为什么不干脆把"更聪明、更专注，或者更好地理解他人"作为我们的目标呢？这就是作者所说的"悖论"。尽管如此，让孩子拥有真正的童年，就要把玩耍还给他们，让他们在玩耍中学习和成长，这是早期教育的重要原理。

（九）打闹是一种社交演练

在人类儿童中，早期的打闹游戏与长大后更好的社交能力有关。当然，这种相关性可能指向很多东西。也许正是因为拥有社交能力才让这些孩子有更多机会与其他孩子玩耍。

（《园丁与木匠》，第 157 页）

很多父母都不喜欢孩子打打闹闹。但是，打打闹闹恰恰是儿童社会性发展的重要路径。作者引用了科学家对于是否打闹的老鼠的实验成果，很有意思。他们将幼时参与打闹的老鼠与幼时不参与打闹的老鼠进行了比较研究，发现幼时缺乏玩耍打闹的老鼠在成年后与其他老鼠相处有困难，它们不知道见机行事，"无论是在打架还是在献殷勤，它们都无法像幼时玩耍过的老鼠那样对其他老鼠做出迅速、灵活、流畅的反应"。随着年龄的增长，所有老鼠的大脑都变得不那么灵活，但是幼时有玩耍打闹经历的老鼠，即使长大了也能够保持改变的能力，"因为它们的大脑更具有可塑性"。通过对老鼠大脑的解剖研究发现，幼时玩耍过的老鼠会在前额叶皮层负责社交的部分产生某些化学物质，尤其是胆碱类的神经递质，这些化学物质是大脑保持可塑性的重要原因。因此，玩耍虽然不一定能够帮助老鼠"做任何一件具体的事情，却能帮助它们学会以更灵活、更多样的方式做很多事情"。虽然老鼠与人不可同日而语，但是我们还是可以从中得到某些启发的。

（十）玩玩具就是在做科学实验

婴儿可能比成年人更适合做科学家。成年人经常受到"确认偏误"（Confirmation Bias）的困扰，我们会关注那些已知的东西，而忽略那些可能会动摇我们先入为主的观念的东西。

（《园丁与木匠》，第 167 页）

麻省理工学院的劳拉·舒尔茨团队对儿童使用工具的研究发现，对于那些运用科技小工具的儿童来说，这些小工具就相当于乌鸦的树枝，他们玩玩具就像科学家做实验一样，"当信息与他们已知的理论相矛盾时，他们玩得更多。当支点正好在中间便达到平衡的时候，由于正如他们的预期，他们就不那么感兴趣了，而是更多地去玩那个新玩具"。这与波普尔关于科学家研究的特质的论断非常一致。波普尔认为，优秀的科学家应该对与自身理论相矛盾的证据更感兴趣，而不是对能够证实自身理论的证据更感兴趣。所以，儿童在看到一些意想不到的事情发生的时候，他们总会看得更久一点，他们总是会像科学家一样去探索事情背后的原因，只不过他们是通过玩耍来实现的。没有儿童的玩耍，就没有他们对世界的探索。

（十一）假装游戏是人类独有的玩耍方式

如果孩子不会因为困惑而假装，他们为什么要假装呢？其实，假装与人类的另一种特殊能力密切相关，即假设或反事实思维能力，即思考世界可能存在的其他方式的能力。反过来，这也是人类强大的学习能力的核心。

（《园丁与木匠》，第 168 页）

幼小的动物都会玩耍。正如作者在书中所说，老鼠、狐狸和孩子都会打闹，乌鸦、海豚和孩子都会玩"玩具"，但是，只有人类的孩子会玩假装的游戏。"儿童从一岁起就会假装，在三四岁左右达到顶峰。"考古学家发现，在青铜器时代的儿童生活区域就有 4000 年前的"洋娃娃"和微型厨房用具，这可能意味着那个时候的儿童就有"过家家"之类的假装游戏了。假装游戏对于儿童来说究竟有什么意义呢？心理学家皮亚杰曾经认为，儿童喜欢假装游戏，是因为他们不能够区别现实与幻想。但是，事实证明，即使很小的儿童也是可以区分这两者的。所以，作者认为，这是儿童的一种"反事实思维能力"的表现，也就是说，人们可以通过新的证据来推翻原来的假设，取代他们以前暂定为"真理"的想法。儿童会像科学家一样，关注"不同的假设对世界如何运作的不同描绘"，没有一个绝对正确的假设。所以，我们也不要小看儿童的假装游戏，因为这本身也是他们探索世界的一种方式。

（十二）反事实思维是想象力与创造力之源泉

如果我们想要改变世界，反事实思维也是极为重要的。为了改变世界，我们需要认识到世界可以是不同的，然后真正开始朝这个改变的方向推进。事实上，我身处的房间里的几乎所有东西，无论是编织物、木工椅子，还是电灯和电脑，在一个更新世的古人类看来，都是狂野的想象。我们的世界一开始就是祖先头脑中一个反事实的想象世界。

（《园丁与木匠》，第 170 页）

想象力与创造力是改变世界的重要武器，而反事实思维，则是想象力与创造力的源泉。为什么这样说呢？因为顾名思义，反事实思维就是认为事实是可以不一样的，想象世界是可以不同的。反事实思维，就是对已有知识的怀疑和否定，对自己认知的怀疑和否定。"探索新发现的第一步是发现你目前的假设是错误的。但这一过程还有另一个阶段，即穷尽思考其他假设。"人类的发明创造，与这种反事实思维有着密切的关系，因为它是在现有事实与事物基础上创造出来的新的事实与事物。作者说，人类世界，一开始就是我们祖先头脑中的反事实的想象世界，也就是说，从人类用工具劳作开始，人类就已经用反事实思维去改造自然了。更不要说，人类在几千年的文明演进过程中，又在不断地用这种人类独有的思维方式，进行许多新的伟大的创造。所以，我们需要珍惜反事实思维，这是呵护和培养的儿童的想象力和创造力源泉。

（十三）"爱假装"的孩子善于弄清别人怎么想

更喜欢假装的孩子在理解他人方面有明显的优势，他们在这些错误信念测试中做得更好。这种优势对于那些有"假想同伴"的孩子来说尤其明显。

（《园丁与木匠》，第 175 页）

"爱假装"的孩子不仅仅更有想象力与创造力，他们也更有共情的能力。在假想的世界里，他们会有自己的"假想同伴"，所以能够站在"假想同伴"的角度思考问题,而不是坚持自我中心主义,这样,他们在理解别人的时候就会有比较大的优势。心理学家发现,自闭症的儿童最核心的问题就是不能够理解别人的想法,缺乏与人沟通的能力,而"找出他人的欲望、感知、情感和信仰的能力,这很可能是人类最重要的一种学习种类"。所以,帮助儿童学会理解别人,心理换位,成为一个受人尊敬的人,就要鼓励孩子有自己的玩伴,或者有自己的"假想同伴"。对于成年人来说,小说、戏剧、电影等也具有"假想同伴"或者假想游戏的功能。有研究表明:"读过大量小说的人总是善解人意,更善于理解他人。"

（十四）玩耍所带来的礼物是教会了我们如何应对意外

为什么玩耍是有趣的?为什么我们会从好玩的行为中获得特别的乐趣?我们很容易知道目标导向的行为是值得去做的。毕竟,我们达到了目的并得到了回报。但是,如何确保动物或孩子能够应对进化也没有预料到的情况呢?我们总是会遇到意想不到的事情,不管是被撞坏的膝盖、新的摔跤或调情动作,还是同伴向我们扔来的任何心理上的惊喜。工程学的研究工作表明,让机器人、动物或者孩子有机会玩耍,有机会广泛地接触、随机地行动、傻傻地做事,正是解决之道。

（《园丁与木匠》,第177页）

高普尼克把儿童的玩耍分为三种形式,即嬉戏打闹的玩耍、探索性游戏的玩耍和假装游戏的玩耍。三种游戏有不同的功能,嬉戏打闹的玩耍有助于孩子与他人互动,探索性游戏有助于他们了解事物是如何工作的,而假装游戏则有助于他们思考各种可能性并且理解别人的想法。但是,这三种游戏的效果不是事先设计和安排的,玩耍最重要的特点是快乐,是沉浸,是迷恋,"我们玩耍不是因为我们认为它最终会给我们带来强大的认知功能,尽管这可能是玩耍的进化动力,我们玩耍是因为它太有趣了"。这也提醒我们的父母和老师,不要赋予玩耍太多的目标,让孩子享受玩耍就足够了,很多东西是在玩耍的过程中自然而然就学会了。儿童自我成长、自我学习的能力远远比我们想象的高许多。因为玩耍是不确定性的,非预设的,在玩耍的过程中会出现各种各样的可能性,所以,儿童需要应对各种各样的偶发事件,这自然也培养了他们面对各种意外解决问题的能力。

五、让孩子自己在玩耍中发现事物

（一）让孩子自己在玩耍中发现事物

教学是一把双刃剑。孩子对他们所受的教育非常敏感，但教学似乎阻碍了孩子去发现玩具所能提供的一切其他可能性。孩子更愿意模仿老师，而不是自己去发现事物。

（《园丁与木匠》，第 179 页）

为什么说教学是一把双刃剑？这是因为，一方面教学会很快让孩子学会模仿，掌握玩耍的技能，但是另外一方面教学也会限制孩子的想象力和创造性，影响他们主动探索和发现。心理学家做过一个有趣的实验，对比探索性学习与学校教育的直接指导对儿童有什么不同的影响。实验者给孩子们一个玩具，里面有很多塑料管，可以做许多不同的事情，有的可以发声，有的可以发光，有的能够播放音乐，有的还藏着镜子。探索性学习的这一组，老师只是装着无意间碰到了一根管子，马上响起了"哔哔"的声音；另外一组直接指导的老师则演示按下管子，马上也响起了"哔哔"的声音。然后，两个组的老师都把玩具给孩子自己玩，结果，探索性学习的这一组孩子，通过随机尝试不同的动作，发现了其他管子能做的所有的事情。但是，在学校教育直接指导组的孩子，则像老师那样，只会按动那个管子，让管子发出"哔哔"的声音，然后不断地重复，而不是去尝试新的方式。这让我想起了著名的"树洞"实验，一群从来没有玩过 iPad 的印度乡村孩子，居然无师自通地学会了操作电脑。是的，我们经常低估了孩子探索世界的能力，这是成年人经常容易犯的毛病。

（二）和孩子们一起玩

成年人有时也可以加入孩子的玩耍。如果孩子在探索他人的心智，那么真实的其他人的心智才是最好的玩具。……和孩子们一起玩有一个更重要的原因。玩耍对成年人来说也很有趣。这是对成年人准备足够资源让孩子茁壮成长的不那么有趣的工作的一点补偿。

（《园丁与木匠》，第 182 页）

成年人和孩子一起玩，一起"疯"，对成年人和孩子来说都有好处。对于成年人来说，玩耍可以让自己彻底放松，让自己体验回到童年的乐趣，可以让自己更全面具体地了解孩子，走进他们的心灵世界。对于孩子来说，和大人一起玩耍也有助于他们探索大人的心智世界，有助于他们的社会化。其实，"边玩边学"就是告诉我们，对于孩子来说，玩耍就是学习，而且是最有效、最有趣的学习。"玩耍是人类童年的重要组成部分"，没有玩耍就没有童年。即使是在恐怖的纳粹集中营里，孩子们也会玩耍。如果我们不让孩子玩耍，那就比集中营更加可怕了。

（三）探索式的自发学习很重要

成年人通常认为大多数学习是教学的结果。而探索式的自发学习是不常见的。但实际上自发学习更重要。

（《园丁与木匠》，第 184 页）

这段文字是《园丁与木匠》第七章《边练边学》的题解说明。也就是说，作者在讲述儿童的练习问题时，强调的是儿童"探索式的自发学习"。这种探索式的自发学习为什么很重要？心理学家发现，儿童自主建构知识体系在他们的认知发展过程中起着非常重要的作用。"学龄前孩子的进化任务是尽可能广泛地探索各种可能性。这种探索让孩子发现了关于世界如何运作的基本原则，这些原则将在他们成年后支撑起他们做事情的能力。"儿童自发学习的能力是我们难以想象的。人类许多最重要也最复杂的能力，如说话、走路等，不都是通过自发学习学会的吗？高普尼克称学龄前的儿童具有"狂野、疯狂、富有诗意"等特点，他们的学习是在无序中寻找有序，在偶然中发现必然。他们关于世界的认识往往不是老师或者父母教会的，而是他们自己主动探索来的。也正是在这个意义上，儿童的自发学习有其不可替代的重要价值。

（四）掌握式学习是运用已知

学龄孩子也热衷于我称为"掌握式学习"（Mastery Learning）的学习方式，而不是"探索式学习"（Discovery Learning）。掌握学习是关于运用已知的，而不是关于探索新知的。在掌握式学习中，你学到的不是什么新东西，而是把你已经学过的东西变成第二天性。你对一个老问题的解决方案了解得如此之多，以至于你甚至不需要去想它，这让你可以毫不费力且快速、高效地利用自己的技能。

（《园丁与木匠》，第 188 页）

进入学校以后，儿童的学习开始进入以掌握式学习为主的阶段。掌握式学习的特点是通过反复的练习，让知识的呈现和技能的运用越来越熟练，达到"自动化"的程度——你甚至不需要去想它，都可以毫不费力且快速、高效地利用自己的技能。高普尼克说，这种学习是必要的，它对于儿童逐步成为真正有能力的成年人，对于他们"实践和掌握自身文化中的特殊技能，尤其是社交技能"是有一定意义的。但是，掌握式学习不能够以取代探索式学习为代价，因为"从某种意义上，掌握式学习与其说是让人变得更聪明，不如说是让人变得更愚蠢"。这种不断重复的练习，让人类"最终达到了甚至不需要思考的地步"。我们现在的应试教育，通过不断地刷题来加强熟练的程度，达到最短时间准确呈现的自动化地步，不就是典型的"掌握式学习"吗？所以，如何权衡这两种学习，如何鼓励儿童更多地进行探索式学习，的确是教育的大事情。

（五）学徒训练是历史主流教育方式

掌握是如何发生的呢？在人类历史的大部分时间里，童年时期的学习意味着学徒训练，但那并不是在学校里进行的。孩子们先是在家中或在家庭之外非正式地学会了掌握技能，越往后就会越正式。那时的大多数人是觅食者或农民，孩子会通过帮助大人工作来学习，其实现在他们也仍然在这样做。孩子还通过成为师傅和工匠的学徒来学习更专业的技能。

（《园丁与木匠》，第 190 页）

人类在漫长的时间内是没有现代意义上的学校的，所有的"教育"，都是通过学徒训练来完成的，是在生活与生产的过程之中进行学习的。儿童最早是通过玩耍来模拟大人的行为与技能，再后来是大人带着孩子一起进入到真正意义上"学徒"阶段。"学徒会用心观察师傅，然后自己尝试技巧简单的部分"，接着"师傅通常会相当挑剔地评价学徒所做的工作，并让他再做一次。随着每一轮的模仿、练习和评价，学习者的技能都会越来越熟练，也可以处理整个过程中越来越多且要求更高的部分"。所以，学徒制的关键是观察、模仿、练习，是师傅与学徒共同参与。在现代学校制度产生以后，学徒教育逐步式微，包括在职业技术教育中，也改为规模化的课堂教学，往往效果不佳。所以，新学徒制已经呼之欲出。而且，在体育、音乐，甚至写作等学科教学中，也越来越多地引入学徒制的方法。观察、模仿和练习，永远是学习过程中非常重要的因素。

（六）目标导向的学校教育是一种新发明

有很好的证据表明，在学校里的阅读课上表现如何，最好的预测因素是孩子在家里听到了多少语言，以及他们看过多少书。但是掌握诸如阅读、写作和算术等学术技能本身并不是目的。它们只是发现新东西的一种手段。

（《园丁与木匠》，第 194 页）

学校是社会发展到一定阶段的产物。一方面，女性走上工作岗位，需要一个照看孩子的场所；一方面，教育资源有限，大工业生产需要劳动者具有一定的读写算的基本能力。这是现代学校教育产生的重要原因。人类的教育重心由此从家庭让渡给学校。但是，这并不意味着家庭教育就此退出历史舞台。所以，上面这段话有两层重要的含义。第一，家庭教育对学生学业成绩的影响非常之大，根据孩子家庭教育的情况，甚至可以直接预测到学生在学校的学业成就。这是因为，有大量的研究表明，在家庭里孩子们听到的词汇越多，他们的语言能力发展就越好；在家庭里共同的阅读生活经历越多，孩子们知识面就越宽，视野就越广，阅读课的成绩自然也越好。第二，学校教育的读写算的能力的培养，本身不是教育的直接目的，"从长远来看，这些学术技能可能非常重要，但它们本身毫无意义"，学校教育的目标导向是让学生通过掌握读写算的能力，并且通过这些技能去获得更多的知识和技能。这种目标导向非常清晰的工具性能力的获得，与孩子们的以观察、模仿、练习为主的自发式学徒式学习有着很大的差异。高普尼克特别提醒说，人们在童年期的学习的特征，如自然发现和好奇心等，与学校教育的学习方式之间是并不匹配的，在大多数学校里，"除了运动场，孩子们不仅仅探索发现的机会有限，也没有机会真正地掌握技能，学校既不是鼓励探索的机构，也不是学徒训练的中心"。所以，在学生进入学校之后，父母和老师应该继续关注孩子的探索式学习，注意满足他们的好奇心和求知欲。

（七）个体的个性与多样化保证了人类进化的适应性和稳定性

关于学校教育和学习不能很好地结合在一起。还有另一个方面的原因。每个孩子都会尝试各种不同的新想法和新行为，但是他们之间也有很大的不同。从出生时起，孩子们就有各种各样的脾气秉性、兴趣爱好、长处和短处，即使成长在同一个家庭里也是如此。正如我们前面所看到的，从进化的角度来看，这种可变性为适应性和稳健性提供了途径，它能确保一个社区、村庄乃至一个国家应对不断变化的环境，这是文化进化的秘诀。

（《园丁与木匠》，第 196 页）

学校教育是以掌握式学习为特点的，它要求的是掌握基本的概念与知识体系，要求的是在考试的时候能够及时、准确呈现，要求的是统一标准和答案。所以，在作者看来，学校教育与在家庭中的探索式学习有很大的不相容，"不能很好地结合在一起"，传统的学校教育一开始就是按照工厂化的流水作业来设计的。标准化的统一要求，使得学校很难满足不同个体的需求，个性与多样化难以生存。事实上，孩子们每个人本身是各不相同的，每个孩子有着不同的认知风格、个性特点、行为习惯、优势潜能。正是这样的个性与多样化，才保证了人类进化的适应性和稳定性，因为无论社会环境如何变化，总是有人能够从容面对，带领一个社区、村庄乃至国家战胜各种变化与挑战。如果社会只有一种声音，如果所有的人都是一个模板浇铸出来的，很可能会出现整体性覆灭。所以，用一个标准、一张试卷衡量不同的学生，是极其危险的事情。而注重个性化与多样化，帮助每个孩子成为最好的自己，不仅仅是对每个孩子的福音，也是人类社会健康发展的必需。

（八）不符合学校要求的孩子会被视为异常

但目标导向的学校教育视角使这种可变性成为一种劣势。如果你认为学校是专为培养具有特定特征的孩子而设计的结构，那么可变性就是一个缺点，而不是优点。事实上，在最坏的情况下，可变性不仅仅是一个问题，更是一种疾病。不符合学校要求的孩子会被视为生病了、有缺陷或者残疾。这种"疾病"模式非常普遍，因为许多在学校被视为最重要的技能与大多数孩子天生的能力和倾向相去甚远。

（《园丁与木匠》，第 196 页）

如前所述，个性化、多样化导致的可变性，本来是对每个孩子的福音，也是人类社会健康发展的必需，但是，喜欢整齐划一的学校教育，却经常需要削峰填谷，把人的个性变成了劣势。学校教育只需要统一的标准，只需要记忆知识的能力，只需要"专为培养具有特定特征的孩子而设计的结构"，仿佛只需要一个模具浇铸出来的同样规格的模型，否则就是生产了次品。如果不符合这个规格，这样的学生就会被学校认定为病人，有缺陷的人，甚至是残疾人。其实，正如世界上没有两片截然相同的树叶一样，生活中也没有两个截然相同的孩子。好的教育不是削峰填谷，不是补齐短板，而是扬长避短，是张扬个性，是和而不同，是美美与共。因为，这样才最符合人的本性，最符合教育的本质。

（九）学校就像专注力竞技场

学校教育要求你比普通的成人在生活中拥有更极端的专注形式。随着年龄的增长，很多孩子都能培养出这种注意力，但有更多的孩子在进入学龄期后仍然难以集中注意力。特别需要提出的是，学校的兴起和注意力缺陷障碍（ADD）的发展有着密切的关系。

（《园丁与木匠》，第 199 页）

为什么在过去的 20 年中，美国被诊断出来患有注意力缺陷障碍（ADD）和注意缺陷多动障碍（ADHD）的儿童数量几乎翻了一番？为什么在美国居然每 5 个男孩中就有一个在 17 岁之前被诊断为 ADHD？为什么超过 70%被确诊的孩子都接受过药物治疗？究竟是孩子们出了问题，还是我们的教育出了问题？我个人认为，无疑是教育出了问题。因为，这和近 20 年来美国有更多的州开始根据考试成绩来评估学校和教师有着密切的关系。把那些学业成绩差的学生贴上 ADD 或者 ADHD 的标签，有助于减轻老师的责任，而"当学校在压力之下要让学生取得高分时，他们会有意无意地鼓励 ADHD 的诊断，可能是因为药物能帮助表现不佳的孩子取得更好的成绩"。把学校作为专注力的竞技场，把学业成绩作为评价学校与教师的唯一标准，必然会导致教育的功利主义，导致教育本性的异化，导致对学生身心发展的摧残。我们没有必要动不动为孩子贴上多动症的标签，孩子们本来就是活泼多动、精力旺盛的。让他们像一个小大人一动不动、规规矩矩的，反而是我们的教育错了。

（十）应该改变学校，而不是让学生适应学校

ADHD 既是生理性的，也是社会性的，而改变社会制度可以帮助学生茁壮成长。我们可以改变学校，以适应不同孩子的大脑发育状况，而不是给孩子的大脑用药，让他们去适应学校。

（《园丁与木匠》，第 201 页）

人的身心发展是有自己的内在规律的。儿童，尤其是小男孩，他们的注意力具有广泛性，他们的注意力"总是被他们最有可能学到东西的事件吸引"，从这种广泛的注意力转移到更集中的注意力，是从探索式学习转向掌握式学习必须经历的过程。但是，广泛的注意力本身就是童年的一部分，是好奇心和求知欲的核心。我们的学校教育往往忽略了这个重要的特点，片面强调了集中注意力的重要性，强制性地要求所有孩子在最短的时间内

完成这个转移，这就走向了教育的极端，结果就是欲速而不达，造成了负面的教育效应。理想的做法，是我们的学校应该尽可能适应学生的发展，适应每个孩子不同的注意力特征和认知风格，而不是简单地让学生适应学校，用一个标准、一个风格规范所有的学生。要允许孩子在集中注意力方面有过渡的时间、有不同的差异，帮助学生逐步学会集中注意力。

（十一）学校教育应该服务于不同类型的孩子

学校本该尊重多样性，但事实恰好相反。我们来看一下标准化考试吧。责任评估和绩效考核这些极有价值的目标都需要标准化考试。这已经是众所周知的事情了。标准化考试的成绩就是目标导向、孩子塑造以及木匠型学校教育极致崇拜的对象，这样的想法就是在说，学校应该被设计成把所有孩子都塑造成具有特定特征的生物的地方。

（《园丁与木匠》，第 202 页）

高普尼克认为，ADHD 的问题只是学校教育普遍面临的挑战中"最引人注目"的一个例子。学校本来应该是孩子们能够真正持续地发现和发挥能力的地方，应该是孩子能够掌握真实世界技能的地方，应该是孩子们掌握诸如阅读、写作和算术等学术技能的地方。"问题在于如何让孩子丰富多样的天生学习能力适应这些不同的学习目标。"也就是说，学校教育是应该满足学生适应未来社会真实需求，掌握生存与生活必需的技能的地方。学校不应该只有一个学术的标准，不能够只满足少数学生的发展需求，不能只有一个第一名，不能够把学校设计成"把所有孩子都塑造成具有特定特征的生物的地方"，而应该有一个"安全、稳定、结构化且丰富的环境"，在这个环境之中，"多样性、创造性和新奇的想法都能开花结果"。学校不能够成为少数孩子的天堂、多数孩子的地狱。只有多样性才能培养多样性，丰富性才能培养丰富性。承认多样性，发现多样性，鼓励多样性，发展多样性，应该是未来学校的重要使命。

（十二）重要的学习发生在教室之外

童年中期一些最重要的学习根本不发生在教室里，它们发生在午餐时间、课间休息时间、走廊上和乘坐公交车的时候。孩子在学龄期最伟大、最具挑战性的转变就是从照顾者为中心的生活，过渡到以同伴为中心的生活，这些同伴包括朋友和敌人、领导者和追随者，以及将会主宰我们成年生活的爱人和竞争对手。但是，典型的学校教育大纲将这种课外学习视为干扰或者问题，尽管从发展主义的角度来看，这些比其他任何课程都更重要。

（《园丁与木匠》，第 203 页）

一般认为，童年中期是 6—11 岁这个年龄阶段，也就是相当于小学阶段。在这个阶段，教室之外的学习，经常是被我们的学校教育忽视的。这个阶段，孩子们最大的变化，是从一个小小的家庭来到了一个大大的学校，从父母（照顾者）为中心过渡到以同伴为中心。这个时候，儿童的伙伴关系在儿童发展的过程中显得越来越重要。作者认为，人类独特的合作和协调能力是最重要的进化特征之一，"管理范围广大的朋友和联盟网络、分工、谈判、妥协和利益是人类最重要的挑战之一"，而这些能力不是在课堂上得到的，而是学龄阶段的孩子在与朋友们玩耍的过程之中学会的。孩子们幼时的玩伴，未来可能与他们的生活、工作密切相关，成为他们的同事、爱人、领导或下属、朋友或对手等。但是，我们的学校往往却不重视这些"最重要的学习"，把教室外的学习视为学校教育的干扰，这是需要改进的。新教育实验的生命教育，强调拓展生命的宽度，培养孩子的人际交往与沟通能力，注重领导力的培养与训练，正是关注到了这个问题。

（十三）孩子用他们自己的文化探索世界

至少对于中产阶级家庭的孩子来说，教养模式已经导致他们过上了被过度安排的生活，包括学校的正式课程、课外活动以及家庭作业，甚至连社交生活和探索也被严格地控制和安排着，所有这些都是为了塑造他们。孩子继续把他们的自主探索塞进忙碌的生活中，但是没有得到父母的帮助。对于那些不是中产阶级家庭的孩子来说，公共空间的消失更具破坏性。他们没有获得一个安全、稳定的环境用于探索，以及和同龄伙伴们一起做实验。富裕家庭的孩子生活在学校的教育和被控制的世界里，而贫穷家庭的孩子则生活在一个混乱而被忽视的世界里。

（《园丁与木匠》，第 206 页）

我们总以为孩子不会直接安排他们的生活，总担心孩子浪费了宝贵的学习时间，总是希望帮助他们安排规划时间，总是把他们的所有时间和空间填得满满当当。其实，这样反而挤压了孩子们的发展空间。哪怕就是游戏活动，我们也是习惯了各自有组织的比赛，"这些比赛占据了孩子们的课余生活"。其实，孩子们自己发明和组织的各种游戏和比赛，对于他们可能更加有趣、更为深刻，甚至更加重要。因为，在孩子们的游戏之中，往往"触及了成人生活中不可或缺的协商和合作"，如制定壁球规则就是成人社会立法的前奏，而建造一座树屋就好像在建筑一座城市。"学龄前的孩子创造了他们自己的文化，他们用这种文化来探索现实世界，就像年幼的孩子探索心理世界一样。"高普尼克分析的这个问题，对于我们的家庭教育和学校教育都是具有重要的警示意义的。

美国中产阶级家庭与我们的情况也是非常相似，父母总喜欢把孩子的活动"严格地控制和安排"，用自己的想法去塑造他们，让孩子实现自己没有实现的梦想，而贫困家庭则由于没有资源和活动的空间，也只能"生活在一个混乱而被忽视的世界里"。在学校教育之中，我们更是精打细算每一分钟，包括双减之后的课后托管，也是要"充分利用"。我们为什么不能够给孩子一点属于他们自己的时间，让他们发发呆，让他们"疯一疯"呢？

（十四）青春期：游走在冲动与控制之间

青春期就像童年早期一样，注定会是一个创新和变革的时期。不同的是，青春期的孩子将要体验的不再是置身于童年保护期的安全环境中探索世界。相反，青少年要做的是离开受保护的环境，真正靠自己去采取行动。

（《园丁与木匠》，第 207 页）

一般认为，青春期是指从儿童阶段到成人阶段的过渡时期，一般女孩在 10—18 岁，男孩在 12—20 岁期间。青春期中又分为青春早期、中期和晚期，青春期早期又称为少年期。青春期在国外心理学界经常被称为"危险期"，这是一个情绪激烈动荡，亲子关系紧张，父母经常会有被"逼疯了"的感觉的时期。高普尼克说，在孩子两三岁的时候，孩子还处在一个与父母和其他照顾他们的人的磨合期之中，所以，许多年轻的父母经常感到力不从心的"抓狂"。但是，那个时候的幼儿还是在父母的保护之下生活的，大的局面父母是可以掌控的。而学龄期的孩子是"严肃和清醒的典范"，他们在学校和老师的规训下，开始逐步适应被管理和控制的生活。但是，当他们进入青春期后，"无论是智力上还是情感上，他们的可塑性、多样性和混乱程度都有了惊人的恢复"，到了青春期，他们试图努力摆脱父母的控制，寻求自我的同一性，他们要离开各种受保护、受控制的环境，要依靠自己的力量去采取行动。想摆脱保护和控制，但又不能真正独立，让许多父母觉得孩子变得不可捉摸，关系疏远。所以，这个时候，父母更要关注他们的情感生活，尊重他们已经开始长大的事实，给他们留有足够的个人空间，尊重他们的"秘密"和"自由"。

（十五）青少年最需要的是社会性奖励

青少年最需要的是社会性奖励，尤其是同龄人的尊敬。在一项研究中，青少年们躺在功能性磁共振成像的设备中，进行了一个模拟的高风险驾驶任务。当他们认为有另一个十几岁的孩子在看他们所做的事情时，他们大脑中的奖赏中枢便会更加活跃，也会因此冒更多风险。

（《园丁与木匠》，第 208 页）

神经心理学家认为，青春期的许多特点与这个时期青少年身上的生物和化学变化有关，并且涉及大脑中对奖励做出反应的区域，这是一种能够让原本平静的青少年"变得焦躁不安、精力旺盛、情感强烈的系统，这个系统可以让青少年渴望达成每一个目标、实现每一个愿望、体验每一种感觉"。而且奇怪的是，青春期过去以后，这个动机十足的系统就开始趋向平静，"躁动不安"的青少年就变成了"相对平静"的成年人。这样的生理变化与一个重要的社会诱因有关，那就是书中提出的所谓"社会性奖励"。神经科学家发现，青少年大脑中的奖赏中枢比儿童和大人都要活跃得多，他们的鲁莽行为也往往不是由于他们低估了风险，而是因为高估了奖励，尤其是来自同伴的肯定与奖励。这就是我们所说的"人来疯"，无论是初恋时的狂热，还是群体比赛时的兴奋，都与此相关。这正是青春期本身的方向——远离家庭和父母，"走向同龄人的世界"。

（十六）给青少年安排更多的学徒训练机会

我们可以尝试给青少年安排更多的学徒训练机会，而不是给他们提供越来越多的学校经验，比如那些额外的课后课程和家庭作业。美国服务队（AmeriCorps）就是一个很好的例子，因为它既为青少年提供了挑战现实生活的经验，又提供了一定程度的保护和监督。

（《园丁与木匠》，第 214 页）

美国服务队，又称美国志愿队、美国和平队和美国志工团，创立于1994 年，是美国一个覆盖全国的大型志愿者服务系统，每年招收 27 万名17 岁以上的专职或兼职志愿者，为社会公共领域（如教育、公共安全、卫生、环境等）提供志愿服务。对于青少年来说，志愿服务不仅仅是做公益活动，也是社会性学习的重要路径，是"边做边学"的重要形式。所以，作者特别鼓励，要为青少年提供更多的"学徒训练"机会，并且认为这比学校生活更能够锻炼和发展学生的能力，比额外的课后练习和家庭作业更受学生欢迎。"学徒训练"和文章中提到的美国服务队有一个共同的特点，那就是"既为青少年提供了挑战现实生活的经验，又提供了一定程度的保护和监督"。与学生完全独立工作、独立承担责任不一样，这种学习是学生们在经验丰富的长者的直接指导下，面对社会生活的真实场景去解决问题。这样的模式对于学生的成长是最为有效的。

六、为人父母就像在园子里种花

（一）"带着你的孩子去工作"

"带着你的孩子去工作"可能会成为惯例，而不是仅有一天的年度活动，大学生可以花更多的时间观察和帮助正在工作的科学家和学者，而不仅仅是听他们的讲座。像夏令营和旅行这样的暑期活动，对于父母有经济能力的孩子来说是很常见的，这些也许可以和暑期工作交替进行。

（《园丁与木匠》，第 214 页）

  我专门请教了我在美国大学工作的同学。他告诉我，"带着你的孩子去工作"，是美国的很多公益机构，特别是妇女组织倡导的一个活动，从 1992 年的纽约开始实践，每年四月的第三个星期四就是"带着你的孩子去工作"这样一个特别的日子。父母亲带着孩子到自己的工作单位去上班，究竟有什么好处呢？一方面能够让孩子走进成年人的真实的工作场景，接触父母亲的同事和朋友，体验不同的职业；另一方面也能够了解父母亲的工作的特点与工作的辛劳。这个活动得到越来越多的人的响应。

  作者建议，应该把这个职业体验活动作为一种"惯例"、一个制度来推广，而不是目前这样一年只有一天的年度活动。她也特别主张，大学生不仅仅要听科学家的讲座，更应该直接参与科学家的研究活动，"花更多的时间观察和帮助正在工作的科学家和学者"，这是真正的现代科学学徒制。

  我认为，这对于我们的大学教育也是很有启示的，我们的大学如果真正让学生们直接参与教师的科学研究与实验、社会调查与实践，他们的创造能力就能够得到更好的发展。同样，对于中小学生来说，不仅仅要有夏令营和暑期旅行等活动，也应该尽可能直接参与到具体的工作中去，当学徒，培养劳动精神与劳动技能。我也建议，中国的一些城市能够学习和借鉴"带着你的孩子去工作"的做法，让孩子有更多的体验，让父母与孩子有更多的交流和共同的话语。

（二）人类在改造环境的同时也在重塑大脑

  人类不仅能进行技术创新，还能把新技术一代代传承下去。其他任何动物都无法与其比拟的是，人类在不停地改造着物质环境，而从中获得的各种经验也不断地重塑着人类的大脑。特别是在早期幼儿阶段，每个孩子都在父母营造的新环境下成长。每一代人的大脑都因有着不同的早期经验而有着独特的运作方式，然后再对环境进行特有的改造。在数代时间内，人类的大脑就能发生巨大的变化。

（《园丁与木匠》，第 214 页）

从这一段文字开始，我们进入了《园丁与木匠》的第八章《科技与孩子的未来》。作者用了心理学家所言的"文化棘轮效应"来解释人类的学习与创新。棘轮（Ratchet），是一种单向齿的齿轮，它的特点是只能向一个方向旋转而不能倒转。美国经济学家詹姆斯·杜森贝里（James Stemble Duesenberry）最早把它用在解释人们的消费行为上，认为人的消费习惯形成之后具有不可逆性，即易于向上调整，而难于向下调整。这种习惯效应，使消费取决于自己过去的高峰收入，这种特点被称为"棘轮效应"。这也就是我们通常所说的"由俭入奢易，由奢入俭难"。其实，人类的"文化棘轮效应"与人类是符号性动物有着密切的关系，人类运用语言符号，把自己的智慧和创造用文字的方式记录下来，任何一代人都可以借助文字，借助那些伟大的书籍，把前人的思想、智慧、创造消化吸收，进行新的创造。人类不会像其他的生命那样不断重复自己的原因，就在于"人类可以将祖辈的新兴发明当作常识，并在此基础上追求创新"。人类在不断创造的过程之中，既改造了环境，改造了自然，也改造了自己，重塑了大脑。

（三）青少年处在技术和文化变革的前沿

孩子能够迅速有效地继承各种文化信息，也是让代际创新能被传承下去的原因。证据表明，孩子，特别是青少年，正处在技术和文化变革的前沿。

（《园丁与木匠》，第 220 页）

创新与传承是相辅相成的。传承，是对过往创新的传承；创新，是在传承基础上的创新。作者在这一章的一开头，就讲述了自己从两岁开始阅读的故事。她把这种阅读习惯称之为"装置"，表明她自己属于阅读纸质印刷品成长起来的一代人。但是，现在的年轻人，作为互联网的原住民，则会对这些"装置"进行有意识的改造和创新，"他们不知不觉就拥有了整个过去，并带着这些知识走向未来"。也就是说，在作者看来，相对于儿童和青少年来说，成年人要掌握一些新的知识，学习一项新的技能，可能是"痛苦又缓慢的"，需要付出许多特别的精力，而孩子们"却可以毫不费力地掌握新知识"。这是由于他们拥有了新的"装置"。我们经常担心孩子们不能够迅速地掌握知识与技能，殊不知他们的学习能力远远在老一辈之上。他们总是处在流行文化变革的前沿，处在技术和文化变革的前沿。所以，作者在书中对儿童的赞赏溢于言表：童年并不是一个天真无知的年代，孩子也不会免于技术创新和文化变革的影响。恰恰相反，"童年，特别是青春期，正是使这些变革被吸收、发展并闪耀光芒的时期"。虽然许多技术和文化创新是由成年人主导进行的，但是，孩子们所拥有的"新奇倾向"也可能会改变这些创新技术的使用方式，并且会用各种各样不寻常的行为让各种发明创造得到保存和传承。

（四）阅读是一门新技术

认知科学已经证明，就像看、说、记这些最简单的行为背后，都经过了超级复杂脑内计算。把众多书面符号转化为思想同样需要一个聪明的大脑。虽然人类耗费了数十万年才进化到拥有看、说、记等简单的行为能力的程度，但发展复杂的阅读能力却只耗费了千年的时间。

（《园丁与木匠》，第 222 页）

我们在学习心理学的时候，老师经常说，人的大脑是一个"黑匣子"。的确如此，虽然现代脑科学进展很快，但是距离我们全面准确认识大脑还有漫长的路要走。人类并不是一开始就有阅读生活的，在人类发展的漫长历程中，大部分时间是没有文字和阅读活动的。人类用了数十万年的时间才进化到拥有看、说、记的简单能力的程度，而真正拥有文字、拥有复杂的阅读生活的时间则更短。也就是说，人类"原装"的大脑最初是没有阅读的装置的，人的大脑是随着人们认识世界、改造世界的能力的发展而逐步发展的。所以，阅读对于人类来说的确也只是一门"新的技术"，"大脑的阅读能力是人类最近才有的创新，我们的大脑起初并不会阅读"。这也同时意味着，随着人类阅读实践的不断深入，阅读载体与阅读方式的不断变化，人的大脑仍然会不断进化。

（五）尊重生活在数码时代的原生代

我们这一代人在童年运用开放和灵活的大脑掌握了阅读技能，而现在出生的这一代将会沉浸在数码世界里，不知不觉地适应它。这一代人才是数码原生代，而我们只能算是数码时代的移民，还带着磕磕碰碰的口音。

（《园丁与木匠》，第 228 页）

的确，正如作者所说，我们正处在一场"戏剧性的技术变革"之中。正像很久以前文字和阅读对古人的大脑进行重新"装置"一样，我们正在见证着数码世界对下一代新生儿大脑的重塑。我们不应该批评下一代沉溺在电脑和互联网之中，而且，我们完全有理由相信，"这些年轻的大脑会变得和我们的不同，就像能够阅读的大脑与无法阅读的大脑具有显著的差异一样"。也许，这个大脑的进化过程，要比从无法阅读的大脑发展到阅读的大脑要快速得多。技术变革及其带来的文化、教育的变革，有时会远远超出我们的想象。正如我在《我的学校观——走向学习中心》中设想的那样，未来的学习一定是超越学校的全时空学习。所以，对于数码原生代而言，这个世界是属于他们的，我们只是作为"移民"来到了他们的星球，我们也必须不断学习，才能够适应属于他们的世界。

（六）年轻的大脑能够轻松地学习

孩子大脑的注意力和学习能力的运作方式则完全不同于成人。年轻的动物和人类有着分布更广的胆碱类神经递质，这让他们不需要专注和计划就能学习了。一切新鲜的事物，无论是多么令人惊讶的，还是看似无用的或杂乱无章的，年轻的大脑都能让孩子轻松地掌握这些庞杂的信息。

（《园丁与木匠》，第 228—229 页）

儿童的学习能力的确是非凡的。他们在人生的早期，就学会了许多非常重要的知识与技能，从最复杂的语言到直立行走，从人际交往到社会情感。这是一个成年人很难做到的。一个成年人到一个新的国度，他们永远也无法用同样的时间学会儿童在他们的生命早期就学会的知识与技能。有些甚至一辈子也难以掌握所在国的语言。脑科学的研究发现，人的学习与神经元有着密切的关系，当我们集中注意力的时候，大脑负责设定目标计划的前额皮层会释放胆碱类的神经递质，但是这些能够促使我们学习的化学递质只能够传递到大脑的某些特定部位。也就是说，在成年人的学习过程中，大脑的定位是相对准确的、专一的，而儿童的学习则有着更为广泛的区域，整个大脑为其提供支持，不需要特别的脑区专注就能够进行有效的学习。所以，早期为儿童提供丰富的学习资源与环境，对他们的成长有着非常重要的意义。

（七）给孩子一个世界，让他们重建

文化与技术棘轮的前行同时取决于两代人。没有传统，就没有创新。虽然父母们不应指望孩子简单地复制上一代的传统，但如果父母们没有把自己的传统、技能、价值观和新发现传承给孩子，那下一代的创新也就不可能实现。我们需要为孩子提供一个结构严谨的稳定环境，这正是保证他们自由无序、随心所欲地尝试和发展的前提。给他们一个世界，让他们重建。

（《园丁与木匠》，第 234 页）

时代的发展取决于两代人之间的张力。一般而言，上一代人总是担心世风日下，担心各种新的东西给下一代造成不良的影响。媒体学者达娜·博伊德用大量时间研究了青少年使用社交媒体的行为后发现，现在的年轻人是用网络和社交媒体，做了上一代人在线下一直做的事情——"建立自己与同龄人之间的联系，疏远他们的父母，搞暧昧、聊八卦，还有霸凌、反叛和尝试各种新事物"。本来，年轻人通过离家出走等方式进行他们的社交活动，现在则不需要走出家门，也能够"离家出走"了。美国的青少年平均每天发送 60 条信息，78% 的孩子拥有能上网的手机。在这样的背景之下，两代人如何共同面对，就显得特别重要。作者认为，作为上一代的父母，既不能够放任不管，又不应该围追堵截，既不应指望孩子"简单地复制上一代的传统"，又不能不把自己的"传统、技能、价值观和新发现传承给孩子"。所以，两代人之间的张力，关键在于处理好传承与创新的关系。这就需要父母的教育智慧，既要努力给孩子一个能够传承优秀文化传统的完整的世界，又要放手让他们在这个世界去重新建设和创造。

（八）父母应该是一座桥梁，沟通起过去和未来

父母，特别是祖父母，他们的重要任务之一是给下一代提供文化历史

感和延续性。如果失去了和历史的联系，那我们的下一代就会失去很多东西。为人父母，不是教养子女，而是成为一座桥梁，沟通起过去和未来。

（《园丁与木匠》，第 235 页）

代沟（Generation Gap）的概念最早由 20 世纪 60 年代末美国人类学家 M. 米德在所著《代沟》中提出。它是一个重要的社会学和心理学概念，是指两代人之间在思想方法、价值观念、生活态度、兴趣爱好方面存在的心理距离或心理隔阂。如何缩短这种距离，弥合这种隔阂？作者认为，这就需要年长的一代以"桥梁"的身份出现，父母和祖父母都是年轻一代成长的桥梁。通过他们的能力，帮助孩子们在过去和未来之间架起一座美好的桥梁。一方面为下一代提供"文化历史感和延续性"，努力向孩子们传授"各种传统技术、文化制度和价值观"；另一方面又不要期待他们把这些东西全盘接受，与我们有着一模一样的传统文化和价值观。两代人既有共同的话语和世界，也有各自的话语和密码。正如这位祖母级的作者在书中所说的那样，对于孩子们来说，"互联网是时代的基石和根本，就像被我翻烂的平装印刷书一样，代表了这个时代文明的顶端"。作为父母，尤其是祖父母，千万不要以"过来人"自居，用居高临下的姿态和教训（作者说的是"教养"）的口吻对待孩子。因为，世界终究是属于他们的。

（九）为人父母就像在园子里种花

养育孩子是人类工程中最根本、最深刻、最宝贵的一部分。它不是做木匠活，誓要将孩子按照明确的模样去雕琢。相反，为人父母就像在园子里种花。旨在提供一个营养丰富、安全稳定的环境，让各式各样的鲜花茁壮成长；旨在为孩子提供一个健康、强大、多样的生态系统，让他们自己创造具有无限可能的未来。每一对父母和子女之间都会形成非常特别的爱，这是一种长期、奉献的爱，没有任何附加条件。

（《园丁与木匠》，第 237 页）

这一段文字出自《园丁与木匠》的尾声部分，可以视为全书的核心思想。它阐述了作者家庭教育思想的要义。第一，养育孩子是人类所有事业中最重要、最根本、最深刻、最宝贵的工作之一，它是人类自身发展的基础工程。第二，养育孩子不是做木匠活儿，按照事先设计的模样去雕琢，打造一个标准件。第三，养育孩子与园丁活儿比较相似，要让各种各样的花儿百花齐放、各美其美，只需要为他们提供营养丰富、安全稳定的环境，建立一个良好的生态系统，让孩子们自由生长。第四，父母与孩子之间是一种基于血缘的特殊的爱，这种爱没有任何附加条件，不求任何回报，是一种无私的爱。一句话：好的教育，就像做好的园丁。不要用一个固定的标准去要求所有的孩子，而是尊重每个孩子的个性，让他们成为最好的自己。

（十）独一无二的美好关系

在我们急着比较照顾孩子和其他活动的价值之前，让我们先停下来，欣赏、赞叹一下父母和子女间那独一无二的美好关系。正如哲学家所说，这种关系的本质就非常有价值，而不是因为它是能让我们获益的工具。照顾孩子这件事本身就是有意义的，而不只是因为未来可能会获得孩子的回报。

（《园丁与木匠》，第 237—238 页）

好关系才有好教育。亲子之间的关系本来就是人世间"独一无二的美好关系"。这种关系基于血缘又超越血缘，虽然可能也有"养儿防老，积谷防饥"的"回报"意识，但是总体而言，父母对孩子的哺育和教养是没有利益的诉求的。作者在书中对穆勒的"功利主义"观点和康德的"道义论"都进行了分析，认为这两种理论都不能很好地解释亲子关系的本质。也就是说，亲子关系既不是为了利益的最大化，也不是出于道德的良心，这是一种独一无二的爱。只有用"价值多元论"对具体情况具体分析，才能有合理的解释。所以，作者建议我们不妨先停下来欣赏和赞叹一下亲子之间那种纯真美好的关系，那种"对一个生命铺天盖地的爱"，这样，父母亲就会知道，你的付出，你的努力，是有意义的。不仅仅是为了孩子，也是为了自己。

（十一）父母是自我，是包含了孩子的自我

一旦我做出了要为孩子付出的承诺，我与之前的那个我就不再是同一个人了。我的自我里又多了一个人，即使他还只是个无助的婴儿，无法给

我带来任何好处，即使他的欲望和目标也和我的完全不同。

（《园丁与木匠》，第 240 页）

对于大多数父母来说，在孩子出生前后对于孩子和自己之前的想法会出现许多变化。作者自己也坦陈："有了孩子以后，我的价值观也会逐渐改变，原因是下一代的美好生活真的会比我自己的幸福更加重要。"许多父母会毫不犹豫地表示，愿意为了孩子做任何事情，甚至愿意"为自己的孩子奉献生命"。见证和参与另外一个生命的成长，帮助一个弱小无助的婴儿成长为一个独立强大的成人，这是一个神奇的过程，也是一个充满艰辛和劳作的过程。尽管在照料的过程中，甚至在孩子长大成人之后，孩子也不一定给我们带来任何好处与回报，尽管孩子的目标与梦想和我们的也不一定相同，但是一旦成为父母，就意味着责任与义务，意味着"与之前的那个我就不再是同一个人"，意味着你的自我会被扩大，因为"里面包含了另一个人，也就是孩子的价值观和兴趣"。所以，在成为父母之前，的确需要三思而后行，有足够的思想准备和情感准备。

（十二）幼儿园应该是给孩子提供养料的花园

幼儿园应该是给孩子提供养料的花园，让他们不论贫富都可以在其中茁壮成长。与许多中产阶级父母脑海中所想的相反，幼儿园并不是雕琢孩子成功的第一步，也不应被当成为孩子上学所做的准备，因为养育孩子并不仅仅是为了要让他们在各种奇怪的考试中获得高分。

（《园丁与木匠》，第 248 页）

这一段文字看起来更像是写给我们中国的父母亲的。因为，我们的许多幼儿园的确已经成为小学的"预备班"，成为"雕琢孩子成功"第一站。幼儿园的英文 kindergarten 来自德语。kinder 是德语"儿童"的意思，同 children；而 garten 在德语中是"花园"的意思，同英文中的 garden。可见，幼儿园的本质就应该是儿童成长的花园，而幼儿园的老师就应该是"园丁"。作者分析说，本来应该是花园的幼儿园和应该是园丁的幼儿园老师，正在受两组具有"木匠式思维"人员的双重夹击。一组是父母，"他们想把自己3 岁的孩子塑造成考进哈佛大学或耶鲁大学的名校生"；一组是官员们，他们希望"用考试的高分来衡量教育的成果"。这两支队伍都迫不及待地想用标准化的考试来评价幼儿园，用"木匠式思维"来改造幼儿园。这样的方向，从根本上就错了。幼儿园就应该尽可能为孩子提供丰富的养料与良好的环境，让他们与美好的事物对话，自由地生长，不要有恐惧与束缚，不要有高低贵贱和考试评价。健康阳光、向善向美，才是最重要的。

（十三）老人与孩子

就像我们对孩子有一种特殊的爱和奉献感一样，我们对父母也有相同的感受。这两种关系的价值都是内在的，而非工具化的。当人逐渐衰老时，任何努力不是徒劳的。我们没有塑造父母未来的可能，也没有办法避免自己以及所有人都会走向衰老和死亡终点的事实。

（《园丁与木匠》，第 250 页）

在这本书的尾声部分，专门有一节讲述"老人与孩子"。作者看见了一个奇怪的现象，全社会对于孩子的照顾和养育相对还是比较关心，但是对于老人的关心和照料却远远落后。"我们对待老人的方式就像我们照顾孩子一样，是一场缓慢演化的无形灾难。无论你曾是个多么好的孩子，去任何一家'辅助设施机构'或'养老院'拜访你的父母都会让你感到十分心痛。我们无法为自己所爱的人提供一个有尊严的归宿，同时担心着这是否也会是我们未来的命运。"多年前，我参观过美国的养老机构，当时认为比我们的养老院设施要先进，服务与管理的理念与水平也先进许多。现在看来，其实美国人对此也是不满意的。的确，一个社会的文明程度，除了看他们如何对待儿童，也要看他们如何对待老人。因此，作者提出了若干建议，主张要更多地思考照顾孩子和老人的价值，为照顾老人提供带薪休假等。老人的今天就是我们的明天，帮助老人有尊严地活着并且幸福地离开这个世界，是幸福中国和美好生活的题中应有之义。

（十四）玩耍的本质是探索

童年的进化意义为变异和创新的蓬勃发展提供保护。玩耍就是最突出的体现。玩耍本身恰恰是一种没有明显目标或结果的活动，但它却让我们探索各种不同的方案，各种运动、行为、逻辑和想象的可能。玩耍的本质是探索，而不是运用。因而它能成为童年的特征，这并不是巧合。

（《园丁与木匠》，第 251 页）

　　玩耍不仅是孩子的天性，其实也是人类的天性。有研究显示，在童年时期玩得比较充分的孩子，思维法则、社交能力和各项指标都会得到均衡发展。玩耍是儿童探索世界的方式，在儿童自由玩耍的过程中，他们可以通过奔跑活动发展身体的能力，通过解决问题发展思维与想象力，通过合作与竞争发展社交与领导力，在游戏玩耍的过程之中，学会了角色换位、建立自尊心、发展毅力、形成专注力等。而最重要的是，在玩耍的过程中，孩子们不是根据成年人的要求去重复，去寻求标准答案，而是努力探索"各种不同的方案，各种运动、行为、逻辑和想象的可能"。高普尼克认为，人类不仅有一个特别漫长的童年，而且在成年以后，仍然会保留许多像儿童一样的身体和心理特征，喜欢玩耍就是其中一个重要方面，这就是书中所说的"幼态持续（Neoteny）"。对于成年人来说，保持着孩子那样的天真、开放性、好奇心，特别是"探索和玩耍的能力"，对于成年人的身心健康和社会的丰富多元具有重要的意义，对于保持成年人的创造力也是不可或缺的。因此，让孩子有足够的时间和空间玩耍，是儿童教育的基本要求。

（十五）为孩子提供玩耍的空间和资源

　　我们为孩子提供各种玩耍的空间和资源，并不指望玩耍能马上给我们带来回报。对科学家、艺术家还有其他所有探索人类可能的人来说，我们都应该抱有类似的态度。

（《园丁与木匠》，第 252 页）

　　孩子的玩耍是在探索世界。玩耍虽然没有直接的回报，但是玩耍本身的意义和价值远远会超出我们的预期。作者指出，从长远来看，"玩耍确实对成人和孩子都有着很强的实用性，特别是在科学发现方面"。其实，许多伟大的发现都源于人们的"无心插柳"，让科学家和艺术家像孩子们一样"玩耍"，也许会产生我们想象不到的成果。如谷歌和皮克斯等需要创造力的公司，会特意为员工准备各种玩耍的时间和空间，"谷歌公司规定员工每周都要在他们认为有趣的想法上分配时间，而皮克斯公司的大楼里则有许多秘密通道和游戏屋"。心理学家做过一个很有意思的试验：把老鼠分别放入两个笼子，一个笼子里有充足的食物，另外一个笼子里有小球、斜坡和翻滚装置等很多玩具。经过一段时间后发现，有玩具的老鼠在脑容量、神经的连接数、前额叶皮层的面积等方面，都远远超过没有玩具的老鼠。孩子与老鼠虽然不可同日而语，但是儿童的脑科学研究却也得出了相同的结论。所以，玩耍就是儿童的工作，就是他们成长的路径。在双减政策下如何给孩子更多的时间和空间、更多的设施和资源去玩耍，仍然是值得关注的问题。

（十六）每个孩子都是前所未有、独一无二的

为人父母能让一个全新的生命走入这个世界。每个新生儿都是前所未有、独一无二的，都是由各种基因、经验、文化和运气组合而来的复杂产物。在呵护和照料下，每个孩子都将成为独一无二的人，创造属于他自己独一无二的生活，充满了快乐与悲伤、成功与失望、骄傲与遗憾。如果说他们的生命非常值得度过，那他一定是所有这一切的结合。我们对孩子那特殊的、无条件的爱，也意味着我们要对孩子的独一无二表示尊重和支持。

（《园丁与木匠》，第 254 页）

我很喜欢作者在本书的后记中撰写的这段文字。因为，它讲述了一个儿童最根本性的特征：独一无二。世界上没有两片截然相同的树叶，更没有两个截然相同的儿童。孩子们借助父母来到这个世界，一开始就是前所未有的、独一无二的。他们的第一声啼哭，就是一篇庄严的独立宣言。他们本身就是"各种基因、经验、文化和运气组合而来的复杂产物"。他们的使命是用自己的方式完成自己的生命旅程，创造属于他们自己独一无二的生活，成为一个独一无二的自己。这个过程是艰辛、曲折和漫长的，甚至是"快乐与悲伤、成功与失望、骄傲与遗憾"不断交织的。作为父母和老师，我们不是用一个标准衡量所有的孩子，不是用别人家的孩子来比较自己的孩子，而是要有足够的耐心，努力帮助孩子们去寻找自己，发现自己，成为自己。真正的爱孩子，应该是智慧的爱，这种无条件的智慧爱，首先就意味着对于孩子这种独一无二性有足够的尊重和支持。

（十七）如果孩子没有机会失败，作为父母就不成功

为人父母的成功在于抚育孩子成人后，他们能够自己做出决定，哪怕是灾难性的决定。这是作为父母最悲伤的一部分，但也是道德深度所在。好的父母会让孩子在一个安全、稳定的童年期不断尝试和探索全新的生活和存在方式，让他们勇于冒险。风险只有在事情变坏以后才能真正地被称为"风险"。如果孩子没有机会失败，那我们作为父母就不成功。同样，好的父母也会支持孩子以自己未曾预料到的方式去获取成功。

（《园丁与木匠》，第 255 页）

在《园丁与木匠》中，高普尼克为自己的后记取了一个标题《为人父母是在一系列矛盾中寻找平衡的艺术》。其中，在失败与成功之间寻找平衡就是关键的一种。孩子最终是要走自己的路的，他是自己人生方向的决定者。所以，学会放手是父母必须努力践行的教育原则。没有父母和老师的放手，就没有孩子们的自主探索，就没有他们日后的冒险与创新。高普尼克把孩子们能够自己做出决定（哪怕是错误的、灾难性的决定）作为为人父母成功的标志，在这一点上，是有其道理和合理性的。也就是说，在儿童期，就要鼓励孩子独立地做出判断，做出决定，让他们独立地探索和尝试"全新的生活和存在方式"，只有如此，他们才能在成年之后独立地选择自己的人生道路，并且为自己的选择负责任。当然，这种放手，又不是完全的"放任"。前提就是要为孩子们提供一个"完全、稳定"的可控环境，不至于有特别严重的后果。这就是所谓的"平衡的艺术"。特别耐人寻味的是，作者认为，如果孩子连失败的机会都没有，那就表明作为父母就不成功。为什么这样说呢？这是因为儿童的探索不可能百分之百是成功的，只要放手，就有可能"失败"。如果连失败的机会都没有，说明父母完全包办了孩子的生活，限制了孩子活动的时间与空间。所以，允许失败，包容失败，让孩子有失败的经历和体验，本身也是非常重要的教育。

（十八）父母和孩子的故事里不只有悲伤，更有希望

父母和孩子的故事里不只有悲伤，更有希望。父母给了我们过去，我

们也会留给孩子属于他们自己的未来。

（《园丁与木匠》，第 256 页）

这是《园丁与木匠》的最后一段文字。在这段文字之前，作者讲述了俄耳甫斯（Orpheus）的感人故事。俄耳甫斯是古希腊神话传说中的著名诗人与歌手，他的父亲是光明之神阿波罗，母亲是司管文艺的缪斯女神卡利俄珀。俄耳甫斯有一位情投意合、如花似玉的妻子欧律狄刻，欧律狄刻在郊野的一次游玩中被毒蛇咬中后不幸去世。俄耳甫斯听闻噩耗后痛不欲生，舍身进入地府寻找妻子，但最后功亏一篑。从此以后，俄耳甫斯对一切都失去了兴趣，孤身一人隐居在色雷斯的岩穴之中。"作为父母，我们也会经历一种对未来的俄耳甫斯效应。作为孩子的父母甚至祖父母，我们都会看着他们无可挽回地走向我们永远无法到达的未来。"也就是说，除很少一部分的"白发人送黑发人"的个案之外，我们绝大多数父母是无法与孩子共同走完人生之路的，我们只是陪伴他们一段旅程。但是，在我们共同走过的路程中，已经给彼此打上了各自的烙印，我们的一部分将会继续陪伴孩子们走向未来。所以，我们与孩子们的故事"不只有悲伤，更有希望"。我们应该像园丁那样，为孩子的成长提供温暖、有爱、安全的环境，让他们自由地生长，长成自己最美丽的模样。

各位亲爱的朋友，通过连续 76 天的共同阅读，我们终于共同读完了这本很有意思的家庭教育著作。共读，是一种分享与交流，许多朋友每天阅读、评点，丰富了我们对于这本书的理解，也丰富了我们关于家庭教育的理念与知识。感谢大家的一路相伴！从明天开始，我会与大家一起共读另外一本重要的著作，奥地利著名心理学家阿德勒的《儿童的人格教育》。

第三辑

人格与教育

——朱永新对话阿德勒

一、儿童都有一种天生的自卑感

（一）成年人必须关注并引导儿童成长

从心理学的角度来看，教育问题对成人来说，可以归结为一种自我认识和自我指导。这对儿童也一样。不过，两者之间存在一定的差异：由于儿童尚未成年，给予他们指导就异常重要。其实成年人有时也需要指导。如果我们愿意，我们完全可以放任儿童按照自己的意愿成长；而且，如果他们有2万年的时间，且在恰当的环境下发展的话，他们也许最终可以适应现代文明的成年人的行为规范。然而，这显然是不可能的，因为人生有限。因此，成年人必须关注并引导儿童的成长。[①]

（《儿童的人格教育》，第1页）

从今天开始，我和大家一起共读奥地利著名心理学家阿德勒的《儿童的人格教育》。阿尔弗雷德·阿德勒出生于奥地利维也纳郊区的小镇，父亲是一名犹太商人，家境虽然富裕，但是阿德勒的童年却并不顺利，先后得了佝偻病和肺炎，还两次遭遇车祸。上学以后，在学校里的成绩也不太好，尤其是数学成绩，同学看不起他，老师建议他的父亲让他早点去当鞋匠。加上他的哥哥是个典型的模范学生，这对他的刺激很大，于是阿德勒发奋学习，不仅成为班上的优等生，而且考入维也纳医学院，获得了博士学位。毕业后阿德勒在维也纳开设了自己的眼科诊所。童年的经历，加上他与患者的接触，促使他逐步形成了自卑与超越的理论，认为身体的缺陷会引起人的自卑感和补偿心理。后转向精神病学，追随弗洛伊德探讨神经症问题，

---

① 阿尔弗雷德·阿德勒:《儿童的人格教育》，彭正梅、彭莉莉译，上海人民出版社，2006。第三辑中引用的句、段皆出自此书。

成为当时精神分析学派的核心成员之一。但最后因为与弗洛伊德的学术分歧而分道扬镳，创立了个体心理学。阿德勒的个体心理学认为，人的行为是由人追求社会认可而发动和促进的，人天生就是一种社会存在物。每个人的人格都是一个统一体，是由各种动机、特质、兴趣、价值所构成的统一整体。这些观点都彻底颠覆了弗洛伊德精神分析学说。阿德勒出版的主要著作有《自卑与超越》《人性的研究》《个体心理学的理论与实践》《自卑与生活》等，他特别关注儿童教育问题，《儿童的人格教育》就是他的一部教育代表作。

上文引用的文字是《儿童的人格教育》引言部分开宗明义的第一段文字。这段文字的中心思想是说，成年人必须关注并且引导儿童的成长。为什么成年人必须关注和引导儿童的成长呢？阿德勒认为，真正的教育应该是自我教育，也就是帮助人们实现自我认识和自我指导。但是，这样的境界是不容易实现的，是要经过无数次的尝试和不断探索才能做到的。人类数万年漫长的发展历程，其实就是这样的一个不断进化的过程。因为人生有限，作为个体的儿童，是没有时间等待，没有时间自然而然地按照自己的意愿成长，实现自我认识和自我指导的。这就需要成年人的帮助。在儿童成长的过程中，成年人是不应该缺位的。不仅仅如此，成年人自己也是需要教育和指导的，教育者自己首先需要接受教育。

（二）最大的困难莫过于对儿童的无知

但是，这里最大的困难莫过于对儿童的无知。如果说成年人要认识自己及其产生情感和爱憎的原因，即认识自己，本身就已经相当困难，那么，了解儿童，并在掌握丰富知识的基础上去指导和引导他们就更是加倍的困难了。

（《儿童的人格教育》，第 1 页）

法国作家雨果曾经说过，世界上最宽广的是海洋，比海洋更宽广的是人的心灵。[①] 我们同样也可以说，世界上最复杂的是人的大脑，世界上最困难的事情就是认识大脑、理解儿童。阿德勒也坦率承认，人类认识自己是

---

① 雨果:《悲惨世界》，李丹、方于译，人民文学出版社，2015。

一件非常困难的事情，认识儿童则更加困难。要承认我们对于儿童的无知，只有怀着这样的谦卑的态度，我们才能谦卑而非傲慢地对待孩子，才能躬下身子去研究孩子，发现孩子。没有对儿童的认识与了解，我们永远不可能走进他们的心灵，自然也永远无法开启真正的教育。所以，教育孩子，首先应该了解孩子。

（三）儿童自出生起，就不断地追求发展

关于人的发展的一个根本事实就是，人的心理总是充满着有活力的、有目的的追求。儿童自出生起，就不断地追求发展，追求伟大、完善和优越的希望图景，这种图景是无意识形成的，但却无时不在。这种追求，这种有目的的活动自然反映了人具有独特的思考和想象能力；这种有目的的追求主宰了我们一生的具体行为，甚至决定了我们的思想，因为我们的思想绝不是客观的，而是和我们所形成的生活目标和生活方式一致的。

（《儿童的人格教育》，第 2 页）

这是阿德勒的"性善论"。在他看来，人生而就有一种向上向善的力量，就有着"追求伟大、完善和优越的希望图景"，正是这样的追求，贯穿并且影响了我们的整个人生。至于人为什么从出生就开始拥有这种"充满着有活力的、有目的的追求"，以及这种"追求"究竟从何而来，又如何对我们的人生活动产生影响，在这段文字中语焉未详。在他后来的文字中可以看出，他否定了弗洛伊德的"性欲"（也称"爱欲"或者"力比多"），用"自卑"替代了弗洛伊德的"性欲"，对儿童原初的生存状态和心理状态进行了分析与描述，认为这种追求发展、追求伟大、完善和优越的行为，就是对自卑的超越。尽管阿德勒的论证有些勉强，但是他重视儿童早期的心理冲突与内在矛盾，重视人成长的内在力量，重视人的生活目标与生活方式，是有其合理性的。他没有给出为什么儿童自出生起就不断地追求发展的完美答案，但是启发人们认真思考这个问题，本身是有重要的价值的。

（四）每个人都是他自己人格的画作者

整体人格内在于每个人的存在之中。每一个个体代表了人格的整体性

和统一性；同时每一个个体又为其整体人格所塑造。每一个个体既是一幅画作，又是画作的作者。个体是他自己人格的画作者。不过，他既不是完美的画作者，也不会对自己的灵魂和肉体具有完备的认识。他只是一个极易犯错误和不完善的存在。

（《儿童的人格教育》，第 2 页）

按照阿德勒看来，如果把每个人视为一幅画作，那么这个人既是一幅原作，又是这幅作品的作者。正如我们新教育的生命叙事理论所说：每个人的生命都是一个不断书写中的故事，而每个人又是自己生命故事的作者。有的人能够把自己的故事写成一部传奇，有的人则写成了一个平庸或者荒唐的故事。所有故事的书写过程之中，固然有各种各样的难以预料的因素，但终归取决于书写者本人。每个人都是独特的人，都具有唯一性，他的人格具有整体性和统一性。这种整体性和统一性造就了一个人的整体人格，也塑造了每一个特别的个体，决定了这个人如何创造自己的作品，书写自己的故事。当然，这个世界上没有完人，正如没有绝对完美的画作。每个人都是一个"极易犯错误和不完善的存在"，成年人尚且如此，儿童更无例外。所以，我们在教育孩子的时候，要知道只有他自己才是自己的塑造者，要知道没有完美的孩子，要帮助他更好地认识自己，发现自己，控制自己，完善自己。

（五）同样的环境为什么塑造出不同的人

在考察人格的建构时，需要加以注意的是，人格的整体及其独特的生活目标和生活风格并不是建立在客观现实的基础上，而是建立在个体对生活事实的主观看法的基础上。个体对客观事实的观念和看法绝不是事实本身。因此，人类虽然生活在同样的事实世界之中，但却各自以不同的方式来塑造自己。

（《儿童的人格教育》，第 3 页）

阿德勒在这段文字中回答了一个非常重要的问题：同样的环境为什么塑造出不同的人？过去，我们在讲人的发展的时候，总是谈到三个基本要素：遗传、环境、教育。遗传是人发展的生物基础，环境是人发展的客观条件，教育则是人发展的重要动力。其实，还忽略了一个重要因素，即人的主观认知及其行为。阿德勒认为，有些人虽然生活在同样的环境（事实世界）之中，但是他们对事实世界的感知和认识是不一样的，绝不是事实本身。所以，与其说是客观的事实世界塑造了我们，不如说是我们自己对事实世界的认识塑造了我们。其实，人的成长与发展是一个受多变量影响的过程，遗传、环境、教育、主观努力等，每一个因素都会对人产生影响，在人生的不同阶段，这些因素的影响作用也不相同。不能够把任何一个因素绝对化，具体问题具体分析才是合理的解释。但是，阿德勒对于"个体对客观事实的观念和看法绝不是事实本身"的重视也是有一定道理的，他提醒我们，人不是环境的消极产物。我们每个人都是根据自己对环境和事物的看法来塑造自己，因此，教会孩子学会全面地深入地看世界、看自己，就显得格外重要。

（六）童年时期的心理障碍和问题会影响人生轨迹

我们要永远考虑到，个体在成长过程中会出现心理问题障碍，特别是要考虑到他童年早期时的心理障碍和问题，因为这些问题和障碍会影响他后来的人生轨迹。

（《儿童的人格教育》，第 3 页）

阿德勒有一句名言：幸运的人用童年治愈一生，不幸的人用一生治愈童年。精神分析学家对儿童早期生活经历和心理创伤的重视，有许多著名的案例研究和著作。在一个成年人遇到各种困境和心理危机的时候，精神分析学家总是要溯源到他们的童年，努力在童年的经验中找到问题的根源所在，因为他们相信，所有的儿童早期遇到的问题以及产生的心理障碍和问题，都会影响到他们的人生轨迹。阿德勒在书中讲述了一个 52 岁的女人的故事，这个人总是没完没了地贬损比她年长的女性。后来发现，原因是她童年的时候，她的一个姐姐得到了所有人的关注与宠爱，让她产生了一种"屈辱感和无价值感"。其实，在一定程度上，阿德勒本人在童年也有类似的经验，他的哥哥就是一个集万千宠爱于一身的优等生，而他自己就是经常受冷落的人。对童年经验的关注，不仅仅是精神分析学家的工作，也应该被我们父母和老师所重视。一方面，我们要尽可能给孩子一个幸福的童年，给他们一个色彩斑斓、内容丰富、温暖如春的童年，尽可能多地陪伴他们成长，给他们足够的安全感；另一方面，当我们面对孩子成长过程中的各种问题时，需要思考他们童年的经历，尽可能去寻找问题的源头，才能有针对性地做好教育工作。

（七）儿童都有一种天生的自卑感

个体的追求或有目的的活动是以另一个重要的心理学事实为前提的，即人的自卑感。所有的儿童都有一种天生的自卑感，它会激发儿童的想象力，激励他尝试通过改善自己的处境来消除自己的心理自卑感。个人处境的改善会缓和自卑感。心理学把这种现象称之为心理补偿。

（《儿童的人格教育》，第 4 页）

如果用最少的词语来概括阿德勒的思想精髓，可能莫过于他自己的一部著作的名字《自卑与超越》了。个人的追求与超越，与个人的自卑感是硬币的两面，因为自卑，所以要超越。阿德勒认为，自卑是一种普遍的人类心理，每个人都或多或少有自卑感，甚至整个人类的文化都是以自卑感为基础的。适度的自卑感会激发人的想象力，激励人们通过不断的努力以改善自己的处境，赢得别人的敬佩与尊重，消除自己内心深处的紧张与压力。这个过程，阿德勒称之为"心理补偿"。阿德勒用儿童这种天生的"自卑感"取代了弗洛伊德的"性"，作为人的行为的动力源，看似更为合理，但本质是一致的，都是想寻找人的行为的真正原因。

（八）问题儿童三种基本的处境

我们这里把那些明显表现出补偿性的性格特征的儿童分为三类：生来就衰弱或有器官缺陷的儿童；从小受到严厉管教、没有受到父母慈爱的儿童；从小被宠坏的儿童。这三种类型代表了问题儿童三种基本的处境；凭借对这三种儿童的考察，我们可以更好地研究和了解正常儿童的发展。

（《儿童的人格教育》，第 4 页）

在阿德勒看来，最容易出现自卑感与补偿型性格特征的儿童主要有三种情况，一种是具有出生缺陷的残障儿童，一种是从小受到严厉管教、没有得到父母慈爱的儿童，一种是从小就被父母溺爱宠坏的儿童。在这三类残疾、溺爱和童年无爱的儿童中，一部分人把自卑感转化为追求优越感的动力，"刺激儿童形成超越其自己潜力的雄心"，因此成为出类拔萃的杰出人才。但是，也容易成为问题儿童，因为一部分人会把自卑感转化为过于膨胀的野心，"这种野心又与个体的性格和癖性纠缠在一起，不断刺激儿童，使他们过于敏感，并总是容易对伤害或蔑视动怒，并最终走向过度的自卑"。结果，他们要么成为攻击性很强的反社会人格，要么形成回避现实、沉溺与幻想之中的白日梦人格。

（九）社会情感是儿童正常发展的晴雨表

心理学家和为人父母者需要注意的是，所有类型的儿童在成长中所表现出来的社会情感的发展程度。社会情感在儿童心理的正常发展中起着决定性和指导性作用。社会情感的任何障碍都会严重危害儿童的心理发展。社会情感是儿童正常发展的晴雨表。

（《儿童的人格教育》，第 5 页）

人是一种社会性动物。人的社会性是人的本质特征之一。阿德勒的个体心理学，其实从另外一个角度也可以视为社会教育学，也就是说，他坚定地认为，"个体心理学就是围绕社会情感的根本原则来发展相应的教育方法"，与别人和谐相处，得到别人的理解和尊重，拥有受人欢迎的"人缘儿"，是社会情感成熟的标志，而这种社会情感在儿童成长过程中具有"决定性和指导性作用"。所以，社会情感不仅是儿童正常发展的晴雨表，也是我们理解阿德勒个体心理学的一把钥匙。也正是在这个意义上，阿德勒主张教师和父母不能够让孩子"只和一个人建立紧密联系"，认为这样是无法适应今后的社会生活的。

（十）了解儿童社会情感发展程度的好方法

了解儿童的社会情感发展程度的一个好方法，就是仔细观察他入学时的表现。刚进校门，儿童都将经历人生最早和最困难的考验。学校对儿童来说，是一个新的环境。在这里，儿童将表现出他们对新的环境是否准备充分，特别是对如何与人相处是否准备充分。

（《儿童的人格教育》，第6页）

如前所述，阿德勒把社会情感的水平思维当作儿童发展的晴雨表。那么，如何确定孩子们的社会情感发展是否正常呢？他提出，需要特别关注儿童入学（入园）时的表现。也就是说，儿童入学（入园）时的表现，是判断孩子社会情感发展的重要标准。为什么这样说呢？因为儿童离开家庭这个熟悉的环境，离开父母和爷爷奶奶、姥姥姥爷这些精心呵护他们成长的亲人，总会有一些不适应，严重的就会产生"分离焦虑"。一般情况下，如果孩子平时很少与陌生环境和陌生人打交道，适应性就会更差一些。同时，如果孩子在家里一切都是被安排好，习惯于成人帮助他们打点一切，生活自立自理能力比较差的话，到了一个需要自己动手处理问题的环境，也会感到明显的不适应。作为父母和老师（幼儿园和小学），需要非常重视观察儿童入学（入园）的表现，对于父母来说，要让孩子尽可能做好相关的心理准备与能力准备。对于老师来说，要创造温馨如家的环境，帮助孩子们过好入学（入园）的第一关。为此，有不少新教育实验学校专门研发了入学课程，如带着孩子熟悉幼儿园和学校的环境，利用缓解入学（入园）焦虑的图画书进行引导等，取得了很好的效果。

（十一）理想的学校可以成为家庭和现实世界之间的中介

人们普遍缺乏帮助孩子做好入学准备的知识，因而，很多成年人在回想他们的学校生活时，总觉得那简直是一场噩梦。如果教育得法，学校自然也能弥补儿童早期教育的欠缺和缺失。理想的学校可以成为家庭和现实世界之间的中介；学校不仅仅是一个传授书本知识的地方，它还应该是传授生活知识和生活艺术的场所。不过，在等待理想学校出现以弥补家庭教育缺陷的同时，我们也应该关注父母家庭教育的弊端。

（《儿童的人格教育》，第6页）

帮助孩子做好入学（入园）的准备，是非常重要的。但是，许多家庭往往做错了，帮了倒忙。如一些父母和爷爷奶奶、姥姥姥爷经常用吓唬性的语言告诉孩子：幼儿园和学校是一个恐怖的地方。他们经常说的一句口头禅就是：你们现在不听话，学校老师会"收你们的骨头"！这样，往往加剧了孩子对入学与入园的焦虑和恐惧。很多家庭不注意养成孩子的独立性、良好生活习惯与自理能力，导致孩子到了学校无法顺利、快捷处理自己的吃饭、排便、穿衣等日常生活问题，无法及时完成老师的任务要求，与其他孩子相比经常手足无措，造成很大的心理压力。在这样的时候，学校应该有更大的耐心，尤其是对于那些"慢半拍"的孩子，要多鼓励多关爱，少批评少惩罚，要鼓励孩子之间互相帮助，这样，学校（幼儿园）就能够有效弥补儿童早期教育的欠缺和缺失，弥补家庭教育的缺陷。所以，阿德勒认为，理想的学校应该也可以成为"家庭和现实世界之间的中介"。他还特别提醒，学校（幼儿园）不仅仅是一个传授知识的地方，还应该是一个传授生活知识和生活技能的场所。其实，在入学（入园）初期，更应该是一个传授生活知识、自理能力、团队合作、社会交往的场所。

（十二）学校是家庭教育问题的"显示器"

对于家庭教育的弊端，学校只能起着显示器的作用，这恰恰是因为学校还不是一个十全十美的环境。如果父母没有教育好自己的孩子如何与他人相处，那么，孩子在入学的时候就会感到孤立无缘。他们会因此被视为古怪、孤僻的孩子。这反过来又会强化孩子初始的孤僻倾向。他们的成长由此受到伤害，并发展成为问题儿童。人们常把这种情况的出现归咎于学校，殊不知学校只不过引发了家庭教育的潜在问题而已。

（《儿童的人格教育》，第 6 页）

我们不敢说，孩子所有的问题都是家庭的问题，成人所有的问题都可以从儿童早期寻找原因，但是可以肯定地说，家庭是造成孩子各种问题的重要源头，童年是造成成年人各种问题的重要源头。孩子的许多问题，在家庭往往没有被引起关注，因为有父母的呵护关爱，这些问题也没有造成特别的不良后果。但是，当孩子离开父母，离开家庭，来到一个陌生的场所，来到一个没有时刻呵护关爱他的人，许多问题就暴露彰显出来了。所以，问题的根源在家庭，学校只是一个"显示器"，把家庭教育的弊端不断显露出来。所以，一方面要特别提醒父母注重孩子社会情感的培养，让他们学会心理换位，学会克服自我中心，学会与小伙伴友好相处；另一方面，学校要及时发现那些感觉孤立无援的孩子，帮助他们及时融入集体。父母不要轻易把孩子的问题怪罪到学校，而要善于从自己身上寻找原因，从家庭教育开始，从陪伴孩子成长开始，父母的改变才会带来孩子的改变，父母的成长才会带来孩子的成长。

（十三）儿童进入学校时遭遇失败将是一个危险的信号

如果儿童进入学校时遭遇失败，那将是一个危险的信号。这与其说是学习的失败，还不如说是心理上的失败。我们可以看到，这些儿童开始对自己丧失信心。他们的情绪开始扩展，回避有意义的行动和任务，总是尽可能地逃避，寻求自由自在之道和便捷的成功。他们不走社会所确定和认可的大道，而是选择能获取某种优越来补偿其自卑感的私人小道。对于这些丧失信心的儿童来说，选择最为迅捷的成功之道，最具吸引力。

（《儿童的人格教育》，第 6—7 页）

多年前，我曾经有机会与美国著名的教师雷夫同台讲演，交流讨论。他曾经深有体会地说："第 56 号教室之所以特别，不是因为它拥有了什么，而是因为它缺乏了一样东西——恐惧。"的确，当一个孩子对学校充满恐惧的时候，教育还没有开始，就已经失败了。儿童的失败，更多的不是学习上的失败，而是心理上的失败、情绪上的失败。所以，帮助孩子克服入学（入园）的恐惧感，帮助他们消除和减少初入学校时的挫折感和失败感，是非常重要的。按照阿德勒的观点，如果孩子们进入学校之初就遭遇失败，他们就会对自己失去信心，就会对学校产生恐惧。然后，他们就要通过各种各样可能的路径，或者逃避，或者为了吸引注意力和补偿自卑感做出违反规定的行为。在许多情况下，儿童的反社会行为不是他们的道德品质出了问题，而是他们希望通过那些行为解决自己的心灵危机，实现自己的内心平衡。为此，我特别推荐新教育实验学校浙江杭州萧山区银河实验学校的入学课程。在他们学校，开学第一周是没有传统意义上的课程的，"开学第一周，我们'不上课'"，是他们引以为傲的做法，他们用一周的时间，举行大量生动有趣、内容丰富的活动，帮助孩子适应学校。磨刀不误砍柴工，帮助孩子顺利度过入学（入园）的最初时期，是非常关键的。

（十四）表面的勇敢经常是为了掩盖内在的怯懦

在他们（朱永新注：问题儿童）看来，甩开社会的和道德的责任会给他们一种毫不费力的征服感，这比起走社会所确定的大道要容易得多。选择捷径显示了他们内在的怯懦和虚弱，尽管他们外在行为却表现出相当勇敢无畏。这种人只肯做十拿九稳的事情，借以炫耀自己的优越。

（《儿童的人格教育》，第 8 页）

人的心理与行为之间经常会表现出极大的矛盾与冲突，越是贫穷的人往往会表现出更加大方，越是恐惧的人往往会表现得更加勇敢。对于儿童来说，也有类似的情况。如对于自卑感特别强的人来说，当他们发现通过正常的途径（如发奋学习取得优异成绩等）无法取得成功，无法受到别人的关注、重视和尊敬的时候，他们就会采取更为便捷、快速的非正常途径，甚至是通过反社会、反道德的行为来达到目的，这样的行为"比起走社会所确定的大道要容易得多"，但却是违反底线要求的。所以，父母和老师在孩子身上发现类似问题时，要注意观察和研究行为背后的真实动机，帮助这些"问题儿童"及时走出危机。阿德勒发现，这类儿童往往属于那些"被娇宠过甚的一类"，需要帮助他们重建人格，摆脱焦虑、依赖等。

（十五）僵硬专横的教育往往会培养出冷酷仇恨的心灵

僵硬的、专横的教育是毫无意义的，因为这只会使孩子疏远他们的教育者。

（《儿童的人格教育》，第 9 页）

僵硬专横的教育往往会培养出冷酷仇恨的心灵。阿德勒在大量的临床研究中发现，那些从来没有受过慈爱的孩子，那些父母亲采用僵硬、专横的方法教育出来的孩子，往往会培养出具有冷酷的性格、满怀嫉妒和仇恨心理的人，"从那些罪大恶极的生平中可以发现这类儿童的性格特征"。而且，这些在童年时代遭受恶劣对待的孩子，在长大成人有了自己的孩子以后，"他们就会认定孩子不应该比他们自己的童年过得更幸福"。他们这样做也许不是刻意为之，而是下意识的行为，但是他们无疑会相信鞭子和拳头的力量，用阿德勒的话来说，就是相信"收起鞭子，害了孩子"的格言。我一直认为，体罚和棍棒教育是违反教育规律的，其对儿童造成的心灵创伤更是难以弥合的。所以，父母在教育孩子的时候，要尽可能避免两极分化——要么僵硬专横，要么宠爱娇惯，而应该智慧地爱他们。

（十六）把握一个人的整体人格

　　个体心理学既是一门科学，也是一门艺术。在探讨个体心理时，我们不能把理论框架和概念系统僵硬和机械地加以运用，这一点怎么强调也不过分。个体才是所有研究的重点；我们不可能从一个人的一两个表现中就得出影响深远的结论，而是要考虑到所有可能支持我们结论的方面。只有当我们成功地证实我们最初的假设，只有当我们能够在一个人的行为的其他方面也能发现同样的气馁和顽固时，我们才可以有把握地说，这个人的整体人格具有气馁和顽固的特征。

（《儿童的人格教育》，第 10 页）

　　这段文字讲个体心理学的研究方法及其基本原则。我们知道，阿德勒的个体心理学理论有两个基本观点：第一，人是一种社会存在物，人的个体行为是由社会力量决定的；第二，个体人格是统一的整体，不可分割。每个人的人格都是由各种动机、特质、兴趣、价值所构成的统一整体。所以，判断一个人，就不能够简单地从他的一两个表现得出结论，也不能够只听这个人的自我陈述，因为"一个人的有意识的思想和无意识的动机之间存在着巨大的距离"，听其言更要观其行，要"在客观事实的基础上来解释个体的人格"。同时，在观其行时，更要全面地系统地考察，不能够只看某些方面，而是要"考虑到所有可能支持我们结论的方面"，看到影响其行为背后的社会关系与影响因素。他认为，这样的考察方法，并不是对人不放心，担心这个人说谎，而是因为我们的观察、研究对象的人格不是通过他对自己的看法和想法表现出来，而是通过他在环境中的行动表现出来的。他希望，父母和教师要像心理学家那样，成为一个既具有同情心又能够保持客观的"旁观者"，真正走进孩子的心灵世界，去把握他们的整体人格。

（十七）从对三个基本问题的态度考察人

人们对个体生活和社会生活的三个基本问题的态度，要比对其他任何别的问题的态度更能表现其真正的自我。

（《儿童的人格教育》，第 10 页）

在阿德勒看来，人与人的关系（社会关系问题）、人与世界的关系（职业问题）和人与异性的关系（两性问题），是每个人面临的三个基本关系，从一个人如何处理这三个关系，可以看出一个人的人格特征和"真正的自我"。人与人的关系主要考察一个人是否有朋友，是否拥有丰富的社会关系，以及如何看待友谊、信任、忠诚等问题。人与世界的关系，主要看他如何对待自己的学业与职业，这主要涉及"个体如何投入和运用自己的人生，也就是说，他想在普遍的社会分工之中发挥什么样的作用"。阿德勒认为，一个人的职业成就不完全取决于个人意愿，而是源于人与客观现实的关系，所以，"个体对职业活动问题的回答及其回答的方式高度地反映了他的人格及其对生活的态度"。人与异性的关系，主要看一个人如何处理爱情与婚姻问题。根据一个人对于这三个问题的回答和处理方式，就可以发现一个人的生活风格和人生目标。"如果一个人的目标是合作进取的，指向生活的建设性的一面，那么，我们就会在这个人的所有问题的解决方案中发现这一印记，发现他所有问题解决方法中建设性的一面。"一个人也会因此感受到幸福和快乐，并且感受到价值和力量。反之亦然。所以，了解和考察一个人，不妨重点关注这三个方面的问题，而培养孩子，也应该在这三个方面着力。

（十八）对社会有益的事就是正确的

个体心理学有充足的理由认为，对社会有益的事，就是"正确的"。对社会规范的任何偏离都可视为对"正确之事"的偏离，并将和客观的法律和现实的客观必要性发生冲突。这种与客观现实的冲突将会使行为人产生明显的无价值感；这种冲突也将会引起受害者同样或更为强烈的报复；最后，我们不要忘记，对社会规范的偏离还违反了人们内在的社会理想，而我们每个人都有意识或无意识地怀有这种理想。

（《儿童的人格教育》，第 12—14 页）

　　社会利益与社会情感在阿德勒的个体心理学中具有十分重要的地位。在个体的发展过程中，社会情感和社会兴趣的培养至关重要，这样不仅仅能够最大程度地增进社会利益，也能够最大程度地帮助个体发展。个体追求优越和完美也主要体现在他们能够为社会利益做出贡献。所以，对社会有益的事情，是符合公共利益的"正确之事"，也是符合个人利益的"正确之事"。如果一个人偏离社会规范，不仅仅是违反法律法规的原则，也违反个人心中的道德法则与社会理想，使人产生明显的"无价值感"。一个人得不到别人的认可和尊重，也会产生这样的"无价值感"。总之，违反社会利益与社会情感失调往往是问题儿童、精神疾病和错乱的重要原因。所以，阿德勒主张，个体心理学要把儿童对社会情感的态度"看作是其发展的检测器"，以此来评价儿童"向上努力的方式和节奏"以及"自卑感的程度和社会意识的发展强度"。

（十九）要理解儿童的行为，就必须首先了解其生活史

　　儿童的心理生活是件奇妙的事。无论我们接触到哪一点，都引人入胜、令人着迷。最为重要的也许就是这样一个事实，即如果我们想要理解儿童的某一特定行为，就必须首先了解其总体的生活史。儿童的每个活动都是他总体生活和整体人格的表达，不了解行为中隐蔽的生活背景就无从理解他所做的事。我们把这种现象称之为人格的统一性。

（《儿童的人格教育》，第 15 页）

　　今天开始我们读《儿童的人格教育》第二章《人格的统一性》。法国作家雨果曾经说过：世界上最宽广的是海洋，比海洋更宽广的是人的心灵。的确，即使是正在成长着的儿童的心灵，也是宽广而复杂的，同时又是引人入胜、令人着迷的。为什么每个孩子都不一样？甚至在同一个家庭、由同一对父母养育的同卵双生子，也会表现出惊人的差异？答案，只能从儿童的生活史中去寻找。这就是阿德勒所说的，"如果我们想要理解儿童的某一特定行为，就必须首先了解其总体的生活史"，因为，儿童的所有行为在很大程度上都是他的总体生活和整体人格的表达。"生活的要求迫使儿童整合和统一自己的反应，而他对不同情境的统一的反应方式不仅构成了儿童的性格，而且还使他所有的行动个性化，从而与其他儿童相区别。"这就是儿

童的人格的统一性。因此，要了解和教育儿童，就应该尽可能不就事论事，就具体行为分析具体行为，而应该考察事情与行为背后的东西，考察儿童的整个生活史。

（二十）惩罚儿童弊大于利

惩罚对儿童常常是弊大于利。

（《儿童的人格教育》，第 16 页）

在《儿童的人格教育》的第二章中，阿德勒批评了观察和研究儿童心理的时候经常发生的以偏概全、缺乏整体观的现象，认为这样的做法"就像从一个完整的旋律中抽出一个音符，然后试图脱离组成旋律的其他音符来理解这个音符的意义"。他用了一个案例，讲述他关于儿童人格的统一性以及为什么"惩罚对儿童常常是弊大于利"的观点。案例的主角是一个 13 岁的小男孩。5 岁前，他是家里唯一的孩子，集万千宠爱于一身，"度过了这段美好的时光"，一直到他的妹妹出生。此前，他俨然是一位国王，"他只为他妈妈而存在，他的妈妈也只为他存在"，妹妹出生后挤占了他在家庭中的位置，他想"拼命地夺回自己的王位"。上学以后，情况更加糟糕，毕竟妈妈是一对三，而老师面对的是更多的孩子，而且必须对所有孩子一视同仁，他希望得到更多关注的要求自然无法得到满足。这个时候，惩罚显然是没有意义的，因为"惩罚只能加剧孩子认为学校不是他理想之所的想法"。如果不了解孩子的问题背后的原因，只是就错误惩罚错误，是不可能取得任何效果的。

（二十一）儿童与学校的冲突根子在哪儿

儿童生活中的所有活动，都为其自身的目的所决定；因此，他的整体人格不允许偏离他的目的。另一方面，学校则期望每一个孩子都有正常的生活方式。因此，两者之间发生冲突就不可避免了；不过，学校方面则忽视了这种情境之下的儿童心理，既没有体现着管理上的宽容，也没有采取措施设法消除冲突的根源。

（《儿童的人格教育》，第 22 页）

　　儿童发展的个体性与学校教育的集体性之间有着天然的矛盾。每个儿童都是与众不同的个体，有着自己的行动逻辑。正如阿德勒所说，一个人的人格的所有表现都是互相关联，并形成一个整体，儿童的行为与他的人格也是一致的，"他的整体人格不允许偏离他的目的"。但是，学校生活有学校生活的逻辑，学校很少考虑学生自身的逻辑，学校用统一的标准要求所有的儿童，这样必然造成两者的冲突。学校就是一个小社会，任何社会都需要一定的制度和规范体系。但是，这并不意味着这些制度和规范体系就是合理的，不可动摇和改变的。恰恰相反，它们"总是处于不断发展变化的过程中，其中发展的推动力就是社会中个体的不断的斗争和抗争"。阿德勒认为，社会制度和习俗应该为个体而存在，而不是相反。虽然从总体而言，"个体的救赎存在于他的社会意识之中"，但是这并不意味着我们就可以强迫个体接受"千篇一律的社会模式"。这也就是说，学校作为社会的一个系统，也应该充分考虑学生作为个体的存在，要学会把儿童视为一个具有整体人格的个体，"一块有待琢磨和雕饰的璞玉"，要充分尊重儿童的个性，在管理上具有更大的弹性与宽容。

（二十二）自卑感与优越感

　　除了人格的统一性，人性的另一个最重要的心理事实就是人们对优越感和成功的追求。这种追求自然是与人的自卑感有着直接的联系。如果我们没有感受到自卑，或处于"下游"，我们就不会有超越当下处境的愿望。

（《儿童的人格教育》，第 24 页）

　　这段文字是《儿童的人格教育》第三章《追求优越及其对教育的意义》开头的部分。在阿德勒看来，自卑感是人们与生俱有的普遍心理，无论是身体的缺陷，兄弟姐妹之间的竞争，还是与成年人相比的身体弱小、能力不足，父母的强势或过度保护等，都会让孩子产生自卑感。这种自卑感直接促成了优越感，即超越当下处境的愿望。如果没有自卑，就没有超越；没有自卑感，就没有优越感。自卑与超越，就构成了人们心理发展的一对基本矛盾。自卑与超越，也成为阿德勒个体心理学体系中与人格的整体性并列的两个基本面，是我们学习《儿童的人格教育》的基本概念。当然，由于自卑产生的超越，也成为教育的重要契机与内容。

二、人在本性上是与追求卓越密切相关的

（一）人在本性上是与追求卓越密切相关的

　　人们可能要问，追求卓越是否和我们的生物本能一样是与生俱来的。对此，我们的回答是，这是一个不大可能成立的设想。我们确实不认为追求卓越是与生俱来的。不过，我们必须承认，追求卓越具有一定的生物基础，这种基础存在于胚胎之中，并具有一定的发展可能性。也许这样来表达更为恰当，即人在本性上是与追求卓越密切相关的。

（《儿童的人格教育》，第 24 页）

　　这段文字看上去有着内在的矛盾。一方面，阿德勒认为追求卓越不是人的本能行为，不是与生俱来的；另一方面，他又承认，人在本性上是与追求卓越有着密切的关系。这个内在的矛盾，是通过自卑感这个媒介来填平的。也就是说，作为与生俱来的自卑感，需要通过追求卓越来化解，人们之所以追求卓越、追求完美，是因为我们本身不优越、不完美。所以，追求卓越的优越感虽然不是与生俱来，但是它又与自卑感相伴而生，所以与人的本性就有着密切的关系。教育的重要任务，就是把这种追求导向正确的方向，导向对社会有益的方向。

（二）儿童的某些特征是环境力量的结果

　　我们可以表明，儿童的某些特征是环境力量的结果。儿童在某种环境中，感受到了自卑、脆弱和不安全，而这些感觉反过来又对儿童的心理产生了刺激作用。儿童便下决心摆脱这种状态，努力达到更好的水平，以获得一种平等甚至优越的感觉。孩子这种向上的愿望越强烈，他就越会调高

自己的目标，从而证明自己的力量。

（《儿童的人格教育》，第 24 页）

人是环境的产物，人们在适应环境的同时改造环境或者创造新的环境，从而也改造自己或者创造新的自己。阿德勒认为，无论是儿童和成人，都有一种"在任何环境下都追求优越的强劲冲动"，因为人们无法忍受长期的低下和屈从。所以，当人们在环境中感受到自己被蔑视、被忽略，有着强烈的不安全感和自卑感的时候，他就要努力摆脱这个状况，以求得内心的平衡。这种摆脱不安全感和自卑感的愿望越是强烈，人们对自己的期待就越高。这种追求优越的愿望，可以让人们不断进取，取得事业上的成就，证明自己的力量，但是也有可能让人产生不良的情绪与心理问题，这就是书中谈到的嫉妒心理、报复心理、好斗心理等。作为父母和老师，要努力帮助孩子适应环境，与他人建立良好的人际关系，这样，才可以引导孩子处理好自卑与超越的关系，拥有健康的心灵。

（三）雄心过度会妨碍孩子的正常发展

雄心过大的儿童只关心最终的结果，即人们承认他的成绩。没有别人的承认，他们就不会对自己感到满足。正如我们所知，在很多情况下，面对问题的出现，保持心理平衡远比认真着手解决问题更为重要。一个只关心结果、雄心过大的儿童认识不到这一点。他感到，没有别人的认可和崇拜，他就没法生活下去。这种心理依赖和过于看重别人评价的儿童，其数不在少。

（《儿童的人格教育》，第 30—31 页）

儿童在追求卓越的过程之中有不同的方向和程度。其中有一种情况就是用力过猛，雄心过度。他们一心想超越别人，总想名列前茅，成为"众人瞩目的人物"。因此，他们总是与其他人暗中较劲，看到别人取得成功或者超过自己，就会恼怒不已；听到表扬别人就会心生妒忌，得不到表扬和肯定就会紧张不安。阿德勒认为，这样的雄心过度的情况是不利于人的健康成长的，过度的雄心往往容易导致儿童缺乏与人合作协同解决问题，而孤军奋战又容易导致在困难和挑战面前失去信心和耐心，形成恶性循环。所以，要引导这种类型的儿童学会保持心理平衡，学会正确认识自己和他人，学会悦纳自己，学会不以成败论英雄，学会不过分看着别人对自己的评价。一句话，学会把追求卓越与一颗平常心结合起来。

（四）不经努力获得的成功是容易消逝的

雄心过度的孩子之所以处境艰难，是因为人们常常以外在的成功来评判他们，而不会根据其面对困难和克服困难的能力来评价他们。在当今世界，人们更为关注可见的成就，而不看重全面和彻底的教育。我们知道，那种不经努力获得的成功是容易消逝的。因此，训练孩子野心勃勃并无益处。相反，更为重要的是培养孩子的勇敢、坚韧和自信，要让他们认识到面对挫折不能气馁，不能丧失勇气，而是要把挫折当作一个新的问题去解决。

（《儿童的人格教育》，第 32—34 页）

社会心理学家海德曾经提出过归因理论（Attribution Theory），认为人们在对自己或他人的行为进行分析时，总要推论出这些行为背后的原因。原因无外乎有内因和外因，内因如情绪、态度、人格、能力等，外因如外界压力、天气、情境等。人们在解释别人的行为时，一般倾向于性格归因；在解释自己的行为时，倾向于情景归因。归因方式会直接影响到人们以后的行为方式和动机的强弱。阿德勒认为，在评价孩子的时候，人们往往只看外在的成绩和结果，而很少去看孩子们的内在努力与付出，这就容易造成人们不择手段、急功近利。其实，过程远远比结果更加重要，好的教育，就是要培养学生面对挑战不畏惧，面对困难不胆怯，面对挫折不气馁，在克服困难的过程中形成勇敢、坚韧和自信的品质。他用左撇子的案例讲述了自己的观点。我们知道，左撇子又名"左利手"，是指那些做事情更习惯用左手的人，"利"指的是自己惯用的手。在右利手占主导的社会，左撇子的儿童往往会感到不适应，家庭和学校也会下意识地给予纠正。因此，他们经常会感觉自己在某些方面不如别人，感觉"被贬损和蔑视，感到自卑或没能力与别人竞争"，有些人会自我放弃。但是，大量事实表明，这方面的困难是可以克服的，"在许多艺术家、画家和雕塑家当中，很多人是天生的左撇子。他们通过强化训练，获得了善用右手的能力"。所以，阿德勒主张，教师和父母要善于判断孩子在某个领域的努力是否有希望，能够确定孩子是否尽到了最大程度的努力，用更加"温和、关心和理解来对待这些孩子"。

（五）学校教育对个体的未来生活起着决定性的作用

可以看出，我们不仅掌握着学生的命运，而且还决定着他们的未来发展。学校教育对个体的未来生活起着决定性的作用。学校处于家庭和社会之间，它有可能矫正孩子在家庭教育中受到的不良影响，也有责任使他们为适应未来社会生活做好准备，并确保他们在社会的这个大乐队中和谐地"演奏"好自己的角色。

（《儿童的人格教育》，第 35 页）

严格来说，家庭对个体未来生活的作用绝不亚于学校。中国有一句老话：三岁看大，七岁看老。儿童最初的行为习惯、认知风格、个性特征，都是在家庭中形成的。阿德勒之所以在这里强调学校的作用，是因为学校教育是一种有计划、有系统的教育，通过专业的人员实施专门的教育，在某种程度上可以对家庭教育的不良影响进行校正。作为学生在走向社会之前的最后一站，学校教育应该恪尽职守，努力发挥好自己的巩固优点、校正缺点、发扬特点的功能，把家庭教育的负面影响降到最小，按照社会的要求塑造学生良好的技能与习惯，让学生更好地适应未来的社会生活，在社会的这个大乐队中和谐地"演奏"好自己的角色。在这里，阿德勒特别强调两点，一是要记住学校是在为社会而不是为自己教育学生，二是绝对不能够放弃任何一个有可能成为理想学生、模范学生的儿童。

（六）扬长比补短更重要

如果教师一开始就从孩子某一方面的长处出发，鼓励他们，相信他们可以在其他领域取得同样的成绩，那么，教师的任务就大为轻松了。这犹如把孩子从一个硕果累累的果园引入另一个硕果累累的果园。因此，既然所有的孩子（弱智儿童除外）都具备取得学业成功的能力，那么，学校所要做的只是克服那些人为设置的障碍。这些人为的障碍之所以产生，是因为学校把抽象的学习成绩，而不是把教育的最终目的和社会目的作为评判标准。

（《儿童的人格教育》，第 36 页）

我经常说，教育应该把最主要的精力放在扬长上，而不能够放在补短上。虽然看上去只有微小的差别，却是有着理念上的根本不同。"扬长"，是看到每个孩子的与众不同，看到每个孩子的特殊才华，帮助他把自己的才华尽可能地更好发挥，成为更好的自己。"补短"，也是看到了每个孩子的与众不同，但主要是看见了他与其他孩子的差距，用其他孩子的长处来比较他的短处，用一个标准化的模子来塑造所有的孩子。"扬长"是给孩子成长的自信，"补短"却是挫伤孩子的自信。正是在这个意义上，阿德勒主张，教师从一开始就要善于发现孩子的长处，鼓励他们进一步"扬长"发展，这样，学生就会发生正向的迁移作用，"从一个硕果累累的果园引入到另一个硕果累累的果园"，从而不断扩大成功的范围。也正因为如此，学校不应该把目光聚焦在考试分数和学业成绩上，而应该关注"教育的最终目的和社会目的"，把人的健康成长和对社会的适应性，放到更为重要的位置上。阿德勒的这个观点对于我们的父母同样是很有启发意义的，我们不要老是用"别人家的孩子"来比较自己的孩子，尤其是不能用别人家孩子的优点来比较自己家孩子的缺点。记住：扬长比补短更重要。

（七）孩子在入学之前最好拥有一些如何与人交往的知识

一个观察敏锐的称职的教师会在小孩入学的第一天就能观察到很多东西。因为很多儿童会马上暴露出受到过分溺爱的迹象，他们觉得新环境（学校）给他们带来了痛苦和不适。这种孩子没有与人打交道的经验，尤为重要的是，他们不愿或不能获得友谊。孩子在入学之前最好拥有一些如何与人交往的知识。他不能只依赖一个人，而把其他人排斥在外。孩子家庭教育的弊端必须在学校得到矫正，当然，最好是没有弊端。

（《儿童的人格教育》，第 37 页）

孩子喜欢上学一般有两个重要的理由：第一是获得成就感，确信自己在某些方面的优势，能得到大家的尊重；第二是获得友谊，成为大家喜欢的人缘好的人。如果一个孩子这两个方面有一个方面得不到满足或者严重受到挫败，他就会厌恶上学。尤其是第二个方面，即如果孩子在学校里没有朋友，没有友谊，他就会感觉痛苦和不适。所以，作为父母，应该在上学前就要注意培养孩子社会交往的能力，让孩子拥有一些如何与人交往的知识，让他们学会分享，学会表达与交流，学会独立处理个人事务，学会承担义务和责任，不要以自我为中心。如果孩子在家庭里就是"小霸王"，就只依赖妈妈或者爸爸，爷爷或者奶奶等一个人，"而把其他人排斥在外"，这样的孩子就难以适应学校生活。作为老师，则要善于及时发现孩子们在这方面的苗头、迹象，有针对性地配合父母做好工作，并且在班级为孩子营造良好的交往氛围，帮助他们赢得友谊。

（八）小孩厌恶上学的迹象是很容易发现的

对于这些在家庭被过分溺爱的孩子，我们不要期望他们马上就能专心于学校的学习。他不可能很专心。他宁愿待在家里，也不愿上学。事实上，他没有"学校意识"。小孩厌恶上学的迹象是很容易发现的。例如，父母每天早晨都要哄劝孩子起床，催促他做这做那，小孩吃早饭的时候磨磨蹭蹭，等等。看上去小孩已经为自己的进步构筑一条不可逾越的障碍。

（《儿童的人格教育》，第 37 页）

作为父母亲，当孩子在学校里出现各种问题时，我们的第一反应往往觉得这是学校的问题。是学校让自己的孩子遭到欺负，感到痛苦。其实，正如阿德勒所说，"学校只是孩子早期家庭教育弊端暴露的场所而已"。小孩没问题，大人有问题。儿童在学校里的许多出格的行为，往往是他们得不到老师和其他同学的关注和尊重，他们只能通过这些出格的行为"吸引教师的注意和其他孩子的崇拜"，他们也因此会觉得自己是"了不起的英雄人物"。所以，对于那些不愿意上学校的孩子来说，父母首先要从家庭开始，避免过度的溺爱，培养孩子的独立性，培养良好的行为习惯。同时注意与学校老师沟通，给孩子更多的关注和表现的机会，在刚刚入园或者上小学的时候，尽可能多开展一些游戏，让孩子们互相熟悉，有自己的小伙伴。减少学业的评价，把每个孩子的兴趣和主动性、积极性调动起来。

（九）惩罚只能让孩子认定他不属于学校

惩罚只能让孩子更加认定他不属于学校。如果父母责罚孩子，强迫他上学，那么孩子不但不愿上学，而且还会寻找方法来应对自己的处境。当然，这些方法就是为了逃避困难，而不是面对和解决困难。我们可以从孩子的每个动作和行为中看出他厌恶学习，无力解决学习问题。他的书本从不在一块儿，总是忘记或丢失它们。如果我们看到一个孩子经常忘记或丢失书本，完全可以肯定，他在学校并不如意。

（《儿童的人格教育》，第 38 页）

当孩子不愿意上学，磨磨蹭蹭故意想迟到而不去学校时，父母不要轻易责罚孩子。阿德勒认为，这样做的话，只会加剧孩子不喜欢上学的感觉。他认为，孩子不愿意上学，除得不到尊重和友谊外，与他们"对获得哪怕是最微小的学业成功都不抱希望"有关。也就是说，孩子不愿意上学的一个重要原因，是他们在学校中遇到了困难，而且这种困难是他们靠自己的力量也难于解决的。阿德勒认为，出现这种情况的原因，也与孩子们生活的环境有着密切的关系，"周围的环境对于他们走入这条错误之途也起着推波助澜的作用"，如家人往往会在生气、发怒的时候骂孩子"愚笨或无用"，并且预言他们前景黯淡，他们在学校里遇到困难时，就会感到这就是在"证实这些预言或谩骂"，所以，"他们甚至在做出努力之前，就已经放弃了努力，他们把由他们自己造成的失败视为不可克服的障碍，并把它们视为自己无能和不如别人的证明"。其实，这就意味着，孩子们对自己的行为做出了不正确的归因，他们认为自己的失败不是努力不够，而是能力不够。所以，父母和老师要帮助孩子学会正确地认识自己，学会正确、客观地归因，鼓励他们正视困难并且努力克服困难，与他们一起战胜困难，这是非常重要的。

（十）儿童反社会行为的根源

我们可以发现，一个有犯罪倾向的孩子，同时也极端自负。这种自负和野心有着同样的根源，他迫使这种孩子不断以这种或那种方式来突出和显示自己。当他们不能在生活的积极方面寻得一席之地的时候，他们就会转向生活中的消极方面。

（《儿童的人格教育》，第 40 页）

如前所述，孩子们如果在学校中遭到挫折，他们追求优越的心理无法得到满足，他们就要采取其他的行动来追求优越。在学校里，他们可以会伪造父母的签字；在家庭里，他们会伪造老师给的分数或者用谎言来搪塞；在社会上，他们可能会结成团伙，霸凌，盗窃等，"他们会一意孤行地沿着这条路走下去，因为他们认为他们在别的方面不可能取得成功"，与此同时，他们也不会主动考虑去做各种富有建设性和对社会有益的事情，也难以在这些事情上取得成功和优越感，这就驱使他们转向生活中的消极方面，走向"非社会的和反社会的行为"。对于这些孩子，父母和老师要善于引导他们把注意力和精力往生活的积极方面倾注，帮助他们在这些领域有胜任感和成就感，多表扬和鼓励他们的微小进步。孩子的精力总需要使用，不是用在正确的方面，就会用在错误的方面。

（十一）父母刻意的教育会有什么后果

我们要记住，父母刻意的教育会使他们特别关注和监视自己的孩子。在绝大多数的情况下，这是件好事。不过，这也经常使得孩子总想处于被关注的核心。这样一来，这些孩子易于把自己视为一种用来展示的试验品，并认为他人应对此承担责任，因为他人是决定和操纵的一方。这些孩子认为，其他人应该为他们克服一些困难，唯独他自己不负任何责任。

（《儿童的人格教育》，第 41 页）

在这一段文字的前面，阿德勒讲述了一个值得关注的现象。就是在那些教师、医生、律师、神父等教育背景相对较好的知识分子家庭，对孩子的过度教育和"刻意的教育"，往往容易出现"败坏和任性的孩子"。为什么会出现这样的问题呢？因为在这样的家庭里，"某些重要的观点不是被完全忽视了，就是完全没有被理解"。作为教育者的父亲往往"借助他们自以为是的权威把一些严格的规则和规定强加给他们的家庭"，这样一种威权的、专制的、高压式的教育，异常严厉地压迫了自己的孩子，威胁甚至剥夺了孩子们的自由与独立。所以，在这样的家庭中，孩子们要么就是"奴隶"性格，俯首帖耳，言听计从，不承担任何责任，要么就产生逆反心理，反抗压迫。因此，建立平等民主的亲子关系，对于孩子健康成长有着特别重要的意义。

（十二）如何衡量有益的优越感和无益的优越感

我们知道，每个孩子都追求优越感。父母和教师的任务就是把这种追求引向富有成就和有益的方向。教育者必须确保孩子对优越感的追求能给他们带来精神健康和幸福，而不是精神疾病和错乱。如何才能达到这一点呢？区分有益的和无益的优越感追求的基础又是什么？答案是，这个基础就是看它是否符合社会利益。

（《儿童的人格教育》，第 42 页）

西方心理学家尤其是精神分析学派的心理学家，都认为人天生有着一种内在的力量，这种力量驱动着人的行为，驱动着人成为他自己希望的模样。在弗洛伊德看来，这种力量就是性欲，就是力比多，在阿德勒看来，这种力量就是优越感。这种内在的力量本身是无所谓好坏的，但是它会把人带到不同的方向，所以父母和教师的引导就显得非常重要。如果引向富有成就和有益的方向，孩子就有精神的健康和幸福；反之，则会导致精神疾病和错乱。那么，衡量有益无益的标准是什么呢？阿德勒认为就是看其是否符合社会利益。就像实践是检验真理的唯一标准一样，检验追求优越感的唯一标准就是社会利益。为什么社会利益如此重要呢？因为人是一种社会动物，是一切社会关系的总和。人的行为只有符合社会利益，才能得到认可和称赞，人才有归属感和尊严感。

（十三）不懂得社会情感的孩子将会成为问题儿童

想一想那些我们认为是高贵、高尚和有价值的伟大行为吧，它们不仅对于行为者自身，而且对于社会也同样具有价值。因此，教育孩子就是要培养他这种社会情感，或者说，要加强孩子认识与社会一致的意义。那些不懂得社会情感为何物的孩子将会成为问题儿童。这些儿童对优越感的追求还没有被引向对社会有益的方面。

（《儿童的人格教育》，第 42 页）

社会情感问题，最近是教育领域的一个大热门问题，一个显学。社会情感教育，也称社会情感学习或者社会情绪学习（Social Emotional Learning，简称 SEL）。1994 年，丹尼尔·戈尔曼（Daniel Goleman）联合了一些专家学者和教育工作者，共同成立了一个关于社会情绪学习的组织，将其命名为"学业、社会与情绪学习合作组织"（Collaborative for Academic, Social and Emotional Learning，简称 CASEL），并且建立了专门的网站。

CASEL 认为，社会情绪学习是指学生学会认识及控制自己的情绪，发展对别人的关心及照顾，做出负责任的决定，建立并维持良好的人际关系，有效地处理各种问题的学习过程。在基于实证的研究基础上，CASEL 提炼出了 5 种核心社会情绪能力，分别是自我意识、自我管理、社会意识、人际关系技能和负责任的决策。

2002 年，联合国科教文组织向全球 140 个国家的教育部发布了实施社会情感能力学习（SEL）计划，从上述五个方面指导青少年和成人培养情绪智力，并在全球范围内推广。

2009 年 11 月 15 日，中国工程院院士、教育部原副部长韦钰在儿童早期发展研究前沿国际会议上提出："所有教育机构，一定要注意对孩子社会情绪能力的培养，决定孩子一生成功的并不是 IQ，而是社会情绪能力。"

2018 年 4 月，经济合作与发展组织（OECD）发布了最新的"教育2030：未来的教育与技能"项目立场文件《OECD 学习框架 2030》，明确把社会和情感方面的能力作为三大"技能"之一。OECD 认为，学生将需要在未知的和不断变化的环境中使用他们的知识。为此，他们需要广泛的技能，包括认知和元认知技能（例如批判性思维、创造性思维、学会学习和自我调节）、社交和情感技能（例如同理心、自我效能感和协作能力）、实用的和物理的技能（例如使用新的信息和通信技术设备）。

同时，OECD 启动了一项由 9 个国家 10 个城市参与、历时 3 年的大规模国际测评项目，最终形成了一份研究报告。报告显示，社会与情感能力对教育、健康与生活质量（幸福感、生活满意度、考试焦虑）均产生影响，而影响社会与情感能力的重要因素包含学校归属感、师生关系、校园欺凌等。

我国以华东师范大学袁振国教授为首的研究团队参与了 OECD 的比较研究。他在中国的发布会上表示，一个人的发展、成功和幸福，是认知能力和社会与情感能力共同作用的结果。报告还对我国教育、教学及家庭环境的改善提出了 10 条建设性意见和建议。其中包括把提高社会与情感能力作为发展素质教育的重要突破口、作为人生成功和幸福的基础性工程，把社会情感能力的培养列入中小学课程中，尤其是要把社会责任感和责任能力的提高作为培养核心。[①]

以上介绍了这么多背景资料，就是想说，其实 100 多年前阿德勒就高度关注这个问题了，而且把社会情感问题视为儿童成长的关键，认为不懂得社会情感问题的孩子将会成为问题儿童。这对那些只关注孩子的学习成绩、考试分数的父母，应该是一个很好的提醒。其实，在孩子走上社会之后，情商可能比智商更重要。

（十四）了解孩子整体生命的背景

对于孩子来说，必须记住，如果他们偏离了对社会有益的方向，他们就不能从消极的经验中获得积极的教训，因为他们完全不理解问题的意义。因此，有必要教育儿童不要把他们的生活看作是一系列相互不关联的事件，而是要把自己的生命视为一种贯穿所有相互关联的事件的线索。任何事件的发生都离不开他的整体生命的背景，而且只有参照所有既往的事件才能得到理解。儿童只有理解了这一点，他才能洞彻他偏离正道的原因。

（《儿童的人格教育》，第 43—44 页）

儿童问题行为的发生，原因是错综复杂的。但是，儿童自身很难认识到问题的真正原因，自然也很难从错误中吸取教训。相反，因为他们完全不理解问题的意义，他们经常会对问题进行错误的归因，就事论事孤立地看问题。所以，父母和老师就要善于帮助儿童理解自己行为模式的关联性和一致性，找到问题发生背后的原因。阿德勒说，所有的事情发生都离不开一个人的"整体生命的背景"，都是既往事情的延续和发展，所以，当孩

---

① 徐瑞哲：《中国学生共情合作能力全球排名第一》，《解放日报》2021 年 9 月 9 日。

子出现这样那样的问题时，不要急于处理事情本身，而要帮助他们分析事情的来龙去脉，认识自己偏离正道的真正原因。他以儿童的懒惰为例进行了相关的分析，发现许多孩子并不是真正的懒惰，而是想以懒惰来吸引大人的关心和注意。所以，儿童的懒惰与他们天生的追求优越感之间并不矛盾。整体地、系统地、历史地看待儿童成长中的问题非常重要。

（十五）孩子为什么会懒惰

　　许多儿童之所以懒惰，是为了缓解他们的处境。这样他们就可以总是把目前的无能和无所成就归咎于懒惰。人们很少指责他们能力不够；相反，孩子的家人通常会说："如果他不懒惰，他什么都能干！"孩子对这种说法沾沾自喜，因为它对缺乏自信的孩子来说是一种安慰。此外，这种说法还成了一种成就补偿，这对孩子和成人都同样如此。

（《儿童的人格教育》，第 44 页）

　　在《儿童的人格教育》第四章《追求优越感的引导》中，阿德勒用了很大的篇幅分析儿童的懒惰问题。我们以前曾经介绍过心理学的归因理论，这个理论认为，我们对人的行为进行分析的时候，会有不同的归因。如孩子成绩不好，归因于孩子天生笨，孩子们往往就会完全放弃，因为无论如何，他无法改变和摆脱天生的资质。如果归因于不努力，孩子们还会有可能改变。但是，如果严厉责罚孩子的懒惰，也会造成他们的"躺平"。所以，阿德勒分析说，懒惰的儿童经常会"享受懒惰的好处"，因为他们无须背负别人对他们的期望，即使无所建树也会在一定程度上得到别人的原谅。但是，"他的懒惰却使他成为人们关注的对象，最起码他的父母得为他操劳"。阿德勒用了一个形象的比喻，他说，懒惰的孩子就像走钢丝的人，下面总是有一张巨大的保护网，即使掉下来也不会受伤。人们对懒惰者的批评也要比真正干坏事或者无可救药的孩子温和许多，不会强烈地伤害他们的自尊。所以，"懒惰是那些缺乏自信的人的一种屏障，但同时也阻碍了孩子着手去解决他所面临的问题"。对于这些孩子来说，惩罚、责备往往无济于事，甚至"正中他的下怀"。"即使是最严厉的惩罚也不能使一个懒惰的孩子变得勤快起来"，相反，还是应该从建立良好关系开始，与他们进行真诚的沟通，帮助他们建立起信心。

（十六）社会情感发展影响儿童说话能力

儿童说话能力发展的快慢是受多种因素影响，其中首要的因素是儿童社会情感的发展程度。和那些社会意识较弱、不愿与人接触的儿童相比，社会意识较强、乐于与别人交往的儿童的说话能力发展得会更快一些，也更容易一些。

（《儿童的人格教育》，第 46 页）

在分析了孩子的懒惰表现之后，阿德勒用了很大的篇幅讲儿童的说话能力发展与口吃问题。他认为，儿童开口说话的时间和说话能力的强弱，固然受到许多因素的影响，但"其中首要的因素是儿童社会情感的发展程度"。那些社会意识比较薄弱、不愿意与人接触的儿童，语言能力的发展自然就会慢一些、差一些。而这些，与家庭的语言环境有着密切的关系。如在有些家庭，孩子说话是"多余的"，很多过于保护和溺爱的家庭，在孩子有机会说出自己的愿望之前，他们的父母和其他人早已经猜到并且及时满足了他们的需求，"就像人们对待聋哑儿童那样"。也有一些家庭关系紧张，冷暴力，家庭成员之间没有交流互动，也很少对孩子讲话。这几种情况下孩子的说话能力自然是很难健康发展的。所以，按照阿德勒的研究，"口吃者与他人的关系是他口吃的关键因素"，当我们发现孩子们说话能力发展迟缓的时候，不妨首先从自己身上寻找原因，从与孩子建立良好的关系着手解决问题。国外教育学者特别关注家庭餐桌上的交流，关注父母与孩子的交流，是非常有道理的。

（十七）口吃与孩子过于关注自己的说话有关

如果一个小孩在学习说话的时候没有任何困难，那么就没有人会对他的进步予以特别关注；而如果他在这方面存在问题，他就会成为家里谈论的中心，口吃者就会成为关注的焦点。家庭会特别为这个孩子操心。因此，这自然也引起孩子太过于关注自己的说话。他会有意识地控制自己的表达。相反，正常说话的儿童则不会这样。

（《儿童的人格教育》，第 50—51 页）

除了与他人的关系，另外一个问题就是对于自己讲话的过度关注。阿德勒在书中引用了奥地利著名作家梅林克的一个童话故事《癞蛤蟆的逃脱》，来说明一个人过于关注自己的行为，有意识控制自动运作的功能会引起的功能紊乱情况。故事的梗概是这样的：癞蛤蟆在路上遇到了一个千足动物，并对它的千足特征大加赞美。癞蛤蟆好奇地问这个千足动物："你走路的时候，首先迈出哪只脚，又是如何依次分配其他999只脚的呢？"千足动物开始思考并观察脚的移动，想弄清楚自己究竟是如何依次迈出哪只脚的，结果却把自己搞糊涂了，居然不会走路，连一步都迈不出来了。他以一个小男孩的口吃为例，讲述了他有一个严厉的父亲，只要孩子口吃就会被狠狠训斥，以至于他一说话就紧张。其实，许多口吃的孩子在某些特殊情况下并不口吃。所以，阿德勒建议，父母不要过分关心孩子的口吃，更不应该"像对待罪犯那样对待口吃者"，父母、老师、同学要尽可能鼓励他们，友好地对待他们，不要让他们过于紧张，过于担心自己的口吃等问题，"只有通过友好的启发和增强他们的勇气，我们才能持久地治好他们"。

（十八）自卑情结是一种过度、过分的自卑感

在我们每个人身上，自卑感和追求优越是密切相关的。我们之所以追求优越，是因为我们感到自卑，应该力图通过富有成就的追求来克服这种自卑感。只有当自卑感阻碍了这种富有成效的追求，或当他由于对器官缺陷的反应而加剧到令人难以承受的程度时，它才会是心理问题。这时我们就会形成自卑情结。自卑情结是一种过度、过分的自卑感，它必然促使人去寻求可以轻易获得的补偿和富有欺骗性的满足。同时，这种自卑情结夸大困难，消解自己的勇气，从而堵死了通往成功的道路。

（《儿童的人格教育》，第53页）

在阿德勒看来，自卑感和追求优越是一对互相依存的矛盾，两者的矛盾运动推动着人的成长。因为感到自卑，所以需要超越，需要追求优越，在追求优越的过程中克服了自卑。所以，适度的自卑感对于人的成长是有着积极的意义的。这与中国古代的《学记》所说的"学，然后知不足；教，然后知困。知不足，然后能自反也；知困，然后能自强也"，有着异曲同工之处。但是，如果自卑感过于强烈，就会形成所谓的"自卑情结"。情结，

是一个心理学术语，最初是指个人内心中一群重要的无意识组合，或是一种蕴藏在个人心中的强烈而无意识的冲动。其基本特点是一组一组的心理内容可以聚集在一起，形成"一簇簇的心理丛"。这种过度、过分的自卑情结，就会人为地夸大自己面对的困难，消解自己克服困难的勇气，从而不思进取，彻底放弃和"躺平"，或者采取某些错误的路径，"寻求可以轻易获得的补偿和富有欺骗性的满足"，从而走上不归之路。因此，适度的自卑，意识到自己的差距和不足，对于人不断进取是有益的，但是过度自卑，产生了自卑情结，对于人的成长是不利的。过犹不及。教育，在很大程度上需要一点这样的"中庸"与平衡的艺术。

（十九）贬损或羞辱不能真正改变孩子的行为

千万不要以为，我们能够通过贬损或羞辱来真正改变孩子的行为，即使我们有时也会看到，有些孩子由于害怕被耻笑而似乎改变了他们的行为。

（《儿童的人格教育》，第 56 页）

在教育孩子的过程中，我们的许多父母都信奉"严是爱，宽是害，不打不成才"的方法，总觉得表扬多了孩子就会"轻骨头"，就会"飘飘然"，只有严厉管教才能让孩子听话，俯首帖耳，言听计从，甚至不惜打骂、羞辱，威逼孩子改正缺点。其实，这会给幼小的心灵造成伤害。阿德勒断言："在儿童教育中，一个最为严重的错误就是，家长和教师对于一个偏离正道的儿童做出恶毒的断语。"他认为，对于儿童这种恶毒的断语和羞辱，不可能改变孩子的行为，而只会增加他们的怯懦。而且，一个怯懦的儿童，可能会在自己的尊严遭到冒犯的时候，往往会孤注一掷，铤而走险。他举了一个小男孩因为不会游泳遭到小朋友们的嘲笑后，跳入深水之中的案例，说明不要轻易嘲笑、羞辱、贬损孩子。对于这样的孩子，最好的办法自然是鼓励，要努力让他们"相信自己的能力，相信自己的力量，相信自己的天赋"，要尽可能与他们建立良好的关系，并且利用这种良好的关系来"激发和鼓励他们不断争取更好的成就"。

（二十）确保每个学生不会丧失勇气

一个被剥夺了对未来信心的孩子就会从现实中退缩，就会在生活中无益和无用的方面追求一种补偿。教育者最为重要的任务，或者说是神圣的职责，就是确保每个学生不会丧失勇气，并使那些已经丧失勇气的学生通过教育重新获得信心。这就是教师的天职，因为只有儿童对未来充满希望、充满勇气，教育才可能成功。

（《儿童的人格教育》，第 58 页）

哀莫大于心死。当一个孩子觉得自己已经完全没有希望，没有成长的空间和可能的时候，他就会"躺平"，就会从现实中退缩，就会自我放弃。而儿童对自己的认知，也与周围父母、老师和同学的评价相关。在一个包容、温暖的环境下，孩子们一般不会失去信心。所以，一方面，父母、老师和同学尽可能不要看不起那些相对后进的孩子，一方面要努力帮助他们克服前行中的各种困难，帮助他们"与环境、与生活达成和解"。信、望、爱，在教育上有其特殊的价值，让孩子能够信任别人，对自己有信心，有着自己的念想、希望和信念。处在一个爱意满满的氛围之中，这样的孩子一定是能够走得很远的。作为父母和教师，帮助他们拥有信、望、爱，是最重要的任务，也是最神圣的职责。

（二十一）儿童对自己的评价非常重要

儿童对自己的评价也异常重要。如果只是通过简单的询问，我们就不可能了解儿童对自己的真实评价。无论问题多么巧妙，我们只会得到不确定和模糊的回答。一些儿童过于看重自己，另一些则认为自己一文不值。对于后者，稍加考察就会发现，这些孩子身边的成人曾经千百次地重复"你将一事无成！"或"你真蠢！"之类的话。

（《儿童的人格教育》，第 60 页）

知人者智，自知之明。儿童的自我评价，是他们认识自我，认识他人，认识世界的基础。一个人认识自我，主要是通过三条路径来实现的。一是通过与他人的比较来认识自我，他人是自我的一面镜子、一个参照系。但是如何比较，怎么比较，每个人的方法不一样。二是通过自己的活动成果来认识自我，人在做事情的过程之中，会根据自己的投入精力和工作效果对自己的行动进行评价。三是通过别人尤其是父母、老师、小伙伴的评价来认识自我，他们对于自己的评价，往往会成为自我评价的暗示或者直接参照。尤其是第三条路径，父母或者老师如果不断地对孩子说消极的评价，最后很可能造成孩子对自己的负面评价。所以，父母和老师对于孩子的评价非常重要，"说你行你就行，不行也行；说你不行，你就不行，行也不行"，这句话用在教育上，往往一语成谶。所以，父母和老师要尽可能给孩子正面的评价，要学会"听其言，观其行"，正确地了解孩子的基本情况。阿德勒指出，父母要知道，仅仅通过询问来了解儿童是不够的，而必须"通过他们面对问题和解决问题的方式方法来观察他们的自我评价"，例如，一个孩子如果表现得优柔退缩，往往就是缺乏信心和勇气的表现。了解孩子是教育孩子的前提，而在了解的基础之上，还要坚持以正面鼓励为主的原则，帮助孩子建立起正确的自我评价。

（二十二）要注意辨认儿童究竟是能力不够还是信心不足

有时候，有些儿童会蒙骗大人，使他们错误地认为这些儿童缺乏能力和天赋。如果我们了解事情的原委，并用个体心理学的基本原则来加以说明，那么，我们就会发现，这些儿童的问题是缺乏自信、勇气，而不是缺乏我们先前所认为的能力。

（《儿童的人格教育》，第 60 页）

儿童是一本不好读懂的书。要真正地走进儿童的心灵，才能读懂他们。阿德勒在书中举了一个孩子的例子。这个孩子一开始面对问题时显得勇气十足，但是当他越是接近问题时，就越缩手缩脚，甚至裹足不前，始终与问题保持着一定的距离。父母和老师对于这样的孩子，往往就会认为他们缺乏能力，或者认为他们是懒惰、心不在焉。其实，根子还是出在缺乏自信与勇气。因为，正常情况下，儿童会去尝试面对问题和解决问题，而不是"把全部精神集中于遭遇到的困难和障碍"。在很多情况下，儿童会自己画了一只老虎吓跑了自己，当他们一旦真正面对这些困难和障碍时，其实发现远远不像自己想象的那么可怕。所以，父母和老师不要被孩子的假象所蒙蔽，更多情况下，孩子的问题不是能力问题，而是信心问题，要有耐心和孩子一起面对困难和障碍，帮助他们获得成功的体验，提高他们的自信心和面对困难的勇气。

（二十三）完全关注自我的个体是社会生活中的畸形人

我们要记住，一个完全关注自我的个体是社会生活中的畸形人。我们经常会看到，有些过于追求优越感的儿童从不顾及别人。他们敌视他人，反社会，贪婪无度，自私自利。如果他们发现了一个秘密，他们就会利用它来伤害别人。

（《儿童的人格教育》，第 60—61 页）

在生活中，以自我为中心的人往往就是不受欢迎的"嫌弃儿"，因为他们往往不顾别人的感受，不考虑别人的需求，只顾满足自己的需要。如果当别人的需求与自己的需求冲突时，他们往往会不择手段满足自己的需求，甚至走上反社会的不归路。这就是阿德勒所说的"敌视他人，反社会，贪婪无度，自私自利"。阿德勒之所以如此重视社会利益和社会情感，是因为人毕竟是一种社会动物，处在一个社会体系之中，无法离群索居。人的悲欢离合、喜怒哀乐，都与人的社会关系有关。人的生活品质与人生成就，也与人的社会情感有着密切的关系。其实人与人相处的基本规则就是心理换位，就是"共情"，就是善于站在对方的立场上思考和处理问题，多为别人着想。你心里有他人，他人心里才会有你。人缘好的关键，就是不要过分关注自己，不要只注意满足自己的需要。

（二十四）自卑感会通过孩子的眼神表现出来

自卑感有无数的表现形式。孩子的眼神就是其中表现之一。眼睛并不单纯接受和传递光线，它还是社会交流和理解的器官。一个人打量他人的方式就透露出他与人交往的倾向和程度。因此，所有的心理学家和作家都非常重视一个人的眼神。

（《儿童的人格教育》，第 61 页）

眼睛是心灵的窗户。文学家和心理学家之所以都非常关注人的眼睛，通过眼神描写和观察一个人的内心深处，正是因为眼睛不仅仅是一个"接受和传递光线"的器官，而是一个"社会交流和理解"的工具。阿德勒说，我们既可能根据别人打量我们的方式来判断他对于我们的看法，也可以从他的眼神中看到他灵魂的一部分，探测到他的内心世界。如自卑感强的儿童，往往不敢正视大人，他们回避的眼神就是他们对自己信心不足的表现。虽然眼神有时候会让我们做出错误的判断，但是总体来说，人的眼睛自己会说话，会表达人与人之间的关系，表达人对于自己的态度与认知。

三、家庭环境和父母的性格特征 对孩子的成长极为重要

（一）家庭环境和父母的性格特征对孩子的成长极为重要

在探讨自卑情结时，经常有这种观点，即自卑情结是天生的。其实，每个小孩不管他多么勇敢，我们都有办法让他丧失勇气，变得胆小怯懦，这也反驳了上述所谓自卑是与生俱来的观点。父母胆小怯懦，他的孩子也可能胆小怯懦。不过，这并不是因为遗传，而是因为他在充满怯懦的环境中长大。家庭环境和父母的性格特征对于孩子的成长和发展极为重要。

（《儿童的人格教育》，第 62 页）

有人曾经说过：父母是孩子的复印原件。虽然不是所有的孩子都是父母的翻版，但是，在孩子身上一定有父母的影子或者影响。人的发展是遗传、环境和教育（包括自我教育）综合作用的结果，把人的自卑情结归为遗传的作用，是缺乏说服力的。阿德勒指出，家庭环境和父母的性格特征、养育方式对于孩子的成长和发展起着非常重要的作用，无论多么勇敢的孩子，在父母的贬损、专制和棍棒教育下，都有可能变得丧失勇气、胆小怯懦。虽然我们经常可以看到孩子的性格与父母非常相似，但这往往并不是遗传

的结果，而恰恰是环境的影响。那些在学校里落落寡合的学生就经常来自于那些与人交往很少或者基本没有交往的家庭。这正是因为儿童不仅仅主动学习父母的行为，更会在潜移默化之中，接受父母的熏陶。所以，父母和老师一定要明白：你是怎样的人，孩子就可能成为那样的人。你期待孩子成为怎样的人，你自己就要先成为那样的人。

（二）自卑感通常表现于两种极端的行为方式之中

我们可以在一定程度上认为，大多数体弱、残疾和丑陋的儿童都有一种强烈的自卑感，这种自卑感通常表现于两种极端的行为方式之中。他们说话时要么退缩胆怯，要么咄咄逼人。这两种表现表面上互不关联，实际上却同出一源。他们或是说话太多，或是太少，但均是为了追求他人的承认和认可。他们的社会情感很弱，这或是因为他们对生活不抱希望，认为自己实际上也没有能力为社会做出贡献，或是因为他们把自己的社会情感用来服务于个人的目的。他们希望成为领导者、英雄人物，永为世人瞩目。

（《儿童的人格教育》，第 64 页）

为什么儿童会有自卑感？因为儿童来到这个世界上的时候，是所有的生命中最脆弱的。几乎所有的事情，他们都是从零开始。他们羡慕成年人，他们尝试像成年人那样行动，但一开始总是品尝失败。所以，这种自愧不如，力图学会并且超越的自卑心理就产生了。而对于那些本身体弱多病、患有残疾，或者长相不好看的孩子来说，不仅要和成年人比较，而且要和其他孩子进行比较，所以会有更加强烈的自卑感。这种自卑感往往会以两种比较极端的方式表现出来：或者退缩胆怯，或者咄咄逼人；或者沉默寡言，或者喋喋不休；或者对生活完全不抱希望，自甘沉沦，或者想成为英雄，流芳百世。父母和老师对于这两种不同情况背后的深层心理原因要有足够的理解和认识，才能因势利导，帮助他们更好地适应社会，适应他们所处的环境，引导他们更多地关注别人，关注社会公益，抑小我扬大我，这样才能使他们得到更多的认同与理解，赢得友谊和尊重。

（三）教育者要有耐心

如果一个儿童多年来一直沿着一个错误的方向发展，那么，我们就不可能期望仅仅通过一次谈话就可以改变他的生活方式。教育者要有耐心。如果一个儿童取得了进步，后来又出现了反复，这时就需要向他解释清楚，进步并不是一蹴而就的。这样的解释能够让他安心，不至于丧失信心。

（《儿童的人格教育》，第64—65页）

儿童的安心和信心来自父母和老师的安心与信心。对于发展困难，成绩不稳定，老毛病经常犯的儿童，父母和老师不仅仅要安心和有信心，还要有足够的耐心。"冰冻三尺非一日之寒"，儿童的问题积累不是一朝一夕的事情，而是一个漫长的过程。阿德勒举例说，如果一个儿童两年多以来数学成绩一直很糟糕，我们是不可能用一两周的时间就把成绩给补上去的。但是，一定要相信，"能够补上去，这是毫无争议的。一个正常、富有勇气的儿童能够弥补一切"。所以，父母、老师作为教育者要对孩子拥有足够的信心，相信他们能够成长，能够改变，给他们找到问题的症结。给他们充裕的时间与空间。最重要的是要有足够的耐心。我们安心了，孩子自然就安心了、从容了。我们对他们有信心了，他们也会逐步建立起对自己的信心。

（四）儿童的发展是由什么决定的

儿童的发展既不是天赋决定的，也不是客观环境决定的；儿童自己对外在现实以及他与外在现实关系的看法才决定了儿童的发展。这是一个重要的事实。

（《儿童的人格教育》，第67—68页）

从今天起我们一起读《儿童的人格教育》第六章《儿童的成长：防止自卑情结》，顾名思义，这一章应该是讨论如何防止孩子的自卑情结的。我们知道，遗传（天赋）与环境是影响儿童发展的两个重要因素，阿德勒认为，这两个因素虽然重要，但不是决定性的因素，决定性的因素是儿童对于外部现实的看法以及他对与外部现实关系的看法。也就是说，外部现实的因素（在这个意义上，天赋和环境都属于儿童自身的外部现实因素）只有落实到儿童的眼中、心中的时候，才会对他的行为产生作用，"儿童与生俱来的可能性和能力并不占主导地位"，甚至成年人对他的评价和看法也远远不如他自己对自己的评价。这就意味着，所有的外部因素只有通过内部因素才能起作用，所有的教育最后必须落实到儿童的自我教育，所有的评价最后总要落实到儿童的自我评价。只有让儿童对自己有比较客观、正面、积极的评价时，上述各种因素才能真正发挥作用。

（五）如何看待儿童的错误

我们应该记住，如果儿童不犯错误，儿童教育不仅不可能，也不必要。如果儿童的错误是天生注定的话，那么我们也不可能教育他，或改善他。如果我们相信儿童性格是天生的，我们就不能够，也不应该做教育儿童的工作。

（《儿童的人格教育》，第 68 页）

在一定程度上，人是在错误中成长起来的。人类的进步也是以不断地犯错、纠错为代价的。没有错误，就没有进步，也没有成长。人类整体如此，个体也是如此。所以，父母和老师要知道以下两点。第一，儿童是不可能不犯错误的，而且儿童正是通过错误来学习并不断成长的，所谓失败乃成功之母，就是这个道理。如果儿童不犯错误，教育也就没有存在的必要了。第二，儿童的错误也不是天生的，每个人犯的错误各不相同，这也恰恰是教育的意义和价值所在，要帮助儿童学会学习，学会从错误中学习，学会不要犯同样的错误。一句话，对于儿童的错误和失败，一定要持宽容、理解、帮助的态度，让他们正视错误，改正错误，不犯同样的错误，越来越少犯错误。

（六）健康的灵魂一定寓于健康的身体中吗

常言道，健康的灵魂寓于健康的身体之中。这也未必尽是如此。健康的灵魂也完全可以寓于有缺陷的身体之中，只要这个儿童能够克服身体的缺陷，勇敢地面对生活。另一方面，健康的身体也会拥有不健康的灵魂，如果这个儿童遭遇了一系列不幸事件，并由此对自己的能力产生错误理解的话。任何一个挫败，都会促使他认为自己无能。这是因为他对困难特别敏感，并把任何障碍都视为他缺乏力量和毅力的证明。

（《儿童的人格教育》，第 68 页）

"健康的精神寓于健康之身体"，这是洛克在《教育漫话》中提出的著名论断。洛克说："健康之精神寓于健康之身体，这是对人世幸福的一种简单而充实的描绘。凡是身体、精神健康的人，就不必再有什么别的奢望了。身体、精神有一方面不健康的人，即使得到别的种种，也是徒然。"[①] 当然，身体与精神和谐健康共存，是人生最理想的状态，但是现实生活中并非每个人都能够达到这个状态。所以，有一些人身体患有疾病或者残疾，但是他们仍然能够拥有健康的心灵，勇敢地面对生活，不断地战胜困难，超越自我。但也有一些人，虽然有健康的身体，却有不健康的精神。这种情况，往往与他们应对生活中的不幸事件时，采取了极端的、不正确的应激反应有关，尤其是与他们遭受挫折时的反应有关，有些人从此一蹶不振，认为自己能力低下，不愿意挑战和面对新的困难，产生了自卑情结。所以，帮助儿童拥有健康的心灵，拥有乐观、向上的精神是父母和老师的重要职责。

（七）听障儿童应该获得特别的训练和教育

需要加以注意的是，聋哑儿童应该获得特别的训练和教育，因为事实越来越证明，完全耳聋的例子并不多。不管他的听觉存在多大的缺陷，他都应该得到最大可能的治疗和促进。罗斯托克的大卫·卡茨教授就曾证明，他如何成功地把那些被认为是缺乏音乐听觉的人，引向了能够全面欣赏音乐和音乐声音之美的道理。

（《儿童的人格教育》，第 69 页）

一般而言，现在我们对于聋哑儿童的称呼已经改为听障儿童，这是对他们的尊重。阿德勒主张，听障儿童应该得到特别的训练和教育，他们同样是能够取得很大的进步与成长的。只是我们的教育体系，经常忽略了这

---

① 洛克:《教育漫话》，人民教育出版社，2006。

一点，经常用对待健康儿童的方法对待他们，自然无法取得满意的效果。事实上，中外教育史上有许多成功的案例，证明听障儿童同样可以取得非凡的成就，甚至超出许多健康的儿童。如大家熟悉的海伦·凯勒，就是一位从小失去视力和听力的残障儿童，在老师安妮·莎莉文的教育与鼓励下，海伦·凯勒不仅顺利完成了学业，成为第一个获得文学学士学位的听障人士，而且撰写了《假如给我三天光明》等不朽名著，她还积极参与政治活动，为妇女和工人的权利而斗争。马克·吐温说，在19世纪出现了两个最伟大的人，一个是拿破仑，另一个就是海伦·凯勒！中国残疾人艺术团团长邰丽华也是一位听障人士，是一位靠自己的不懈努力修完大学学业的舞蹈家，她领衔表演的《千手观音》惊艳了全世界，她也因此被誉为"美与人性的使者"，被世界残疾人代表大会称为"全球六亿残疾人的形象大使"，被授予"联合国教科文组织和平艺术家"称号。阿德勒也举了大卫·卡茨教授把许多听障儿童培养成为能够欣赏音乐、理解音乐的人的故事。所以，我们的特殊教育应该进一步为残障人士提供更好的条件和更好的帮助，让他们鼓起生命的风帆，驶向理想的彼岸。

（八）了解儿童的亲密关系很重要

了解儿童是只对一个人亲密还是和多个人联系紧密，这很重要。孩子通常和他母亲的关系最为亲密，否则，他会和家庭中的另一个成员建立这种联系。这种能力，每个儿童都有，除非他是弱智或白痴。如果一个儿童由他母亲养育长大，却依恋家里的另一个成员，那么，寻找其中的原因就很重要。显然，任何儿童都不应该把自己的全部兴趣和注意力投向母亲一个人，因为母亲最重要的任务就是把儿童的兴趣和信任扩展到他的同伴那里。

（《儿童的人格教育》，第70—71页）

儿童对父母尤其是母亲的亲近与爱恋，在一定程度上是他们的本能反应。美国心理学家哈洛曾经做过一个著名的"恒河猴实验"。他把一些刚出生的小猴放在了一个安置了两个"假妈妈"的笼子里。一个"妈妈"用铁丝做成，胸前有一个可以喂奶的奶瓶；另一个"妈妈"则是用绒布做成，但没办法给小猴提供食物。研究人员发现，小猴子们只有在饥饿的时候才到铁丝妈妈那里去喝奶，吃饱喝足之后就会去绒布妈妈那里，小猴子对绒布妈妈的亲近程度远远超出铁丝妈妈。而且，这些自出生后就与妈妈分离的小猴，与其他正常在妈妈身边长大的猴子相比，在性格上更加胆小、懦弱，目光呆滞，不善交往。尽管有人批评这个实验过于残忍，但它的确揭示了依恋的存在、母爱的意义以及亲密关系和早期陪伴的价值。阿德勒指出，了解儿童的亲密关系非常重要，在正常情况下，儿童一般会和母亲建立最亲密的关系，如果并非如此，就要研究分析其中的原因，并且适度调整干预。同时，要注意培养儿童的社会情感，不能让孩子只依恋母亲一个人，要让他们学会关心母亲之外的人，尤其是与小伙伴们建立良好的人际关系。这是让他们保持心理健康的重要基础。

（九）祖父母在儿童的成长中起着重要的作用

> 祖父母在儿童的成长扮演着重要的作用。他们常常会溺爱儿童。因为老人通常都担心自己不再有用，便产生了过于强烈的自卑感，要么过于吹毛求疵，要么心软和善。他们为了使自己在儿童眼里重要，从不拒绝他们的任何要求。那些经常在祖父母家中受到溺爱的儿童便不再想回家，因为家里的纪律和约束要更多一些。回家之后，这些孩子会抱怨家里不如祖父母家舒畅。
>
> （《儿童的人格教育》，第 71 页）

我们爷爷奶奶辈的人经常自嘲说：没有孙子想孙子，有了孙子自己却变成了"孙子"。现在，越来越多的年轻夫妇把孩子交给祖辈抚养。如何看待祖父母在儿童教养中的作用？全国政协委员曾经进行过一次讨论，并且达成了一些共识——

首先，要认识到父母是儿童成长的首要责任人。隔代抚养，祖辈不应该替代父母承担责任，而应该发挥辅助、协助作用。在这个过程中，祖辈对父母教育子女出现的异议，应该私下沟通和交流并最终尊重父母的选择，不能以自己的"经验"或者自己作为长辈的"权威"做筹码，逼迫子女顺从自己对孙辈的教育。作为父母，也不能将抚养子女的责任一味推给自己的父母，而应该主动进行学习，掌握教育子女的技能，并适当借助自己父母的经验，在其帮助下进行子女教育。

其次，要充分认识和尊重儿童拥有的生存、发展、受保护、参与等权利。调查发现，祖辈参与的教养过程中，对孙辈身体的照顾远远多过对其心灵抚育及人格发展、习惯养成等方面的关注和重视，这也是引发当下对隔代教育问题普遍关注的原因。祖辈在自己成长的过程中，甚至在自己子女教养的过程中，物质条件远不及当下富足，所以更愿意为孙辈提供优越的物质生活，以弥补自己心理上的歉疚，而对于孙辈的心灵发展、习惯养成等方面却相对重视不足。[①] 这也是阿德勒提到的孩子们更喜欢和祖父母一起的原因所在。

再次，要完善隔代教育的模式。在我国，隔代教育状况虽然有比较明显的城乡差异，并根据孙辈年龄有所不同，但大致可以按照祖辈和父辈在教养过程中参与程度的不同分为四种不同的模式：一是"单一的父辈教养，祖辈基本不参与教养"的模式；二是"父母为主，祖辈为辅的联合教养"模式；三是"祖辈为主，父母为辅的联合教养"；四是"单一的祖辈教养，父母基本不参与教养"。其中与隔代教育相关的是后三种模式。这后三种模式中，还有祖辈与子女一起居住和不一起居住等模式。实践表明，第二种教养模式是最合理的模式，因为这种模式兼具了两代人的教育经验和智慧。

隔代教育的确是一个大课题，阿德勒只是提出了这个问题，并没有对此充分展开。希望家庭内的两代人携手为孩子的成长创造更好的环境。

（十）儿童的智力发展一般主要取决于家庭环境

儿童的智力发展一般主要取决于家庭环境。那些环境较好的家庭能够给孩子提供帮助，身体发育较好的孩子通常也获得相对较好的精神发展。那些精神发展顺利的儿童往往会被预定从事脑力劳动或较好的职业，而那些精神发育较慢的儿童只会去做体力劳动或较差的职业。

（《儿童的人格教育》，第 72 页）

的确，家庭对于孩子的智力发展与人格发展都具有非常重要的作用。在《父母的语言：3000 万词汇塑造更强大的学习型大脑》一书中，美国学者达娜·萨斯金德（Dana Suskind）等的研究表明：儿童每天使用词汇的86%—98% 都与父母一致，并且低收入家庭孩子掌握的词汇量只有高知家

---

① 朱永新：《隔代教育：利多还是弊多？》，《人民政协报》2021 年 10 月 3 日。

庭孩子的 1/2；在儿童 4 岁进入幼儿园小班之前，高知家庭和低收入家庭的孩子之间，就已经积累了高达 3200 万的词汇学习差异；13—36 个月的孩子平均每小时听到的语句，脑力劳动者家庭的孩子是 487 句话，劳工家庭的孩子为 301 句话，而接收福利救济家庭的孩子只有 178 句话；3 岁孩子累计听到的单词量，脑力劳动者家庭的孩子 4500 万个，而接收福利救济家庭的孩子只有 1300 万个。[①]他们的研究还表明，到三年级时，孩子之间已经产生了显著的"成绩差距"或"学术落差"（Achievement Gap）。[②]父母在家庭里的每一句话，都变成了孩子未来的模样。阿德勒说，不同家庭能够给孩子的帮助也不相同，造成了孩子的精神发育情况也不相同，他们的未来发展自然也不相同。"如果这些出身不利环境的贫困儿童有幸出生在物质环境较好的家庭，那么，他们也完全能够取得相应的好成绩。"应该说，阿德勒的判断是有点武断的。也许，从统计的大概率来看，孩子们的家庭背景与孩子的精神成长的确有着密切的关系，但是，与孩子沟通对话，与孩子亲子共读的经济成本并不大，大部分父母和大部分家庭是能够做到的，关键是我们要意识到它的重要性。

（十一）孩子为什么会对环境充满敌意

一些孩子能够忍受别人的嘲笑；另一些孩子可能就因此丧失勇气，回避困难，并把自己的注意力投入外在的表面形象上，这也表明他们对自己没有信心。如果一个儿童不断地和人争吵、争斗，总是担心，如果自己不主动进攻的话，就会受到他人率先攻击，那么，我们就可以推断他对环境充满敌意。

（《儿童的人格教育》，第 72 页）

儿童对于外界环境刺激的反应模式，会影响他们的成长方式和发展结果。有一些孩子能够忍受别人的嘲笑，努力改善自己的行为，不断提升自己超越自我；也有一些孩子则因此丧失生活的勇气，回避困难以逃脱别人的嘲笑，或者形成了攻击性人格，用强硬的外壳保护虚弱的心灵。阿德勒说，

---

①② 达娜·萨斯金德等：《父母的语言：3000 万词汇塑造更强大的学习型大脑》，机械工业出版社，2017。

这些孩子往往特别逆反，总是傲慢无礼，从不顺从，把顺从视为卑下的表现，认为"对别人问候予以礼貌的回应也是屈辱的行为"。他们从不在别人面前抱怨，把抱怨视为低声下气；他们也几乎不哭泣，"甚至在本该哭泣的时候大笑，给人一种缺乏情感的冷酷的英雄印象"，这些恰恰是因为害怕表现出来的虚弱的行为。"没有一个残酷的行为，其骨子里不是隐藏着虚弱。"这句话，是我们解读孩子为什么会对环境充满敌意的密码。所以，对于这些孩子，应该给予更多的鼓励、更多的温暖、更多的关怀。

（十二）孩子为什么愿意与人隔绝

如果一个孩子自愿与人隔绝，这就表明他对自己与别人竞争没有足够的信心，表明他对优越感的追求过于强烈，以至于担心他在交往群体中只起次要的作用。有收集倾向的孩子通常想增强自己，超越别人。有这种倾向的孩子比较危险，因为他们容易走得太远，容易野心膨胀，贪婪无度，而这又体现了一种内在的虚弱感，从而希望寻找外在支撑和支持。一旦这种儿童认为自己被忽视，他们就容易偷盗，因为他们对缺乏关注比一般儿童感觉更为强烈。

（《儿童的人格教育》，第 73 页）

阿德勒认为，儿童是否能够与别人和谐相处，善于不善于与人交往交流，究竟是一位"领导者"还是"追随者"，与他的交往能力、社会情感发展的情况有着密切的关系，也与儿童的自卑感与优越感有着直接的关系。一般而言，如果一个孩子不愿意与人交流交往，往往表明他对于自己在群体中的地位缺乏自信，担心自己不能够超越别人而成为领袖或者大家羡慕的人。而这些孩子就很可能把自己对人的兴趣转移到对于物品的兴趣上，一些孩子有收集兴趣可能就是这个原因导致的。他们通过对物品的占有，来显示自己对别人的超越。阿德勒的观察有一定的合理性。心理学的研究表明，当儿童对其人际关系缺乏信心时，的确有可能会更加依恋自己的所有物，渴望从物品中得到安全感的补偿。但是，阿德勒的分析也不完全符合科学和实际情况，因为，不是所有的孩子酷爱收藏都是由于人际交往能力不够，如在现实生活中，许多男孩子喜欢收集玩具飞机、汽车、火箭、怪兽照片、商标、邮票等，女孩子喜欢收集手帕、橡皮、玻璃球、纸花、卡片、书签等，与他们的生活环境、成年人的影响、对世界的认识、对新事物的兴趣等都有一定的关系。有些孩子能够把这些爱好一直延续到青少年甚至更长的时间，但是大部分人往往只是很短暂的时间内喜欢，这些爱好对儿童的身心发展还是有积极意义的。只要不是过度囤积或者怪异的"收藏癖"，大人对于儿童的收集应该持宽容和鼓励的态度。对于这些孩子，父母和老师要给予更多的关爱，帮助他们掌控好合适的"度"。

（十三）给学生打分数的做法并不总是值得提倡

给学生打分数的做法并不总是值得提倡。如果儿童不会被按分数而进行分类，他们就如释重负。学校不断的考试促使学生努力获得好的分数，因为差的分数就像终身的判决。

（《儿童的人格教育》，第73页）

儿童对于学校的态度，是衡量儿童幸福感的重要尺度。有一次我在河北省石家庄参加一个新教育实验区老师的座谈会。其中一位校长告诉我，他们学校的孩子们可喜欢学校了，放学了舍不得回家，放假了巴望学校早点开学。毫无疑问，这样的学校一定是好学校，这样的孩子一定是幸福快乐的。如果一个学生早晨磨磨蹭蹭不肯上学，放学后迫不及待地要回家，"星期一，路茫茫""星期五，大逃亡"，那么学校就是他们恐惧的地方。学生不喜欢学校的一个重要原因，就是考试和分数的排名。只要有考试和分数排名，就有成功者和失败者之分，而且结果是大部分人都成为失败者，甚至相对于第一名来说，第二名都可能是失败者。分数，把学生分成三六九等，让大部分学生心情沮丧、心灰意冷，对学校产生恐惧、排斥和逃避，所以，阿德勒反对经常给学生打分数，反对按照分数给学生排名、分类，认为这样的做法会让学生为分数而学习，担心自己成为失败者。分数和排名是孩子们不喜欢上学，甚至逃避校园的原因之一。

（十四）最难应付的孩子

最难应付的是那些满不在乎、感觉冷漠和消极被动的孩子。他们戴着一副假面具，实际上他们很在乎，也不是那么无所谓。这些孩子一旦失去自我控制，常常会勃然大怒，暴跳如雷，甚至会试图自杀。他们只做那些被要求和被命令去做的事。他们害怕失败，并过高估计他人。他们缺乏勇气，需要鼓励。

（《儿童的人格教育》，第 74 页）

与我们前面分析的那些具有攻击性人格的孩子用强硬的外壳保护虚弱的心灵一样，那些看上去"满不在乎、感觉冷漠和消极被动"的孩子，其实也是用这样的方式掩盖他们的在乎。几乎所有的孩子都期待被关注、被温暖，就像所有的花儿都期待阳光雨露一样。所以，作为父母和教师，我们要善于看到"假面具"背后那张真实的脸，了解并理解孩子的许多失控行为，让他们更多地体验成功，找到自信，更多地体验被关爱，找到温暖。一旦他们真正感受到父母和老师的关心呵护，感受到同伴的真诚友谊，感受到做事情的顺利成功，他们就会扬起生活的风帆。

（十五）观察孩子偏爱什么类型的书籍非常重要

观察孩子偏爱什么类型的书籍也非常重要，例如，他们是喜欢小说、童话、传记、游记还是客观的科学作品。处于青春期的儿童很容易被色情图书吸引。不幸的是，在每个大城市都有这样的作品出售。强烈的性欲和对性经验的渴望会把孩子的注意力引向这一方面。为了平衡这种有害的影响，可以采取以下手段：让孩子为好同伴的角色做好准备，早期性启蒙，与父母建立友好关系。

（《儿童的人格教育》，第 75 页）

费尔巴哈曾经说过，人是他自己食物的产物。其实，人的精神成长也与他的精神食物有着密切的关系。阅读的高度决定精神的高度。在很大程度上我们可以说：读什么书成为什么人。因此，观察孩子正在阅读什么书籍，以及为孩子尽可能选择和提供好的书籍，就显得非常重要。苏霍姆林斯基曾经介绍，他从当教师的第一天开始，就操心这样一件事情：不使一本坏书落到孩子手中，使孩子生活在已经成为本民族和全人类文化瑰宝的那些饶有兴味的作品之中。他认为，这是非常重要的任务，因为一个人一生中阅读的书籍是有限的，"在儿童时代和少年的早期，必须细心选择读物。

哪怕孩子读得不多，可是要让每本书在孩子的心灵和头脑中留下深刻印象，使他多次反复阅读，不断从中发现新的精神财富"[1]。阿德勒也关注到儿童的阅读问题，一方面，他提出要关注那些阅读量大大超过正常儿童的孩子，其中可能有一些是因为"缺乏勇气"，希望"通过阅读来增加力量"的人；另外一方面，他也特别关心儿童读什么书籍的问题，如何防止孩子读不合适的图书，被色情图书所吸引等问题。所以，他提出了三条具体建议：一是让孩子为好同伴的角色做好准备，即为孩子寻找好的朋友与同伴；二是早期性启蒙，满足孩子对于性的好奇欲望，用科学合理的方法进行性知识的教育；三是与父母建立友好关系，即父母亲要更多关爱孩子，多陪伴，多交流，良好的亲子关系是最好的教育。

（十六）家庭物质生活条件对孩子的影响

我们不能忽视的事实是，家庭的物质生活条件会影响儿童对生活和未来的观念。相对于家庭物质条件较好的儿童，出身贫困的儿童会有一种匮乏不足的感觉。小康之家的孩子一旦在家庭堕入困顿、没有了往日他所习惯的舒适之时，往往难以应付生活。

（《儿童的人格教育》，第 76 页）

毫无疑问，家庭物质生活条件对儿童的影响是深刻的。总体而言，物质生活条件好、经济条件相对优越的家庭，在教育上还是有一定的优势的，因为，这些家庭可以为孩子的成长提供良好的生活和成长环境、丰富的学习资源，如孩子有属于自己的房间、玩具、图书，有机会参加各种夏令营、兴趣班，看电影、戏剧，境内外旅游研学。无须为生计而奔波忙碌，父母也可能有时间培养孩子等。反之，物质生活条件不好、经济条件相对较差的家庭，在教育上则无法做到上面这些事情，孩子的教育资源也相对缺乏，容易形成强烈的自卑感和自暴自弃。当然，任何事情都有正反两个方面，如果家庭物质生活条件过于优渥，孩子的任何需要都能够及时得到满足，也会造成他们养尊处优、为所欲为、依赖性强，经不起挫折和风浪等。而那些家庭物质生活条件比较困难的孩子，也有可能形成"穷人的孩子早当

---

[1] 苏霍姆林斯基：《给教师的 100 条建议》，长江文艺出版社，2021。

家"的勇气与自强不息的精神。所以，父母和教师要帮助那些家庭物质生活条件相对匮乏的孩子，学会自立自强，不与别人攀比物质生活条件。同时，对于那些家道中落，原来小康之家的孩子，在"家庭陷入困顿、没有了往日他所习惯的舒适之时"，也要帮助他们学会坦然面对，知道命运之舟最后还是控制在自己的手中。只要自强不息，永不放弃，总能成为对社会有用的人。

（十七）如何让孩子学会面对死亡

孩子初次遭遇他未曾预料的死亡经常会给他们带来震撼和震惊，并把他们的一生引向同情之路。一个对死亡毫无准备的孩子一旦突然遭遇死亡，就会使他第一次认识到，生命也有终结。这种认识令他们完全灰心丧气，或至少令他们胆怯恐惧。

（《儿童的人格教育》，第 76 页）

泰戈尔诗云："生如夏花之绚烂，死如秋叶之静美。"[1]生命有开始，就会有终结。但要使生命有意义，如何处理好生与死的关系是教育绕不过去的大问题。有研究表明，我国每年约有 10 万青少年死于自杀，平均每分钟有 2 人自杀、8 人自杀未遂，超 16% 的学生有过轻生念头。在自杀者的年龄排序中：12 岁位居第一，占 40.3%；14 岁第二位，占 22.7%；11 岁和 13 岁分别占 13.6%。其中女孩子远远高于男孩子，占 72.7%。不可否认，青少年儿童的自杀率较高，与我们的生命教育薄弱、死亡教育缺失有着很大的关系。有些孩子以为死亡就像"过家家"，就像睡一觉以后还会醒来，根本不知道死亡到底是怎么一回事；根本没有意识到生命只有一次，没有重新来过的机会；根本不知道生命是世界上最宝贵的东西。"未知死，焉知生？"让孩子正确认识死亡，是教育的一个重要课题。死亡教育虽名为谈死，实乃谈生。"向死而生"，会使人们重新认识人生的价值及意义，从而珍惜生命的每一天。而珍惜生命、热爱生活、成就人生，拓展生命的长宽高，正是新教育实验的基本理念。我主持编写的《拓展生命的长宽高：新生命教育论纲》和新生命教育的系列教材，就是想在这个方面进行探索。

---

[1] 泰戈尔：《泰戈尔诗选》，人民文学出版社，2015。

在人生的不同阶段，人们对于死亡的理解和认识是不同的。在 5 岁前，孩子们往往无法区分"死亡"和"分离"的具体概念；6—9 岁的孩子开始对死亡有基本的认识，知道死亡就是生命的结束；大致 10 岁之后才理解死亡是不可避免的事情。但是也有不少 10 岁以上青少年儿童在对于死亡的认识上，远远没有达到这个年龄儿童的认知水平。青少年的自杀行为与他们没有理解生命的价值和意义，没有了解安全与健康的知识，没有接受过死亡教育有关，于是，遇到具体的情境就会无法承受，采取极端行为。因此对儿童进行死亡教育尤为重要。

（十八）过于严厉或过于温和的方法教育孩子都不好

个体心理学不主张用过于严厉或过于温和的方法教育孩子。我们所要做的是，理解孩子，使他们避免犯错误，不断地鼓励他们勇敢地面对和解决问题，并发展他们的社会情感。对孩子过于挑剔和严厉的父母，会给孩子造成伤害，使他们完全丧失勇气。而过于温和或溺爱的教育又会使孩子形成依赖心理依附某人的倾向。因此，父母既不要用玫瑰色的色彩美化现实，也不要用悲观的态度来描摹世界。他们的职责是让孩子尽可能充分地为生活做好准备，使他们以后能够应付自己的生活。

（《儿童的人格教育》，第 77 页）

家庭教育经常容易走向极端：要么是极端的严厉，要么是极端的溺爱。极端严厉型的家庭，父母往往是威权主义，相信"棍棒下面出孝子"，相信"鞭子本姓竹，不打书不读"，这种父母往往以强制、禁止、命令的方式来教育孩子，孩子的表现要么是逆来顺受、唯命是听，成为丧失勇气、逃避现实的人，要么产生逆反心理，以暴抗暴。极端溺爱型的家庭，父母对孩子的要求、主张、意见照单全收，甚至迁就孩子的不合理要求，往往导致孩子以自我为中心，自私任性，依赖性强，无法与别人和谐相处，社会适应能力低下，缺乏独立性和创造性，缺乏担当精神。所以，阿德勒主张，父母不要用过于严厉或过于温和的方法教育孩子，而应该把握分寸，根据孩子的个性特点进行有针对性的教育，多与孩子沟通，理解孩子，鼓励孩子，培养他们的自信心、独立性和面对困难的勇气，发展他们的社会情感和与人和谐相处的能力，使孩子学会用乐观开朗的态度对待生活，处理问题。

（十九）应该知道是谁在照顾孩子

我们还应该知道是谁在照顾孩子。这个人当然并不一定总是孩子的母亲。不过，即使不是母亲自己亲自照顾孩子，他们也应该熟悉这个管教孩子的人。教育孩子最好的方式就是让他们通过经验而学习，当然，这应该在合理的范围之内。这样一来，孩子的行为就不是受到他人强迫的限制，而是受到事实本身逻辑的限制。

（《儿童的人格教育》，第 77 页）

这段文字有两层意思。第一，要教育孩子，首先要了解照顾孩子的人。因为，孩子的身心发展直接受照顾他的人的影响。这个人一般是孩子的母亲，如果不是母亲，也可能是父亲或者爷爷奶奶、姥姥姥爷，或者是保姆等。总之，谁和孩子在一起，孩子就接受谁的影响。"狼孩"的故事就充分证明，孩子很可能成为他们的"复印件"。只有了解这些人，才能了解孩子个性发展的影响源。第二，教育孩子最好的方式是通过经验来学习，在事情上磨炼。其实，这就是积极主动的学习，而非消极的接受和强迫的限制。所以，向生活学习，向经验学习，主动建构自己的知识体系，才是儿童富有成效的学习。

（二十）追求优越和渴望社会情感的人性假设

个体追求优越和渴望社会情感都是建立在人的本性的基础上。两者都是渴望获得肯定和认可的根本表现；它们表现形式不同，而这种差异又涉及对人的本性的两种不同假设。个体追求优越感涉及的人性假设是，个体不必依赖于群体，而渴望社会情感的人性假设是，个体是在一定程度上依赖于群体和社会的。

（《儿童的人格教育》，第 79 页）

从今天开始学习《儿童的人格教育》的第七章《社会情感和儿童成长的障碍：儿童在家庭中的地位》。前面我们讲到，社会情感是阿德勒个体心理学的一个重要概念。有些人认为，社会情感与对优越感的追求好像是彼此矛盾的，因为，个体追求优越感往往强调的是个体行为，而社会情感则强调的是要考虑社会利益，得到群体和社会的肯定。这两个方面看似矛盾，但实际上"这两种心理在根本上拥有相同的内核"，都是出自人的本性，都是希望得到肯定和认可。而且，阿德勒认为，社会情感代表一种"更为合理、在逻辑上也更为根本的观点"，追求优越感则往往表现为"一种肤浅的表象，即使它作为一种心理现象在个体生活中会更经常地遇到"。为什么这样说呢？因为人从本性上来说是社会动物，任何个体行为最终会受制于社会利益和社会关系，所以阿德勒的理论虽然命名为"个体心理学"，其实更确切地说应该是"社会心理学"。

（二十一）人类达到成熟所需时间最长

在所有的动物中，除了人，没有任何动物，像人类的孩子出生时那样的无助。正如我们所知，人类达到成熟所需时间最长。其中的原因并不在于儿童在长大成人之前有无数的东西需要学习，而是因为人的成长发育需要很长的时间。儿童需要父母保护的时间要远远长于其他任何生物，这是因为他们身体器官的发育要依赖于父母的保护。如果儿童没有这样的保护，人类就会灭绝。我们可以把儿童身体的脆弱期，视为把教育和社会情感联系起来的时刻。

（《儿童的人格教育》，第 82 页）

的确，正如阿德勒所说，在所有的动物中，人类的孩子在刚出生时是最羸弱最无助的。刚刚孵化出来的小海龟就能够在一夜间长途跋涉爬寻大海，长颈鹿在出生后数小时内就可以站立和行走，但人类的婴儿却需要非常长的时间才能成熟，而且，在人类婴儿成长的过程之中，是离不开父母和其他家人的保护和照料的。也正是人类童年的这种脆弱性，导致人类更需要教育，更需要社会情感。达尔文就已经观察到，"所有那些防御能力不够强大的动物总是群体出没"，因为大自然没有赋予它们尖牙利爪和有力的翅膀，它们才组成了群体以补偿这方面的不足。所以，社会性是人类生存和发展不可或缺的本质特征。同时，也正是由于这种脆弱性，教育更特别具有重要的意义。因为，人类的生活、生存技能都是通过后天的教育学会的，无论是在家庭还是在学校，以及其他场景的学习，对于儿童来说都显得特别重要，甚至人的社会情感，也是需要学习的。人类漫长的成熟期，让教育显得格外重要，也提醒我们教育者更应该善待儿童。

（二十二）教育的失误在于对社会造成了有害的影响

我们观察到的所有的教育错误之所以是错误的，都是因为我们认为它们对社会造成了有害的影响。任何伟大成就，甚至人的能力的任何发展也都在社会生活中并朝向社会情感的方向实现的。

（《儿童的人格教育》，第 82 页）

教育的投入是回报最高的投入。教育的失误也是损失最大的失误。因为教育的失误，绝对不仅仅在于耽误了某一个或者一些孩子的个人发展，影响了他们的一生，同时，也对社会造成了不良影响。其实，每个人都是社会的一个分子，每个人的自由全面的发展是社会发展的基本前提。所以，无论是父母还是教师，我们要非常清晰地意识到，我们不仅仅是在培养一个个个体的人，我们同时也在为未来社会培育人才。而注重社会情感的培养，自然也是教育的题中应有之义。

（二十三）如何获得和发展儿童的语言天赋

语言是人与人之间明显的纽带，同时也是人类群居产物。只有从群居和社会的思想出发，语言和言说的心理学才是可以理解的。独居的人不会对语言和言说感兴趣。如果一个孩子没有对社会生活广泛的参与，如果他只在封闭和隔离中成长，那么，他的语言能力的发展就会受到阻碍和延迟。只有当他与他人或群体发生联系时，他才能获得和发展他的语言天赋。

（《儿童的人格教育》，第 83 页）

语言是一种社会现象，是人与人之间交流交往的重要工具和纽带。人的语言能力的发展，也与人的交往活动与交流空间有着密切的关系。阿德勒认为，在日常生活中经常发现有些孩子比其他孩子更善于说话和表达，因此认为他们更有语言天赋，这其实是一种误解。他发现，有语言障碍或者与别人有交流障碍的儿童，往往缺乏强烈的社会情感，与他们过于得到宠爱也有着密切的关系。在这些孩子尚未表达自己的需求和愿望之前，父母往往为他们安排好了一切，"孩子没有感到说话的需要"。这样也就失去了与外部世界的接触和交流，失去了社会适应能力。也有一些孩子是因为他们在开始说话的时候被别人取笑和嘲讽而丧失了信心。阿德勒指出，对于孩子说话不断地纠正和挑剔是一个广泛存在的不良习惯。很多父母和老师往往过于关注孩子说话的准确性，经常打断孩子的说话，或者纠正孩子的发音与语法，结果导致孩子干脆不再说话。所以，发展孩子的语言能力的关键是父母要有耐心，要尽可能多和孩子说话，尽可能鼓励孩子多说话。

（二十四）如果没有社会情感，人的其他能力也无法得到发展

如果没有社会情感，人的其他能力的发展比如理解力和逻辑感都是不可想象的。完全独居的人根本不需要逻辑，或者说他对逻辑的需要不会多于任何一个动物。另一方面，一个人若不断地与人接触和交往，他就必须使用语言、逻辑和常识，因而他必须获得和发展社会情感。这也是所有逻辑思考的最终目的。

（《儿童的人格教育》，第 84 页）

人的社会情感在人的语言与思维能力发展的过程中起着非常重要的作用。也就是说，虽然人的语言与思维能力是属于个体的能力，但是如果离开了社会交往，离开了社会情感，这种个体的能力也是很难发展起来的。"如果一个人不顾及他所生活的社会而试图解决自己的问题，或者使用只有他自己才能理解的语言，那么就会产生混乱。社会情感给个体一种安全感，而这种安全感是他生活的主要支撑。"一个离群索居的人是不需要语言和逻辑的，但是共同生活的人就需要有共同的语言和逻辑、共同的游戏规则。所以，人的社会情感与人的其他能力是共生共长、彼此促进的。培养孩子的社会情感，对于促进儿童的语言与思维本身具有积极的意义。

（二十五）艺术、美学也遵循着社会方向

人们在童年时期的主要观念（例如道德感、伦理规则）通常都是以片面的方式接触到的。对于那些注定要离群索居的人来说，伦理学说是不可理解的，也是毫无意义的。只有当我们考虑到社会和他人的权利时，道德观念才会出现，才有意义。不过，在审美感觉和艺术创作方面，要证实这个观点有点困难。即使在艺术王国，我们也会看到一种普遍的、一致的模式，其根源是我们对于健康、力量和正确的社会发展等的理解。当然，艺术的界限弹性较大，艺术也为个体的趣味提供了更多的空间。不过，总的来说，艺术、美学也遵循着社会方向。

（《儿童的人格教育》，第 85 页）

人是社会的人。马克思说，人是一切社会关系的总和。人们在童年时期的主要观念为什么是以片面的方式接触到的呢？这在很大程度上是因为儿童的生活世界是"片面的"，他们的社会化程度受父母和家庭社会化程度的影响，他们对于道德和伦理规则的认识，也受到父母和家庭的制约。只有当他们来到一个真正的相对平等的场域，一个离开了父母呵护的背景，在真实的社会场景中体验权利、责任和义务的时候，道德观念和规则意识才真正发挥作用。阿德勒举例说，即使在审美和艺术领域，虽然"为个体的趣味提供了更多的空间"，有着更强的个体性，但是仍然具有很强的社会性。英国学者博克在《论崇高与美两种观念的根源》中提出并且论证了这种社会性，认为美基于积极的快乐，崇高基于痛苦的消极的快乐，而快乐和痛苦的观念本来归结于自我保存和社会性。只有社会性，才是人的本质，也应该是教育的着力点。

四、绝对不要粗暴鲁莽地对待儿童

（一）长篇累牍的道德说教不会有什么效果

如果遇到一个孩子思想混乱，甚至形成了有害或犯罪的倾向，那么我们就要注意记住，长篇累牍的道德说教不会有什么效果，而是要深入探究，从而将其有害的心理连根拔除。换句话说，我们不要装扮成道德法官来对他们进行审判，而是要成为他们的朋友或治疗他们的医师。

（《儿童的人格教育》，第 86 页）

为什么说教总是起不到好的教育效果？有人曾经总结过四个方面的原因。一是孩子认知有限，听不懂。尤其是三岁以前的孩子，更加难以理解父母讲的道理。二是孩子有事不过三的"超限效应"，即大脑接受刺激频率过多或者作用时间过长，会产生不耐烦或者心理逆反的现象。三是反向心理强化，即心理学所说的"讽刺性反弹"，父母越是想让孩子按照自己的意愿去做事情，结果就越不可能实现。四是出现自卑情绪，即事事说教，不断强化孩子的错误，会使孩子觉得自己哪一方面都不行，形成严重的自卑心理。当然，我们反对"说教"，但不意味着反对平等沟通的"讲道理"。相反，对于任何阶段的孩子都应该有"讲道理"的空间，关键是用什么样的方式去讲。说教，往往是居高临下的，是"我说你听"；讲道理，是平等互动的，是交流讨论。所以，如果父母和老师用平等的身份、朋友的角色去交流，去"讲道理"，一起通过阅读图画书、桥梁书等，讨论书中人物、动物的行为及其命运，是应该可以取得较好的效果的。我一再说，好关系才有好教育，关系是教育的前提，就是这个道理。

（二）对孩子的评价要慎重

如果我们不断地告诉一个小孩他很坏、很蠢，那么，不要过多长时间，他就会相信我们的断言是对的，并最终丧失了面对困难和解决问题的勇气。孩子不了解他的环境才是拔除他自信的根源，并会不知不觉地相应规划自己的生活，以证明对他的错误判断是正确的。这个孩子会感到自己天赋不如别人，认为自己的能力和发展的可能性有限。从他的态度中我们可以准确地看到他消沉的心境，这种心境与环境对他的不良影响直接相关。

（《儿童的人格教育》，第 86 页）

别人的评价往往是一面镜子，折射出自我的影像，也是自我评价的基础。在儿童自我意识尚未完全形成，自我评价还不能客观准确的情况下，父母和老师的评价就要十分谨慎。我曾经提出一个"说你行，你就行"的"教育定律"，就是告诉老师和父母，要对孩子尤其是年幼孩子多进行积极正面的评价，因为这种评价是一种暗示，也是一种鼓励，孩子会因此对自己更有信心，从而更加努力，拥有克服困难的勇气和力量。相反，如果我们不断给孩子负面的评价，"不断地告诉一个小孩他很坏、很蠢"，就会挫伤他的自信心，使他最后自暴自弃，丧失了面对困难和解决问题的勇气。对于孩子来说，信心同样比黄金还重要。

（三）出生顺序不同的孩子为什么不一样

父母经常会忽视或误解孩子在家庭中不同的处境。那些有兄弟姐妹的孩子的处境和独生子女的处境就存在差异。长子的处境之所以特别，是因为他曾是家里唯一的孩子。这种经历是次子所无法想象的。幺子的处境也不是其他孩子所能体会的，因为他曾是家里最小和最弱的孩子。

（《儿童的人格教育》，第 87 页）

人是环境的产物。家庭是人成长最初的环境，也是人成长早期的最重要的环境。在这个环境之中，人际关系是最为关键的要素，孩子的出生顺序和兄弟姐妹的数量，对孩子都有着不同的影响。首先，有兄弟姐妹的孩子和独生子女成长环境就存在差异。一般而言，独生子女因为不需要跟其他孩子竞争，往往会得到更多关注，父母对他们也可能会过度保护，这一方面容易导致他们喜欢依赖他人，另一方面也容易导致他们以自我为中心，喜欢被关注，不愿意与别人分享等。阿德勒也特别观察过长子的成长问题，用了很多精力研究长子问题。他认为"长子通常都被过分宠爱，父母对他也期望甚多"，所以，在父母高期望的影响下，长子容易成为完美主义者，有一定的责任感，性格相对保守，喜欢取悦别人。在后面的弟弟妹妹出生后，尤其是他们的成绩超越和挑战自己的地位时，长子的心理也会发生很大的变化。幺子的成长也很有意思。在书中阿德勒用很大的篇幅描写幺子的心路历程，认为"幺子通常总想表现自己，并会在很多方面取得成功"，因为幺子相对来说是"家里最小和最弱的孩子"，自卑感相对也更强，所以会"加倍努力，以超越其年龄较大的哥哥或姐姐"，最后也往往会成为超过哥哥姐姐的"征服者"。阿德勒通过《圣经》和各国的神话也找到了相关的佐证。但是，在幺子身上也可能出现另外一个极端，那就是他们在遇到了不可克服的障碍，通过自己的努力无法实现目标的情况下，会"完全丧失了信心，懒散之极"。所以，在家庭教育中，要充分注意不同孩子的不同特点，有针对性地进行养育。

（四）男孩和女孩不应该单由女人或男人抚养和教育

有一种普遍的观点认为，男孩不应该单由女人抚养和教育。不过，我们不要从字面上理解这句话的意思，因为所有的男孩最初都是由女人抚养。它真正的意思是，男孩不能仅在女人的环境中成长。这个观点并不是反对女性，而是反对从这种环境中产生的误解和偏见。这对只在男性环境中成长的女孩也一样。

（《儿童的人格教育》，第 92 页）

在家庭教育中，母爱给孩子以温暖，父爱给孩子以力量。母亲的无微不至与父亲的坚强支持，对于孩子同样重要。在前行的路上，我们既需要温暖，也需要力量。在去年的全国两会上，我曾经提出了增加中小学男性教师比例的问题，这是因为中小学生中男孩子缺少阳刚之气，优秀学生阴盛阳衰，学生干部和学霸大多是女生的情况比较普遍。这个情况，在家庭教育中也是需要特别注意的。虽然总体而言母亲在家庭教育中承担着更加多的责任，尤其是在哺乳期需要付出更多的时间、精力和心血，但是这并不意味着父亲角色可以缺失。无论是男孩还是女孩，都应该尽可能在双亲双性的养育环境中成长。心理学的研究表明，具有双性特点的儿童会有更好的发展。

（五）一个人的生活风格在四五岁时候就已经形成

我们不要忘记，一个人的生活风格通常在 4 岁或 5 岁的时候就已经确定下来。在这段时间必须培养他们的社会情感和必要的社会适应能力。大约在 5 岁，一个人对于世界的观念通常已经确定和固定下来，并在今后的发展中保持着大致相同的方向；他对外在世界的感知基本保持不变；他受制于自己的观念，并不断地重复他原初的心理机制和产生于这种心理机制的行为。一个人的社会情感受到他自身的精神视野的限制。

（《儿童的人格教育》，第 92—93 页）

"三岁看大，七岁看老""少成若天性，习惯成自然"，这是中国人对儿童智慧观察的结论，在很大程度上暗合了现代科学的研究结果。哈佛大学的长期跟踪研究表明：人生的幸福与成就，与 7 岁之前所受到的教育和成长环境有着密切的关系。的确，一个人的认知风格、行为习惯、个性特征，乃至于一个人的社会情感和社会适应能力，在 5—7 岁期间就已经初步形成了。这些都为一个人的终身发展打下了底色，对一个人的人生观、世界观都产生了基础性的影响，他们今后的人生发展中会"保持着大致相同的方向"。所以，在儿童成长的关键时期，在 5—7 岁以前这样的敏感时期，我们应该与孩子建立亲密的人际关系，应该给他们足够的安全感，帮助他们建立对自己的自信和对他人的信任，成为一个对别人友爱友好的人。

（六）不能用千篇一律的法则来教育儿童

儿童的成长总有一些主观和独特的东西。教育者必须对儿童独特的个性有所理解了解，不能用千篇一律的法则来教育儿童。这是为什么我们对不同儿童运用同一教育原则却取得了不同的效果的原因。

（《儿童的人格教育》，第 94—96 页）

为什么不能够用千篇一律的原则和方法来教育不同的儿童呢？无疑，教育是有规律的，但是针对每一个具体的儿童来说，又应该是完全不同的。如果用同一种方法教育不同的儿童，肯定是无济于事的。因为，每个儿童的成长都具有唯一性和独特性，即使在同样的环境中成长，每个儿童对于自己环境的认识也是不同的。按照阿德勒的说法，"孩子的行为并不是客观的反应，而是受制于他对自己早期经验的无意识的理解。如果他对某一情境或应付某一情境的能力产生错误理解，那么，这种错误的理解和判断就会决定他的行为"。所以，在教育儿童的时候，我们不仅仅要分析他所处的环境，同时需要了解他对自己环境的理解和认识，尊重他的主观性和独特性。换言之，父母和教师也不能从自己的主观意见出发对待孩子，而要真正地一把钥匙开一把锁。

（七）表面坚强的孩子经常有一颗敏感和孱弱的心灵

我们在学校里会经常遇到这样一种类型的儿童，他们似乎和我们这里的描述相矛盾：这种孩子懒惰、迟遍和内向，对知识、纪律和批评无动于衷，他们生活在幻想的世界中，丝毫没有表现出对优越感的追求。如果我们具有丰富的经验，我们就会看出，这也是一种追求优越感的形式，尽管它是一种荒唐的形式。这种孩子绝不相信他能够通过正常的途径获得成功，结果他会尽力避免所有可以改善和提高自己的手段和机会。他把自己封闭起来，给人一种性格坚强的印象。这种坚强是他人格的全部；在这坚强的性格背后，我们可通常可以发现一颗异常敏感和异常孱弱的心灵，为了避免伤害和痛苦，他需要表现出坚强和冷漠。他将自己裹进盔甲之中，这样任何东西也不会靠近、触动甚至伤害他了。

（《儿童的人格教育》，第98页）

在生活中，我们经常看到一些孩子，像阿德勒描述的那样，懒惰、迟遍、内向，对知识、纪律和批评无动于衷，对一切无所谓，生活在自己的幻想世界中，丝毫没有表现出对优越感的追求。这样的孩子往往让父母和老师感到束手无策，"针插不入，水泼不进"。哀莫大于心死，对于这样的孩子，关键是要能够发现他们是在用另外一种荒唐的方式追求优越感。当他们发现用其他孩子一样的正常方式，已经无法实现自己的目标，无法满足追求优越的需要时，他们干脆开始自我放弃，就地"躺平"，让别人产生"不是他不聪明，而是他不在乎"的错觉。其实这样的孩子内心的痛苦也是剧烈的，是"异常敏感和异常孱弱的"。为了满足自己的自尊心，为了避免进一步的伤害，他们只能以"坚强"和"冷漠"的姿态出现。所以，对待这些孩子，关键是要善于发现他们"坚强"背后的敏感和孱弱，帮助他们再次点燃内心追求优越的火炬。更重要的是，帮助他们正确地认识自己，帮助他们制定并且努力实现一个个具体的小目标，让他们看到希望和可能。让他们正确地对待困难和挫折，养成不抛弃不放弃的习惯。

（八）儿童看问题经常有对立的认知方式

我们不要忘记，孩子看问题和我们成人不同。，他们容易倾向于把世界划分为对立的两个部分。如果要理解儿童，我们就不能忘记这样一个极端重要的事实，即儿童有一种把世界划分为对立的两个部分的强烈倾向（上或下，全好或全坏，聪明或愚蠢，优越或自卑，全有或全无）。有些成人也有这样对立的认知方式。

（《儿童的人格教育》，第 100 页）

儿童的思维能力和认知方式有一个逐步发展的过程。心理学家皮亚杰曾经把儿童认知发展分为四个阶段。[①] 一是感知运动阶段（0—2 岁），这个阶段的儿童的主要认知结构是感知运动图式，即依靠感知动作去适应外部世界；二是前运算阶段（2—7 岁），这个阶段的儿童开始将感知动作内化为表象，建立了符号功能，可凭借表象进行思维；三是具体运算阶段（7—11 岁），这个阶段的儿童的认知结构开始出现守恒性、可逆性，能凭借具体事物或形象进行分类和理解逻辑关系；四是形式运算阶段（11—16 岁及以上），这个阶段的儿童思维开始逐步发展到抽象逻辑推理水平，能够摆脱具体事物的束缚，不受具体事物内容的局限，把形式与内容分开，运用符号进行命题演算，能根据假设进行逻辑推理。的确，如把人简单分为好人与坏人，把事情简单分为对和错等，在儿童认识世界的过程中，经常会出现非此即彼的"对立的认知方式"，这与儿童还没有从形式思维发展到辩证思维有关。

---

① 皮亚杰：《教育科学与儿童心理学》，教育科学出版社，2018。

我们幼年成年人也有同样的不成熟的"儿童思维"。对此，有一个经典的苏格拉底关于偷盗问题的思辨案例。有一个年轻人认为"不偷盗就是美德"。苏格拉底问他："士兵奉命潜入敌营偷出布防图，是不是美德？"年轻人说："偷盗敌人的东西是美德，偷朋友的是是恶德。"苏格拉底又问："有一个朋友万念俱灰，在枕头下放了一把刀，准备夜间自杀。朋友得知后悄悄把刀偷出来，救了他一命。这样做是不是美德？"这个年轻人看待问题就是非黑即白，非此即彼的"对立的认知方式"。所以，我们在教育孩子的时候，不妨采用苏格拉底的方法，让他们学会辩证思维，打破对事物的刻板印象，认识到凡事都有两面性，而且事物本身也处在不断的运动变化与发展之中。

（九）过分敏感的孩子会对现实保持一定距离

我们知道，过分敏感的孩子会很快从现实中退出来，躲进自己所建构的想象世界之中，因为后者能够在一定程度上保护他们免受进一步的伤害和苦痛。不过，这种逃避并不必然意味着他们完全不具有适应和调适能力。对现实保持一定距离不仅对于作家和艺术家是必要的，而且对于科学家也是必要的，因为科学家也需要拥有良好的想象力。白日梦里的幻想不过是一种绕过生活中的不快和可能失败的迂回的道路罢了。我们不要忘记，正是那些拥有丰富想象并且后来又能把想象和现实联系起来的人成了人类的领袖。他们之所以成为人类的领袖，不仅仅是因为他们受过较好的学校教育，拥有敏锐的观察力，而且还因为他们具有面对困难和克服困难的意识和勇气。

（《儿童的人格教育》，第 103 页）

过于敏感的孩子，往往容易受到现实世界的伤害。为了躲避伤害，他们往往选择逃离现实，进入自己的想象世界。阿德勒认为，这种逃避并不意味着这些儿童完全缺乏社会情感能力，不具备社会交往和社会适应能力。他们往往是出于自我保护，绕过那些可能的麻烦和伤害，让自己有更多的时间沉醉在喜欢的事物上。所以，这些儿童今后有不少人可能会成为科学家和艺术家。也正因为如此，阿德勒主张对这些儿童不要过早下结论，认为他们已经无可救药，恰恰相反，要发现他们敏感心灵背后的那些想象力和洞察力，帮助他们更好地对待外在的压力，培养他们正视困难和克服困难的勇气。这些人，一旦能够把想象力与现实世界很好地连接起来，就可能产生惊人的爆发力，甚至有可能成为领袖级的人物。

（十）绝对不要粗暴、鲁莽地对待儿童

我们经常可以从众多伟人的生平事迹中看到，他们在儿童时期很少关注现实，学习成绩也不够好，不过他们拥有洞察周围世界的卓越能力，因此，当有利条件出现的时候，他们的勇气就足以使他们直面现实，努力拼搏，而最终成就一番事业。当然，如何把儿童培养成伟人，这里无法则可循。不过，我们应该记住，我们绝对不要粗暴、鲁莽地对待儿童，而是要不断鼓励他们，不断地向他们说明现实生活的意义，从而不至于扩大他们的想象世界与现实世界的距离。

（《儿童的人格教育》，第 103 页）

这段文字是接着上面一段说的。仍然是讲如何正确面对那些内心敏感，喜欢躲进自己建构的想象世界中去的儿童。爱因斯坦曾经说过："想象力比知识重要。"的确，知识是有限的，而想象力概括着世界上的一切，推动着社会进步，并且是知识提高的重要源泉。有了想象力，人就有了希望，有了对未来的期待，有了创造的激情。所以，一旦想象力与勇气相结合，与改变现实的力量相结合，就可能产生奇迹。阿德勒指出，虽然不是所有拥有想象力的人都是天才，都能够成为科学家、艺术家甚至领袖，但是，想象力为每个人提供了可能性和空间。儿童的"异想"也许真的能够迎来属于他自己的"天开"。所以，"绝对不要粗暴、鲁莽地对待儿童"，是教育的一条重要原则。只有这样，才能保护儿童的想象力，呵护他们敏感的心灵。也只有这样，才能帮助他们直面现实，奋力拼搏，挑战困难，最终成就一番事业。

（十一）个体的心理生活是一个统一的整体

个体的心理生活是个统一的整体，个体人格的所有表现不仅横向上密切关联，而且前后一贯。人格在时间中连续展开，而不会出现突然的跳跃。现在和未来的行为总是和过去的性格一致，也是相适应的。这绝不是说，个体

一生中的事件机械地为过去和遗传所决定。不过，这也不是说，个体的未来和过去是相互断裂的。我们不能一夜之间跳出原来的自我，而变成另一个人，尽管我们从来都不知道所谓的自我到底是什么。也就是说，直到我们表现出我们的能力和天赋的那一刻，我们从来就不清楚我们全部的潜能。

（《儿童的人格教育》，第 104 页）

从今天起我们一起读《儿童的人格教育》的第九章《作为准备性测试的新环境》。顾名思义，这一章是讨论儿童的个性是新的环境下的表现问题的。阿德勒开宗明义，重申他关于个性的统一性的基本观点。他指出，个体的人格是一个完整的统一的整体，不仅表现为横向上的互相关联，而且表现为纵向上的前后一致。这样的统一性也决定了儿童人格发展的连续性，为我们了解儿童和教育儿童提供了可能及依据。在很多情况下，儿童的个性是被"隐藏"起来的，或者是在习以为常的环境下很难发现的，但是"一旦进入新环境之中，他隐藏着的性格就会表现出来"。所以，我们"可以通过把他们带入一个他们没有预料到的新环境之中，来发现他们的人格发展水平"。这个新的环境，自然最典型的就是学校了。为什么学校对于孩子和父母、老师都十分重要？一个重要的原因就是对于儿童来说，学校是一个全新的环境。儿童不仅需要适应这个新的环境，而且他的许多问题也在这个时候充分暴露出来，在父母、老师甚至他自己看来，他可能是一个"另外的自己"。阿德勒在这里还点明了另外一个重要的问题，那就是说，人的天赋、能力与人的个性一样，也是经常被"隐藏"起来的。如果没有适当的环境与机缘，人们的才华也很难被发现。新教育实验强调要让学校成为"汇聚伟大事物的中心"，就是期待让学生有各种机会与这些"伟大"相遇，在实践活动在发现自己，寻找自己，成为自己。[1]

（十二）新环境是对儿童的考验

新环境是对儿童准备性的一种测试。如果儿童准备充分，他就会满怀信心迎接新环境。如果他对新环境缺乏准备，他就会感到紧张，并进而产生一种无能感。这种无能感会扭曲儿童的判断力，并对环境做出不真实的

---

[1] 朱永新：《新教育实验——中国民间教育改革的样本》，漓江出版社，2023。

反应，即这种反应和环境的要求格格不入。换句话说，儿童在学校的失败不仅是由于学校系统的无效，还主要因为儿童准备上的缺失和不充分。

（《儿童的人格教育》，第 109 页）

阿德勒非常重视儿童面对的各种"新环境"，如被其他家庭或者福利院收养，进入幼儿园或者中小学读书，转学或者转班级等。他指出，之所以要研究新情境，"并不是因为它是儿童变坏的原因，而是因为它更为清晰地显现了儿童对新环境准备上的缺失"。所以，他认为每一个新环境都可以作为对于儿童准备能力的测试。以儿童入园和上小学为例，对于那些在家庭里过于受到一对一特别照顾的儿童来说，进入幼儿园和小学之后，他们多少会感到失落和无助。同时，有些家庭成人也经常用幼儿园和学校为借口，"威胁"孩子，让他们产生对幼儿园和学校的恐惧。对于幼小的儿童来说，他们往往是难以自主地做好进入新环境的准备的，这就需要在家庭中创造一些与新环境相接近的"场景"与养育方式，帮助他们养成良好的生活习惯，减少对于别人的依赖。阿德勒专门观察了一个被收养的孩子，发现他性格暴躁，行为捉摸不定，不服管教，难以矫治。孩子的养父母也无奈地说，他们尝试过各种办法，"软硬兼施，但不起任何作用"。在这样的情况下，仅仅靠"善待"孩子是不够的，关键是要"理解这个孩子的所感和所想"，让孩子在新的环境中能够感到安心、安全、快乐、幸福。

（十三）要重视孩子初始遭受的失败

孩子初始遭受的失败，一般都没被引起足够的重视，不过，它对孩子来说可能是个灾难。……有些孩子会受到失败的激励，有些孩子则会一蹶不振。对于那些对自己及其未来丧失信心的孩子，必须加以鼓励和激励。对于他们要温柔、耐心和宽容。

（《儿童的人格教育》，第 109—110 页）

对于儿童来说，所有的第一次经验都是非常重要的。第一次成功的经验，会帮助他们建立信心，建立成就感；而第一次失败的经验，则会让他们产生自卑，具有挫折感。当然，不同的孩子有不同的耐受力，同样的失败和挫折，有的人可以挺过来，有挑战困难的勇气和信心，甚至"会受到失败的激励"；有的人则会被困难和挫折打倒，甚至从此一蹶不振。这和父母的养育方式也有直接的关系。阿德勒举例说，有些父母经常在孩子出现错误、考试失败、成绩落后的时候责罚孩子，断定孩子"将一事无成"，或者断言孩子"会在监狱里结束一生"等，这样的结果往往导致孩子认为自己真的不会有出息，真的"认为自己一文不值"。这对于孩子来说，当然是一个灾难。所以，总体而言，父母和老师应该以更加温柔、耐心、宽容的方式鼓励和激励孩子，尤其是孩子们在遭受人生"第一次"失败的时候，要及时帮助他们建立起对于生活和未来的信心。

（十四）在女性环境中成长的男孩

那些在女性环境中成长的男孩会避免与其他男孩交往，并被嘲笑和愚弄，也经常被当作女孩子来对待。他们自己习惯了女性的角色，并会在后来经历相当激烈的内心冲突。对男女性别器官差异的忽视，使得这些孩子相信性别是可以改变的。不过，他们最终会发现他们的身体构造是不可改变的，因而会形成他们希望所属性别的心理倾向（男孩有女孩心理，女孩有男孩心理）来加以补偿。这种心理倾向会体现在他们的服饰和举止上面。

（《儿童的人格教育》，第 110—111 页）

在医学心理学上，有所谓的易性癖（Gender Identity Disorder），又称变性癖或者易性者，主要表现为"性别焦虑"或"性别认同障碍"，他们从内心深处希望成为另一性别的人，总觉得自己属于另一性别，认为自己是错误地生活在了另外一个躯体里。阿德勒这里说的情况远远没有达到易性癖的程度，但是他分析的性别认同与性别倾向问题，是值得注意的心理与教育问题。在生活中，有些父母有明显的性别喜好。喜欢女孩子的父母就经常把男孩子当女孩子抚养，给他们穿花衣服，让他们温文尔雅、低声细语；而喜欢男孩子的父母则经常把女孩子当男孩子养育，给她们穿男孩子的衣服，理男孩子的发型，培养她们大胆泼辣的作风。这与孩子成长环境中的性别单一化有时也有关系。久而久之，他们就习惯于所归属的那个性别，表现出"男孩有女孩心理，女孩有男孩心理"的行为特征。情况严重的极端表现，会产生强烈的性别认同，由于对男女性别器官差异的忽视，最初这些孩子甚至相信性别是可以改变的。而当易性技术出现以后，其中部分人甚至选择更改自己的生理器官，选择另外一个性别。其实，从人的成长规律来看，家庭和社会的期待是具有一定的性别角色期待特点的。如人们经常教导男孩子不要"婆婆妈妈"，要有点阳刚之气；女孩子不要性格暴烈，要有点阴柔之美。但是，如果能够发挥男女双方的性别优势，男孩子粗中有细，女孩子柔中有刚，则是更有利于个人的成长与发展的。这也是在教育过程中应该尽可能注意的问题。

（十五）我们的文明明显有利于男性

我们的文明明显有利于男性，并且赞成他们拥有某些特权。男孩的出生通常比女孩更受欢迎。这对男孩和女孩都产生了有害影响。女孩很快就会受到自卑感的刺痛，而男孩则背负过度的期望。女孩的发展受到了限制。

（《儿童的人格教育》，第 111 页）

我们知道，人类社会经历了一个从母系社会向父系社会转变的过程。在原始社会早期，劳动生产力比较低下，社会的任务是生存和繁衍，而女性承担着繁衍的重任。这个时候，社会以女性为中心，因此女性占据主导地位。大约在 5000 年前，随着社会生产力的发展和男子在生产过程中地位和作用的提升，男性开始占据主导地位，人类也由此从母系社会转变为父系社会。家庭和私有制的出现，更加巩固了男性在家庭中的地位，形成了男性中心主义的文化和"男尊女卑"的性别歧视的封建思想，造成了"明显有利于男性"的文明和文化。所以，男孩在家庭的地位也长期比女孩更优越。阿德勒认为，这样的文化对男孩和女孩都存在着不利的因素，女孩会"受到自卑感的刺痛"，男孩则"背负过度的期望"，两者的发展都受到某些限制。所以，在现代教育体系之中，一方面要加强男女平等的教育，不允许有性别的歧视，另一方面要根据男女性别的差异进行有针对性的因材施教。

（十六）什么时候可以向孩子解释性问题

什么时候可以向孩子解释性方面的事情，并不存在硬性的规则，因为我们无法预知一个孩子对这种解释的接受和相信程度，我们也无法预知这种解释将对他产生什么影响。一旦孩子问到这方面的情况，在我们给予他们解释之前，应该对孩子当时的实际情况认真加以考虑。这里不提倡过早地向孩子做这方面的解释，尽管这并不总会产生有害的结果。

（《儿童的人格教育》，第 114 页）

在传统的教育中，父母总是"谈性色变"，避讳和孩子谈"性"问题，当孩子问起这方面的问题时，也总是"顾左右而言他"，不能够满足孩子的好奇心。在我们的幼儿园和中小学的课程中，也缺少这方面的相应教育，经常导致孩子们只能通过不正常的渠道获得不全面的性知识，不知道如何保护自己。

那么，究竟应该在什么时候开始进行儿童的性启蒙教育呢？阿德勒提出了几个重要的观点：（1）没有一个统一的"硬性的规则"，即没有一个明确的规定，应该根据每个孩子的不同情况进行；（2）不提倡过早地向孩子进行性启蒙教育；（3）当孩子提出这方面的问题时，应该尽可能给予比较专业、准确的指导。也就是说，当孩子提出这方面的问题时，可以进行因势利导的性教育。

一般来说，性意识启蒙的第一步，是从儿童自己的身体特征开始的。随着孩子的长大，他们会慢慢认识自己的身体，发现家中的爸爸和妈妈、幼儿园里男同学与女同学身体特点的不同，知道这个世界有两种不同的性别。这个时候，父母不必回避问题，而是尽可能简要而专业地介绍，不妨可以和孩子一起读《丁丁的故事》《乳房的故事》《呀！屁股》《我是女孩，我弟弟是男孩》等图画书，了解男女身体结构的差异。同时适时告诉孩子，人的性器官是隐私部位，不应该随意暴露，同时更不能被人侵犯，也不能触摸他人的隐私部位等。接着，孩子们往往会对自己从哪儿来的问题产生好奇，会向妈妈提出"我是从哪里来的？"的问题。这个时候，同样不能够回避，也不可以对孩子随便搪塞了事，或者瞎编告诉孩子是"从大街上捡回来的"等，但是，要注意科学的讲述，可以通过《小威向前冲》《宝宝的诞生》等这样的图画书，满足孩子在这方面的好奇心。

（十七）能不能给孩子讲神话故事

神话故事并不是儿童的最佳读物。这当然不可能完全禁止，因为孩子会从中了解很多关于人性的知识。不过，应该在这些神话故事读物中附上正确的评论，应该阻止他们阅读那些含有残忍描述和扭曲幻想的神话故事。人们有时会运用那些写有强者残忍行为的神话故事来磨砺儿童，使他们坚强粗犷，克服其温柔的情感。这又是一个源自英雄崇拜的错误观念。男孩子认为表示同情是一种没有男子汉气概的表现。温柔的情感遭受嘲弄，这很令人费解。

（《儿童的人格教育》，第 115 页 ）

　　神话故事要不要、能不能推荐给儿童阅读？这是一个颇有争议的问题。赞成者认为，神话在想象性和故事性上类似于人类的"童话"，孩子们读起来具有有天然的亲切感和合理性。正如神话研究学者严优所说："神话是人类童年时期的精神瑰宝，而人类个体的童年常常在迅速地经历和重复人类这一物种童年的精神历程，孩子们对这个世界发出的疑问，常常与远古人类的话题和疑问相似，这是神话之所以对小朋友独具吸引力的原因。换句话说，今天我们通过讲述神话的方式来帮助孩子们建构自己的精神世界，可能比其他方式更具备天然的优势。"神话对于培养儿童的想象力，了解古人的思维方式与认知风格具有积极的意义。

　　但也有反对的声音，阿德勒就是其中的代表人物。他明确指出：神话故事并不是儿童的最佳读物。因为神话中有许多"残忍描述和扭曲幻想"，是不利于孩子的成长的。如古希腊神话中的人物错综复杂的扭曲关系，低龄孩子不仅难以理解，而且不利于孩子的心灵健康成长。如讲述宙斯的父母是兄妹，宙斯和他的妻子赫拉也是兄妹，宙斯的情人之一勒托是他的父母的姐妹，宙斯和姐姐得墨忒耳的女儿被迫和宙斯的哥哥成婚等。中国的《山海经》神话中也有一些杀戮场面，如《女娲补天》中的女娲砍了海龟的四条腿，用来竖立在大地的四方。《刑天舞干戚》中的刑天，被黄帝斩去头颅后，把胸前的两个乳头当作眼睛，把肚脐当作嘴巴，左手握盾，右手拿斧厮杀。这些恐怖场面无疑也是不适合在孩子们的面前渲染的。那些认为这些内容有助于培养孩子勇敢无畏精神的说法，其逻辑也是有问题的。尤其是儿童成长的早期，处于他律的道德阶段的孩子，倾向于去遵守绝对的权威和正义，更是无法全面、辩证、历史地看待问题。阿德勒也批评了那些认为这些神话有助于培养孩子们勇敢无畏的精神的说法，用大量事实证明了这个观点。所以，我认为，没有必要为孩子将神话一概拒绝于门外，而应该认真选择适合孩子读的神话，同时要"附上正确的评论"，给孩子必要的解释和说明。

（十八）孤儿和私生子为什么容易产生反社会倾向

私生子会受到同伴等人的嘲笑，或者国家的法律使得他们处境艰难，法律把他们烙上私生子的印迹。于是，他们会变得很敏感，容易和人发生争吵，并对周围世界抱有敌意，因为每一种语言都有一些丑陋的、侮辱性的和鄙视的字眼来称呼他们这些私生子。这就不难理解，为什么问题儿童和罪犯之中有那么多的孤儿和私生子。孤儿和私生子的反社会倾向不是天生和遗传的，而是环境促成的结果。

（《儿童的人格教育》，第 115 页）

孤儿和私生子虽然在生活中比例很低，但也是应该得到关注的重要对象。两者虽然有一些共同之处，但其实是不能够完全相提并论的。孤儿，是指父母都已经去世的儿童；私生子则可能父母还健在，但是父母与孩子的关系存在着不同的情况，有的可能得到父母双方的宠爱，有的可能只得到其中一方的宠爱，有的则可能被父母双方抛弃，成为另外一种"孤儿"。这两种儿童在社会上得到的关注和评价程度也是不尽相同的。按照阿德勒的观点，孤儿、私生子之所以容易产生"反社会倾向"，与天生的遗传毫无关系，而是社会环境造成的。因为他们往往得不到其他孩子一样正常的爱，一出生就被这个世界"讨厌"或者"抛弃"，经常被一些人用"丑陋的、侮辱性的和鄙视的字眼来称呼"，受到各种各样的冷眼、嘲笑，品尝了来自周遭环境的恶意。于是，产生报复心理，或者用反社会的行为来引起人们的关注。这些孩子，无疑需要更多的关爱、更多的温暖。

（十九）专注是学习的前提

学生是否专注于自己的学业，在很大程度上取决于他对教师的兴趣。促使并保持学生的专注，发现学生是否专注或是否能够专注，这是教师教学艺术的一个部分。

（《儿童的人格教育》，第 117 页）

从今天开始，我们一起读《儿童的人格教育》的第十章《孩子在学校》。顾名思义，这一章是讲孩子在学校里的情况。阿德勒认为，孩子进入学校学习时，就是进入了一个全新的环境。了解一个孩子在进入幼儿园和小学时的心理准备情况，比了解孩子在学校课业成绩，更能够了解他的未来发展情况。专注，在心理学上被称为"有意注意"，它是学习的重要前提。专注是人的集中注意力的重要品质，注意力是人的心灵的门户，只有集中注意力才能开启真正的学习。儿童的注意力一般是从无意注意发展到有意注意的，开始的无意注意与兴趣有着密切的关系，也就是说，学生的注意力与他对老师是否有兴趣有着密切的关系。常言道：亲其师信其道。学生往往是喜欢某个老师，进而喜欢这位老师所教的学科。阿德勒说，促使并保持学生的专注，发现学生是否专注或是否能够专注，是教师教学艺术的重要组成部分。这是很有心理学依据的。其实，注意力背后的关键仍然是良好的师生关系。好关系，才有好教育，这是父母和老师都要记住的真理。

（二十）爱的力量永远大于批评和责备

对于这些在学校里难以适应、成绩不佳和考试不及格的孩子，批评或责备是没有用的。相反，批评和责备只能让他们相信，他们不适合上学，并对上学产生悲观消极的态度。值得注意的是，如果这种孩子一旦获得教师宠爱，他们通常都会成为好学生。如果学习对他们有好处，他们当然会努力学习；不幸的是，我们不能保证他们永远得到宠爱。

（《儿童的人格教育》，第 117 页）

阿德勒分析了为什么有些学生不能够专注的原因，他发现其中很多都是在家庭中"被宠坏的孩子"。他们在家庭里是众星捧月的中心，集万千宠爱于一身。但是到了学校以后，"一下子被学校里这么多的陌生人吓坏了。如若教师又较为严厉一点，这些孩子就会表现出似乎记忆力欠缺"。专注才能记住，记忆力欠缺有时候就是专注不够的原因。因为，这些孩子的全部精力，都集中在"被宠爱的渴望"上，而不是在学校的学业上。虽然学校的教师不可能像父母那样宠爱每一个学生，但是，智慧的教师，会让每个孩子能够感受到他的爱。尤其是对于那些具有宠爱饥饿症的孩子，教师应该格外关注，帮助他们顺利适应学校的新环境，建立安全感和信任感。教师应该记住：爱的力量永远大于批评和责备。在孩子心不在焉，记不住所学习的东西时，首先应该关注一下，他是否具有宠爱饥饿症。

（二十一）智商高低不能够预测孩子的未来

我们并不想贬低智力测试和智商的功能，我们的意思是，如果要进行测试，那么被测试的孩子及其父母都不应该知道测试的结果，即智商的高低。因为孩子及其父母并不理解这种智力测试的真正价值。他们会认为这种测试结果是对孩子的一种最终和完整的评定，认为测试结果判定了孩子的最终命运，这个孩子从此也就会受这种测试结果的限制和左右。实际上，把测试结果绝对化的做法，一直备受人们的批评。在智力测试中获得高分并不能保证孩子的未来成功，相反，有些长大成人以后获得成功的孩子在智力测试中却获分较低。

（《儿童的人格教育》，第 120 页）

这是一段非常精彩的关于智力测验问题的论述。智力测验（Intelligence Test）又称普通能力测验或者智商测试，是有关人的心智功能的各种测验的总称。常用智力测验的工具主要有比奈－西蒙智力量表、韦克斯勒智力量表、斯坦福－比奈智力量表、瑞文标准智力测验等。智力测验的结果一般用智商（IQ）表示。IQ 得分 100 是平均水平，120 分以上为优秀，140 分以上为天才（也有认为 150 分以上），80 分以下为智力落后。很多学校在学生入学的时候喜欢做智力测验，也有一些父母喜欢为孩子做智力测验，并且美其名曰"因材施教"。其实，智力测验固然是有利于了解儿童，有利于有针对性地进行教育，但是，一般情况下给学生做智力测验是"弊大于利"的。正如阿德勒所说，绝大多数的父母、孩子和教师是不理解这种智力测试的真正价值的，他们会据此给孩子贴上标签，"认为测试结果判定了孩子的最终命运"，而孩子也会接受测试结果的"暗示"，影响自己的学习结果。智力测验成绩高的人，可能会沾沾自喜，放松学习的努力；智力测验成绩低的人，可能会自暴自弃，干脆"躺平"。

人总是在期望中成长的，著名的"皮格马利翁效应"就证明了这一点。20 世纪 60 年代，美国心理学家罗森塔尔和雅克布森在奥克学校做了一个经典的实验。他们先对小学 1—6 年级的学生进行一次名为"预测未来发展的测验"。然后从这些学生中随机抽取 20% 的学生名单交给教师的，告诉他们这些孩子的发展潜力最大的。8 个月后，他们又进行了第二次智力测验。结果发现，这些"被期望的学生"果然在智商上有了明显的提高。罗森塔尔把这一现象称做"皮格马利翁效应"[①]。皮格马利翁（Pygmalion）是古希腊神话中的塞浦路斯国王，他曾经精心地用象牙雕刻了一个美丽可爱的少女，并且深深爱上了这个雕像。最后，在他的爱意与期待下，雕像复活了，成为他的妻子。所以，在家庭和学校教育中，非必要不宜给孩子做智力测验，即使做了智力测验，也要相信孩子的成就其实与智力的关系并不是非常之大，而且，孩子的智力本身也是可以成长与发展的。

（二十二）不要让孩子为沉重的课业负担所累

学校的日常教学如何影响学生，孩子是否为沉重的课业负担所累，这也是一个重要的问题。我们不是贬低学校课程中的科目，也不认为要削减这些数量繁多的科目。重要的是，这些科目要连贯和统一。这样孩子就能够理解这些科目的目的和实际价值，也不会把他们看作是纯粹抽象的理论。

（《儿童的人格教育》，第 120 页）

看来，课业负担过重的问题，学校课程数量太多的问题，学科之间缺乏连贯与统一的问题，不是今天才有，100 多年前的阿德勒就开始为这些问题呼吁了。而且，他是作为一位心理学家来呼吁减负的。的确，孩子在学校的生活是否幸福，在很大程度上取决于他们是否喜欢所学的课程与学科，如果课程繁多，而且与生活没有任何关系，课程之间也没有内在的联系，学生学习就会非常困难，非常无趣。所以，阿德勒建议学校的课程应该有应用于生活的"实际价值"，知识的学习应该与学生的人格发展相统一。"学习科目的教学应该富有趣味，并与实际生活相联"，如数学（算术和几何）的教学就应该与建筑的风格和结构、以及居住在其中的人联系起来。再如关于植物的学习，可以与植物的历史、植物生长国家的气候等结合起来学习。同时，"有些科目可以结合在一起来教"。这对于激发学生学习兴趣，

---

① 罗森塔尔、雅克布森：《课堂中的皮格马利翁——教师期望与学生智力发展》，人民教育出版社，2020 年。

以融会贯通的方法学习具有重要意义。可见，在这里，阿德勒已经有了关于减负、跨学科教学与项目学习思想的雏形，非常难能可贵。

（二十三）把孜孜于竞争的学生引向合作的轨道

理想的班级应该是一个整体，每个学生都可以感到自己是这个整体的一分子。教师应该注意把竞争和个人的野心限制在一定的程度。有的学生不喜欢看到别人遥遥领先，他们或不遗余力去追赶，或陷入失望，带着主观的情绪看待事物。这就是为什么教师的建议和指导如此重要。教师一句恰当的话会把孜孜于竞争的学生引向合作的轨道。

（《儿童的人格教育》，第 121 页）

阿德勒是从一个心理学家的角度看班级里个体与集体关系问题的。而且，非常有意思的是，作为"个体心理学家"，他特别关注集体的作用以及集体对于个体的意义。他认为，理想的班级应该是一个有机的整体，班级里的每一个学生都应该感到自己是班集体的成员。教师应该尽可能教育学生把班集体的荣誉放在个人的荣誉之上，把个人的竞争和野心限制在一定的范围之内。这与苏联教育家马卡连柯与苏霍姆林斯基的班集体教育思想有暗合之处，他们都重视利用班集体的力量，认为"集体是教育的工具"，是个性全面发展的手段。所以，有经验的教师总是注意强调班集体的建设，强调班级的整体荣誉，鼓励班级成员团结合作，通过集体的力量帮助相对后进的学生更好地成长，把"孜孜于竞争的学生引向合作的轨道"。

（二十四）妄自菲薄的孩子永远不会进步

在评价方面最大的问题就是学生的妄自菲薄。他们会认为，"自己永远赶不上别人"。教师必须向他们指出这种自我评价方面的错误，否则，这会成为儿童终身的判词，永难改变。一个拥有这样自我观的儿童永远不会取得进步，只会踏步不前。

（《儿童的人格教育》，第 122 页）

教育评价一直是教育的"牛鼻子"、指挥棒。而学生的自我评价对于学生的发展有着更为直接而重大的影响。一般来说，自信心强，自我评价相对客观的学生，会有更大的成长动力与发展空间；而自卑感强，自我评价相对较低的学生就会"妄自菲薄"，认为"自己永远赶不上别人"，从而自暴自弃。学生的自我评价会受多方面因素影响：一是教师和父母的评价，二是同伴的评价，三是自己与别人的比较。对于那些自我评价相对较低的学生来说，父母和教师要更多地关心他们，帮助他们建立正确的评价方法，建立对自己的信心，学会看到自己的长处，学会与别人比较的方法，同时要相信努力的力量，相信人的能力的可变性，知道任何评价都不应该是永远不变的"终身的判词"。老子说：自知者智，知人者明。教育的任务之一，就是要帮助学生形成正确的自我评价方法，认识自己，发现自己，成就自己。同时，帮助他们挖掘潜能，扬起自信的风帆。

（二十五）儿童的智力水平并不是命中注定、一成不变的

绝大多数孩子的学校成绩总是变化不大：他们要么最好，要么最差，要么居于平均水平。这种变化不大，与其说反映了他们的智力发展水平，不如说反映了孩子心理态度的惰性。它表明了儿童自己局限自己，经过若干挫折后便不再抱乐观态度了。不过，有些儿童的成绩会不时出现一些相对变化。这一事实很重要：它表明儿童的智力水平并不是命中注定、一成不变的。学生们应该认识到这一点。教师也应该教育他们懂得实际运用这个道理。

（《儿童的人格教育》，第 122 页）

这段文字是接着前面一段说的。要帮助孩子走出"妄自菲薄"的困境，关键就是让他看见自己的成长，看见智能的可变性。的确，正如阿德勒分析的那样，相对来说，人的智商与学习水平是比较稳定的，绝大多数的学生在学校里的成绩总是变化不大，要么位居前列，要么落后垫底，要么中不溜秋。许多学生也曾经努力改变，但收效甚微。于是，他们就慢慢形成了"惰性"，再也不思进取。但是，决定他们不再变化的，往往不是他们的能力，而是他们的这种惰性、这种态度。大量的事实和案例表明，学生的学业成绩和智力水平都是可以变化的，每个人只要下决心，都是能够成长的，进步的。父母和教师要帮助孩子认识到这一点，并且帮助他们找到适合自己的学习方法。一旦学生能够意识到这一点，意识到自己才是自己命运的主宰，他就有了前行的力量。

五、家庭的社会生活对儿童的成长非常重要

（一）能力遗传的说法容易被用作替罪羊

教师和学生都要破除这样的迷信观念，即把智力正常的儿童所取得的成绩归因于特殊的遗传。这也许是儿童教育中最大的谬误，即相信能力是遗传的。当个体心理学率先指出这一点时，人们认为这只不过是我们的乐观之见，并无科学根据。不过，现在越来越多的心理学家和病理学家开始相信我们的看法。能力遗传的说法太容易被父母、教师和孩子当作替罪羊了。

（《儿童的人格教育》，第 122 页）

学生的成长受到遗传、环境和教育的综合影响，这是一个不争的事实。但是，如果简单地把学生的成绩归因于其中某个单一的因素，则会导致遗传决定论或者环境决定论、教育决定论，也会给教育工作带来混乱。正如阿德勒所指出的那样，一个相信自己教育的价值的教育工作者，一个相信教育可以训练人的性格的教育工作者，是"不可能毫无逻辑矛盾地认可能力遗传的观点"的。能力遗传的归因，往往导致学校、家庭中的教师、父母和学生的共同"放弃"，尤其是对于那些学业成绩落后的学生来说，"人们就搬出遗传原因来推卸责任"。事实上，在实际的教育生活中，智力因素固然很重要，但并不是决定学生学业成绩的因素，那些智商高而成绩一般，或者智商平平但学业成就非常优秀的案例都非常之多，"笨鸟先飞""大器晚成"的情况也非常普遍。所以，教育的关键是要帮助学生形成成长型思维，摒弃智力先天决定论的束缚，不断地超越自己。

（二）父母如何对待学业成绩不好的孩子

除了关于能力遗传的错误观念，儿童发展的另一个最大的障碍来自家

长对他们成绩不佳的惩罚。如果一个孩子的成绩不好，他会发现老师并不
怎么喜欢他。他在学校为此苦恼，回到家里又会受到家人的责备。父母会
批评他，甚至还经常责打他。

（《儿童的人格教育》，第 125 页）

一般而言，学业成绩不好的孩子会受到家庭和学校的双重"夹攻"。教
师往往会更多抱怨学生不够聪明，认为自己在课堂上已经讲得很清楚了；父
母往往会更多抱怨孩子不够努力，而不会认为是自己遗传有问题。学生在
学校里由于学业成绩较差而抬不起头，在家里又会由于学业成绩差而受到
父母的责备。在这样的双重"夹击"下，大多数孩子是经受不起的，只能
导致心理的"崩溃"，或者彻底的放弃。尤其是有些老师还要"火上浇油"，
向家长告状，使孩子不敢回家，"极端的情况下，他甚至会由于恐惧父母责
备而绝望自杀"。在这个时候，从父母的角度来说，的确不能够再往孩子的
伤口上"撒盐"，不能够当孩子在学校生活中受到挫败的时候"落井下石"，
让孩子再受冷嘲热讽甚至严厉打击，而应该充分理解孩子，给他温暖的关
怀、具体的指导，让家庭成为孩子的一个心灵港湾。要记住：孩子的生命与
幸福，比学业成绩更加重要。

（三）不要把孩子赶上绝路

教师可以对那些具有特殊家庭背景的孩子宽和一点，鼓励他们，而不
是把他们赶上绝路。那些成绩老是不佳的孩子会感到心情沉重和压抑，别
人不停地说他是学校最差的学生，结果他自己也这么认为。设身处地想一
下，我们就很容易理解为什么这些孩子不喜欢学校。这也是人之常情。如
果一个孩子总是受到批评，成绩不好，并丧失了赶上其他学生的信心，那
么，他自然就不会喜欢学校，自然会设法逃离学校。因此，一旦遇到这
种孩子逃学旷课，我们也不用感到惊奇。

（《儿童的人格教育》，第 125 页）

如果说，上一段文字是讨论家庭与父母如何对待学业成绩不好的孩子
的问题，那么，这一段文字则是讨论学校与教师如何对待学业成绩不好与
家庭背景特殊的学生。其实，这一类学生在家庭里的日子也非常不好过。

如果家庭和学校有一方能够成为学生的"避风港"和"避难所"的话，他们就可能不会"崩溃"。如果我们的老师能够对他们"宽和一点"，多多鼓励他们，他们就不会感到"心情沉重和压抑"，就会喜欢学校，喜欢老师，喜欢学习。所以，阿德勒特别期待老师"用自己的同情和理解来缓和一下学校制度非人性和苛刻的一面"，不要把学生"赶上绝路"，从而逃离学校。其实，学生的心灵是非常敏感的，老师和其他同学的温暖他们是能够深切地感受到的。对于这些学生，更要多表扬，多鼓励，少批评，少惩罚，帮助他们建立安全感和自信心。学生只要在学校得到尊重，有同伴朋友，就会有安全感，有存在感，有归属感，即使家庭环境不太理想，还有学校能够帮助他遮风挡雨。

（四）没有不可救药的孩子

如果我们认可个体心理学的观点，即没有不可救药的孩子，这一切都是可以避免的。我们认为，总是可以找到方法来帮助这类孩子。即使是在最糟的情况下，也总会有解决之道。当然，关键是我们要去寻找。

（《儿童的人格教育》，第 126 页）

有人说：天下没有不是的孩子，只有不是的父母；没有不是的学生，只有不是的教师。也有人说，天下没有不可以教的孩子，只有不会教的父母和教师。话说得可能有点绝对，但也不是完全没有道理。阿德勒坚持认为，从个体心理学的角度来看，世界上"没有不可救药的孩子"，每个孩子就像一把难以打开的锁，但是总有一把能够打开这把锁的"钥匙"，关键是我们要有足够的信心和耐心，要用心去寻找这把"钥匙"。教育是慢的艺术[①]，急不得，但是只要我们不抛弃、不放弃，只要我们坚持去寻找，总是能够找到那把打开孩子心扉的"钥匙"。即使是那些最难改变的孩子，只要我们有"精诚所至"的决心、诚心和用心，就会有"金石为开"的可能。

---

① 张文质：《教育是慢的艺术》，华东师范大学出版社，2008。

（五）不要频繁更换教师

从心理学的角度来说，我们最好不要每年更换教师，或像有些学校那样，每隔 6 个月就更换教师。教师最好是跟班，随学生进入新的年级。如果一个教师能执教同样的学生 2 年、3 年或 4 年，这会大有裨益。因为这样一来，教师就可以有机会密切地观察和了解所有的孩子，就能知道每个学生的生活风格中的错误，并能加以矫正。

（《儿童的人格教育》，第 127 页）

没有想到，阿德勒这位心理学大师，如此关心学校生活的每一个细节，连频繁地更换教师这样的问题，他都充分敏锐地发现了。为什么不能够频繁地更换教师？一则是不利于教师树立长期教书育人的理念，容易急功近利。教育是慢的艺术，学生的成长也不可能一蹴而就。有长期工作的打算，教育方法就会更加从容，从长计议，而时间太短则不利于教师的工作安排。二则是不利于教师深入了解学生，进行有针对性的教育。一个班级几十个学生，教师即使有三头六臂，也无法在短时间全面熟悉他们。教师要"密切地观察和了解所有的孩子"，要了解每个学生的个性特点与学习风格，了解他们的家庭背景与成长经历，都是需要有比较充裕的时间的。这也是中小学教师尽可能"包班"，跟着一个班级从入学到毕业整个周期的原因。当然，对于个别师生关系紧张，很难建立信任的班级来说，更换一下教师也是可以理解的。

（六）不应该把跳级作为一种奖赏

我们不能因为学生学习成绩好或因为他懂得比别人多，而把跳级作为一种奖赏。如果这些成绩出色的孩子把一些时间投入课外学习如绘画、音乐等，这对他们更有好处。这对整个班级也有益处，因为他对其他学生也是一个激励。把班级中的好学生抽走并非好事。有人说，我们总是要促进聪明杰出的学生的发展。对此，我们并不苟同。相反，我们认为，正是成绩优异的学生带动了整个班级的进步，并赋予班级进步更大的动力。

（《儿童的人格教育》，第 127 页）

前一段时间，网上有人提议恢复义务教育"留级制"，引发了网友的热议。其实，在传统的班级授课制中，跳级与留级虽然不是非常普遍，但都是长期存在的。不同的学生处于不同的发展水平，学习成绩好的学生适当地"跳级"，到更高程度的年级学习，或者学习成绩差的学生适当地"留级"，到程度低一点的年级学习，似乎也更适合孩子的发展。对此，阿德勒有不同的态度，从这段文字来看，他是不主张学生"跳级"的。原因有二：首先，这是班集体建设的需要，"火车跑得快，全靠车头带"，一个优秀的班集体，需要一些优秀的学生作为领头羊的作用，"赋予班级进步更大的动力"。其次，这也是优秀学生自我发展的需要。学业成绩只是人的发展的一个方面，每个学生都是一个世界，每个人都有自己的优点与特点，这些成绩优秀的学生可以像阿德勒所说的那样，"把一些时间投入课外学习如绘画、音乐"等方面，可以更多地培养自己的领导力。与其"跳级"以后又要适应新的班集体，不如在原来的班级游刃有余，丰富和充实自己。至于"留级"的学生，其实也有类似的原因。学业成绩落后，不等于所有的学科、所有的方面都差，重点是好好补上被落下的课程。现在，一些学校针对学生的差异，开设了同一门课程但不同程度的选课走班方法，这对于那些本来准备考虑跳级或者留级的学生提供了比较好的机会。

（七）人类的未来掌握在教育者的手中

理想的教师富有一项神圣的、激动人心的使命：他铸造学生的心灵，人类的未来也掌握在他的手中。

（《儿童的人格教育》，第 130 页）

有人在讲述母亲的价值时曾经说过，推动摇篮的手，也是推动世界的手。[1] 幼儿教育之父福禄培尔也曾说："国民的命运，与其说是操在掌权者手中，不如说是掌握在母亲手中。"阿德勒用同样诗意的语言表达了他对于教师的敬意。他说，因为教师的职业是铸造学生的心灵，也是在铸造未来社会主人的心灵。他们的模样就是未来世界的模样，所以人类的未来就掌握在他们的手中。作为教育者，无论是教师还是母亲，都要认识到自己肩

---

① 拿破仑：《拿破仑文选》，陈太先译，商务印书馆，1980。

负的这一"神圣的、激动人心的使命",真正做到学而不厌、诲人不倦,才能够真正成为未来社会的卓越筑造者。

(八)教育者要懂得心理学

心理学和教育是同一现实和同一问题的两个方面。要指导心灵,就需要了解心灵的运作。只有那些了解心灵及其运作的人才能运用他的知识指导心灵走向更高、更普遍的目标。

(《儿童的人格教育》,第 132 页)

这段文字是《儿童的人格教育》第十章《孩子在学校》的最后一段的文字,也是阿德勒这位一位心理学家对于学校教育的深刻认识。教育家,首先应该是一位心理学家。教育工作者,首先要了解孩子的心灵世界。只有那些真正懂得孩子的内心世界,尊重孩子的成长规律的人,才能真正运用自己的心理学知识指导心灵"走向更高、更普遍的目标"。阿德勒认为,心理学正是帮助人们实现教育理想的有效工具。所以,他竭力主张在学校里建立"教育咨询诊所",并且开展了这方面的探索。他在学校建立的诊所持续了 15 年的时间,努力用现代心理学知识服务于学校教育,在诊所定期举办咨询活动,一位"懂得心理学,也了解教师和父母生活情况的杰出心理学家和教师们聚集在一起"。教师们经常和心理学家讨论孩子的个案问题,研究教育的方式方法,取得了非常好的效果。很多问题儿童在这里恢复了心理健康,学会了与人合作,建立了勇气和自信。这与现代学校的心理咨询机构非常相似。其实,学生的许多问题,无论是学习上的问题,还是行为上的问题,都和心理学有关,教师和父母都应该学习一点心理学知识,才能真正走进孩子的心灵,才能真正懂得孩子。

(九)必须考虑外在环境对儿童的影响

负有教育职责的人或教师不应该认为他是儿童唯一的教育者。外界的影响也会涌入儿童的心理,并直接或间接地塑造了他。这就是说,外界因素是通过影响父母及其心理状态来影响儿童的心理。外在影响是不可避免的，因此，个体心理学必须加以考虑。

（《儿童的人格教育》，第133页）

从今天开始我们一起阅读《儿童的人格教育》的第十一章《外在环境对儿童成长的影响》。顾名思义，这一章是讨论影响儿童发展的若干外部环境因素的，阿德勒先后讨论了家庭经济状况、疾病、陌生人与熟人、玩具、祖父母、童话故事、电影和报纸等各种因素对儿童成长的影响路径与结果，并且提出了相关建议。在本章的开头，阿德勒就提醒从事教育的人，无论是父母还是教师，都要清晰地认识到，他们不是"儿童唯一的教育者"，各种各样的外部环境的影响，都会"涌入儿童的心理"，并且直接或间接地塑造了他们。不过，阿德勒在这里的表述不是非常准确，因为他认为"外界因素是通过影响父母及其心理状态来影响儿童的心理"，其实，这些因素不仅仅通过父母和教师影响儿童成长，它们本身也可以直接作用并影响儿童的发展。这种影响是不可避免的，也是不可忽视的。

（十）必须考虑到经济因素对儿童心理的影响

所有的教育者都必须考虑到经济因素对儿童心理的影响。例如，我们必须记住，有些家庭世代经济窘迫，总是满怀痛苦而悲伤地挣扎着生活。这种家庭为这种痛苦和悲伤所笼罩，因而不可教育孩子持一种健康与合作的人生态度。他们饱受心灵的压抑。总是为经济恐慌所困，因而不可能有合作的心态。

（《儿童的人格教育》，第133—134页）

毫无疑问，家庭经济因素对儿童的成长是有一定影响的。美国学者曾经收集了来自美国各个阶层家庭的数据，据此发现，在一个小时之内，经济富裕家庭的孩子平均听到的单词数量是2000多个，而贫困家庭的孩子只有600个左右。富裕家庭中父母对孩子每小时的回应次数在200多次，而贫困家庭中则不到50次。国内也有研究表明，家庭社会经济地位对儿童发展的作用机制，是通过其他的中介变量，如父母对孩子的期望、教育经费的投入、亲子的互动交流等影响到儿童发展的。阿德勒注意到，家庭经济条件相对困难的孩子，由于经常"为经济恐慌所困，因而不可能有合作的心态"，富裕家庭堕入困顿之后，以及贫困家庭在暴富之后，也会对孩子的成长造成很大的不利影响。当然，阿德勒的分析虽然有一定道理，但他的判断也不是绝对真理，在日常生活之中，我们也经常看到"穷人的孩子早当家"，看到富裕家庭的孩子成为纨绔子弟。所以，我们要注意环境的影响，但也不应该陷入环境决定论的泥淖，最关键的还是父母要有正确的教育理念与教育方法。

（十一）每个疾病都是心理上一个"危险的暗礁"

身体状况如果得不到及时治疗，就会成为严重而危险的疾病，并可能留下心理创伤。从个体心理学的观点来看，每个疾病都是心理上一个"危险的暗礁"，因此，要尽可能地加以避免。

（《儿童的人格教育》，第 134 页）

按照生物—心理的医学模式，人的身体疾病无疑会影响到人的心理健康。所以，阿德勒认为，严重的身体疾病如果得不到及时有效的疗治，就会造成心理问题，留下心理创伤。也正因为这样的思考，他把身体上的疾病视为心理上的"危险的暗礁"，希望父母能够高度重视，及时帮助孩子绕过这些"暗礁"。其中，最关键的就是"通过发展儿童的勇气和社会情感来降低它的危险性"。他举例说，有些孩子在得了百日咳、脑炎和舞蹈病等疾病以后，心理都开始出现了问题。人们一般都以为是疾病造成了这些心理问题，其实，疾病只是诱发了这些孩子的性格缺陷。在患病期间，"孩子们感受到了自己的力量，发现他可以控制家人"。他们看到父母脸上的担忧和焦虑，知道那完全是他们的原因。所以，在病愈之后，他仍然想继续成为关注的中心，并以各种要求摆布父母来达到这样的目的。这些都发生在那些缺乏社会情感训练的儿童身上。所以，阿德勒特别指出："父母要注意避免孩子在童年期间太受疾病的影响。他们应该让孩子对此类事情有所准备，避免他们受到疾病突如其来的打击。要给孩子这样的印象：生命纵然有限，关键是要活得有意义。"无疑，让孩子正视自己的疾病，在疾病到来和康复阶段都能够理解生命的意义，拓展生命的长宽高，这是生命教育应该重视的大问题。

（十二）不要让陌生人干扰父母的教育

儿童生活中的另一个"暗礁"是跟陌生人、家庭的熟人和朋友的接触。跟这些人接触之所以会对儿童心理产生不良影响，是因为这些人实际上并不真正对孩子感兴趣。他们喜欢逗孩子开心，或在最短的时间内做那些可以给孩子留下印象的事情。他们对孩子的高度赞扬，会使孩子变得自负起来。这些人在与孩子短暂相处中，会尽力宠爱、纵容他们，从而会给孩子的正常教育带来麻烦。所以这些都应该加以避免。不应该让陌生人干扰了父母的教育方法。

（《儿童的人格教育》，第 137 页）

作为外部环境的"人"，既包括陌生人，也包括家庭的熟人和朋友，对孩子也会产生一定的影响。阿德勒在这里把这些人都称为危险的"暗礁"，是不太恰当的。因为，就像外部环境对人的影响会有正负两个方面一样，无论是陌生人还是熟人朋友，对孩子的影响无疑也是正反两个方面的。总体而言，陌生人和熟人朋友不会像父母、老师那样全面了解孩子，有针对性地教育孩子，出于友好，他们可能会更多地赞扬孩子，宠爱孩子，纵容孩子，给孩子一些错误的自我认知。阿德勒还谈到，有些陌生人还会弄错孩子的性别，称小男孩是"美丽的小女孩"或者称小女孩是"漂亮的小男孩"，这些对孩子的成长都是不利的。其实，阿德勒的分析也有瑕疵，因为我们也不能够排除有一些陌生人和熟人朋友比父母更懂得教育孩子，更能够发现家庭教育的问题。"陶行知和钟表的故事"就说明了这一点。有一天，陶行知到一个朋友家，看到妈妈正在对孩子大发雷霆，原来是孩子把家里刚刚买的钟表弄坏了。陶行知见状赶紧对孩子的母亲说，这是孩子的好奇心所致，好奇心是孩子最重要的品质。于是，他带着孩子去钟表店修表，而且借机会让孩子观察修理钟表的过程，还带回一个旧钟表，让孩子随意组装。无疑，陶行知是教育方法是更加高明的。优秀的人物本身就是最好的老师、最好的教材，孩子们如果能够经常见到他们，让他们成为孩子成长的原型和榜样，对孩子无疑是有益的。这就要求我们的父母，也要学会谨慎交友，利用朋友的资源来教育孩子。

（十三）家庭的社会生活对儿童的成长非常重要

家庭的环境对于儿童的成长自然也非常重要，因为它让孩子看到家庭对社会生活的参与程度。换句话说，家庭环境给予了孩子关于合作的最初印象。那些生长在封闭的、不与人交往的家庭中的孩子，通常会在家人和外人之间产生明显的界限。他们感到似乎有一条鸿沟把他们的家庭和外部世界隔离开来，也自然会用充满敌意的眼光来看外部世界。这种家庭不会增进与外部世界的社会关系，只会使孩子疑心很重，并只从自己利益出发来看待外部世界。这当然会阻碍儿童社会情感的发展。

（《儿童的人格教育》，第 137 页）

阿德勒在这里谈到的家庭环境，主要是从家庭的社会关系来说的。一个家庭如果参与社会生活的程度较高，孩子就可以看到形形色色的人，就会看到大人之间的各种社会关系与交往方式，他们就会更加开放，懂得如何与人交往合作。相反，如果一个家庭很少参与社会生活，父母的交往圈子非常狭小甚至完全封闭，也会导致孩子个性的封闭与交往能力的缺乏，在许多公共场合手足无措，疑心重重，"感到似乎有一条鸿沟把他们的家庭和外部世界隔离开来，也自然会用充满敌意的眼光来看外部世界"。儿童的社会化过程和社会情感的形成，与家庭的社会关系和父母的社会交往方式直接相关。所以，父母应该尽可能参与社会生活，多带着孩子参加各种社会活动和公益活动，帮助孩子与其他孩子建立良好的关系，克服孩子的自我中心主义。研究表明，人的社会交往与情感能力是影响人的成功与幸福的关键。华东师范大学终身教授袁振国前不久在接受《文汇报》记者采访是指出，一些过去以高分进入名校的"学霸"，在毕业之后并没有能够延续他们学生时代的"辉煌"，在社会生活和事业的发展过程中，受到挫折以后，更是心情沮丧，感觉自己不幸福、不成功，而且对各种复杂局面无能为力，这往往与他们的社会、情感能力不足有很大的关系。所以，家庭与学校要重视孩子的社会关系问题，培养他们的社会情感能力。

（十四）应该鼓励孩子的游戏和交往

孩子到了 3 岁时，就应该鼓励他们和其他的孩子一起做游戏，应该训练他们不害怕陌生人。否则，这些孩子以后与人交往时会脸红、胆怯，并对他人怀有敌意。这通常会发生在被宠坏的孩子身上。这种孩子总想"排斥"他人。父母若能较早注意矫正孩子的这些毛病，就肯定会给孩子以后的生活免去很多麻烦。

（《儿童的人格教育》，第 137—138 页）

这段文字是对于上面一段文字的补充说明。一是讲到了儿童交往的时间应该从 3 岁就开始了，二是讲到父母要及时发现和矫正儿童社会交往中的问题。为什么要从 3 岁开始培养儿童的社会性？我的理解是儿童 3 岁前还不能够自主地、顺利地开展活动，他们学习的主要任务是语言、行走、饮食等基本生活能力，学习的主要对象也是身边的人。最初的社会化过程也是从自己的身边开始的。但是，与父母和身边人的交往，是无法取代儿童与小伙伴的交往的。因为，与小伙伴的游戏，是更为平等、更为真实的社会场景，合作与竞争、领导与服从、交换与妥协等，都是从这个过程习得的。为什么父母要及时发现和矫正儿童社会交往中的问题？因为问题发现得越早，就越是容易解决，越是能够把小问题消除在萌芽之中。作为父母，有意识地培养孩子的社会交往能力，让他们见到人落落大方，从容交流，与人合作不以自我为中心，懂得换位思考，对人友善亲和，这对于孩子今后的成长和人生幸福，会起到非常关键的作用。

（十五）孩子会为父母的不当行为付出代价

作为孩子的父母，我们不仅有责任教育孩子阅读、书写和做算术题，还要为他们创造一个健康成长的心理氛围，这样，孩子就不会比其他孩子承受更大的困难。因此，如果父亲是个酒鬼或脾气暴烈，他就应该意识到这都会影响到他的孩子。如果父母婚姻不幸福，总是相互争吵，为此付出代价的将是孩子。这些童年经历镌刻在孩子的心灵深处，难以从记忆中抹去。当然，如果孩子学会与人合作，这些经历的影响也可以消除。

（《儿童的人格教育》，第 139 页）

父母是孩子的第一任老师，而且是终身的老师。家庭是孩子的第一所学校，而且是永远的学校。这是许多人都认可的常识。所谓为孩子创造一个健康成长的心理氛围，其实最关键的就是良好的家庭环境与和谐的家庭关系建设，就是父母的行为表率和人生榜样。孩子的身上，一定有父母的影子。你想让孩子成为怎样的人，你自己就要成为那样的人。2022 年 1 月 1 日正式开始实施的《家庭教育促进法》第十四条明确提出："父母或者其他监护人应当树立家庭是第一个课堂、家长是第一任老师的责任意识，承担对未成年人实施家庭教育的主体责任，用正确思想、方法和行为教育未成年人养成良好思想、品行和习惯。共同生活的具有完全民事行为能力的其他家庭成员，应当协助和配合未成年人的父母或者其他监护人实施家庭教育。"父母亲既然把孩子带到了这个世界，就应该有责任让他们有一个真正快乐的童年和幸福的人生，就应该尽可能努力成为孩子的骄傲，就应该享受与孩子一起成长的过程，就应该努力给孩子做好榜样，成为孩子最初的生命"原型"。孩子的父母如果是酒鬼、赌徒、懒汉，孩子的家庭如果剑拔弩张、吵闹打架，孩子无疑会深受其害。因为，所有的孩子都会为父母的不当行为付出代价，甚至是以一生的痛苦与不幸为代价的。

（十六）如何为孩子选择适当的玩具

关于如何选择适当的玩具，要说的很多。不过，其原则是我们应该挑选那些能够激励孩子的合作意识、建设性精神和能力的玩具。孩子自己制作玩具当然会比玩弄现成的玩具如布娃娃和玩具狗更有意义和价值。

（《儿童的人格教育》，第 140 页）

"游戏是儿童最正当的行为，玩具是儿童的天使。"这句话的出处不详，有人说是夸美纽斯的名言，有人则说是鲁迅先生的论述。但是，它的确说出了游戏与玩具对于儿童成长的意义。有人统计发现，一个健康的 6 岁以下的儿童，大约有 1.5 万个小时是和玩具一起度过的。玩具对于培养儿童的感知力、观察力、探究力、想象力，对于培养儿童的社会情感，都具有不可替代的重要作用。无论是积木、拼图，还是玩偶、汽车，不同的玩具对孩子都有特殊的教育功能。按照阿德勒的观点，父母为孩子选择玩具，不一定要选那些价格昂贵的"高大尚"的玩具，而应该挑选那些价廉物美并"能够激励孩子的合作意识、建设性精神和能力的玩具"。阿德勒特别提倡父母要鼓励孩子自己制作玩具，制作玩具的过程本身就是一个动脑动手相结合的过程，倾注了自己的智慧与汗水的玩具，孩子会更加珍惜，也更有价值。我们小时候曾经自己制作木头手枪，土制二胡等，至今记忆犹新。

（十七）不要把动物当作玩具

顺便指出，还要教育孩子尊重动物，不要把它们当作玩具，而是要把它们视为人类的朋友，教育他们既不要害怕动物，也不要任意驱使和虐待动物。如果孩子虐待动物，我们可以认为他有欺负弱小的倾向。家里若有小鸟、小狗和小猫等动物，我们要教育孩子，把它们看作和人类一样能够受痛苦的存在。我们可以把孩子学会与动物相处视为他们与他人进行社会合作的准备阶段。

（《儿童的人格教育》，第 140 页）

孩子与动物有一种天然的关系，没有任何沟通的障碍。从孩子的天性来看，一般都是把动物作为与自己一样的平等的生命，对于动物是没有任何傲慢的表现的。小动物往往是孩子们最好的朋友、最忠诚的伙伴，尤其是对那些缺少父母陪伴的孩子来说，与小动物在一起时孩子就不会孤独和寂寞，就会忘掉自己的悲伤和痛苦，从而拥有愉悦的心情。阿德勒之所以特别指出，要教育孩子善待动物、尊重动物，不能够把动物当作"玩具"，当作随意摆弄、任意丢弃的东西，而应该视为自己的伙伴和朋友，这是因为有些成年人往往不能够平等地对待动物，不仅语言轻慢行为粗鲁，而且经常惩罚殴打动物，在他们的影响下，孩子们容易任意驱使和虐待动物。这对于孩子的社会化过程会产生非常不利的负面影响。所以，在家庭生活和学校教育中，我们要教育孩子尊重动物，"把它们看作和人类一样能够受痛苦的存在"，学会与动物成为好朋友。要把孩子学会与动物相处视为他们与他人进行社会合作的准备阶段，培养孩子与动物之间的良好关系，并且把这种关系有效地迁移到孩子与其他小朋友的关系之中。

（十八）不应该把仍然充满活力的老人晾在一边

祖父母的处境在我们这个时代有点悲剧色彩。随着年岁增长，他们本该有更多的拓展空间，应该有更多的事务和兴趣。不过，我们的时代却完全相反。老人感到被社会抛弃，被晾在一边，待在角落里。这非常可惜，因为这些人还可以做更多的事情，如果有更多的工作和奋斗机会，毫无疑问，他们会更幸福，更快乐。我们不应该建议一个 60 岁、70 岁，或 80 岁的人从自己的事业上退下来。继续他的事业显然要比改变他一生的计划要容易得多。不过，由于错误的社会风俗，我们却把那些仍然充满活力的老人晾在一边，束之高阁。我们不再给他们继续表现自我的机会。这样会产生什么结果呢？我们对待老人的错误便殃及孩子。

（《儿童的人格教育》，第 140—141 页）

应该承认，100 多年前阿德勒关于老年人的认识是非常深刻而且很有远见卓识的。国际上，60 周岁以上的人被界定为老年人。我国也将老年人的年龄起点设置在 60 周岁。过去是"人生七十古来稀"，新中国成立初期我国人均期望寿命只有 35 岁。现在则是"人生七十不稀奇"，平均寿命已经超过了 77 岁。据第七次全国人口普查数据显示，我国 60 岁以上人口占总人口的 18.7%。这相当于，中国每 10 人当中，就有将近 2 位老年人。据预计，"十四五"期间我国人口将进入中度老龄化阶段。种种趋势表明，老年人结构性的增加，正在改变中国人口发展的明天。

长久以来，人们都把老年人作为社会和家庭的负担，把他们视为纯粹的消耗者和被供养者，而忽略他们参与发展的努力和贡献。社会的认知、政策的着力点，也更多放在对老年人的保障、服务方面。阿德勒认为，这是一件非常可惜的事情，"因为这些人还可以做更多的事情"，如果给他们更多的工作和奋斗机会，"他们会更幸福，更快乐"。事实证明，老年人固然需要"老有所养"，我们的确要照顾好、服务好老年群体中身体条件较差、经济条件较差的那部分人，让老年人事情有人管、老年人困难有人帮；但是，老年人同样需要"老有所为"。我曾经看到日本一名 90 岁老奶奶获吉尼斯认证成为"世界最高龄办公室文员"的故事，这位老奶奶不仅能熟练使用办公软件，还是社交平台高手，她在一家公司负责会计和总务长达 64

年。所以，随着健康中国战略的逐步推进，老年人越来越能够作为社会建
设的重要群体，向后代、向社会持续贡献他们的知识、技能、文化、精神，
创造属于全社会的共同价值。也就是说，随着出生率的下降和人口老龄化
社会的到来，老年人的人力资源开发和使用已经是一个非常重要的课题，
如果我们不能够用好这个资源，不仅是社会财富的损失，也是老年人自身
的遗憾。

（十九）避免老人对孩子宠爱纵容

祖父母总是试图证明（他们本来却不必如此去证明自己）他们仍然充
满活力，仍然对这个世界有用。为此，他们总是干预孙子孙女的教育，并
用一种灾难性的方式去证明自己仍然懂得如何教育孩子，即对孩子呵护备
至，宠爱纵容。我们当然要应该避免害这些好心的老人的感情。我们应该
给予这些老人更多的活动机会，但要让他们知道，孩子作为一个独立的个
体而长大成人，孩子不应该成为他人的玩物，也不应该把他们牵扯进家庭
的纠纷里。

（《儿童的人格教育》，第 141 页）

许多老年人都会自嘲：没有孙子想孙子，有了孙子自己当孙子。老年人
对于孙子孙女的溺爱纵容，是比较普遍的现象。一方面，是许多老年人将
自己对子女的亏欠弥补在了孙子孙女身上。因为在年轻时他们同样也没有
时间和精力陪伴教育孩子，或者对孩子要求过于严格，于是对待孙辈时就
会宠爱有加。另一方面，许多老年人觉得孙子孙女做事情慢慢吞吞、磨磨
蹭蹭，干脆就越俎代庖，喂他们吃饭，帮他们做事情。结果往往导致孩子
的自我中心主义，不会独立处理自己的事情，依赖性很强，同时，不太注
意别人的感受，我行我素。阿德勒将老人宠爱纵容孩子的深层动机归结为
他们的自卑感，即老年人由于身体的衰老、个体社会价值的逐渐丧失而产
生的自卑感，他们无法通过社会活动和职场工作体现自己的价值，也很难
在家庭中收获成功与赞许，但是在满足了孙子孙女的要求后，他们就能够
获得被崇拜、被需要的价值感，满足了自己的自尊心和优越感，所以，只
要有机会，他们就会宠爱或者纵容孩子。当然，这不是唯一的原因，老年
人宠爱孙辈的原因是非常复杂的，而且每个人可能有不同的原因。

阿德勒特别指出，作为年轻的父母，在发现自己的父母宠爱纵容孩子的时候，一定要避免当着孩子面产生直接的对立和争吵，如果父母与老人因为意见不一致而争论的时候，"千万不要把孩子卷进去"，而是要细心耐心地跟老人商量沟通，讨论交流如何用更好的办法帮助孩子成长。共识凝聚力量，教育理念一致了，自然能够寻找到合适的方法。同时，年轻的父母要鼓励老人用更多的时间参与社会活动和公益活动，更多地运动、旅游等，自己则要用更多的时间陪伴孩子，让孩子不要对祖父母过度依恋依赖。

（二十）为什么祖父母的"疼爱"会导致孩子的心理问题

我们经常发现，那些患有心理疾病的人，大多曾是祖父或祖母的"最爱"。我们很容易理解为什么祖父母的"疼爱"会导致孩子后来的心理疾病。因为所谓"最爱"要么意味着溺爱纵容，要么意味着挑起孩子间的相互竞争或相互妒忌。许多孩子会对自己说，"我是祖父的最爱"，这样，他们一旦不是其他人的"最爱"时，就会感到受伤害。

（《儿童的人格教育》，第 141 页）

祖父母对孩子的过分"疼爱"，为什么会导致孩子的心理问题？阿德勒从心理学的角度进行了分析。他在治疗和咨询的过程中发现，许多患有心理疾病的人，曾经都是祖父或祖母的"最爱"。按道理说，孩子的成长是需要爱的，但是正确的爱是智慧爱，是有理性有底线有边界的爱，而不是无原则无底线无条件的宠爱和溺爱，这样的爱容易导致孩子把爱视为理所当然，视为只有自己独自享受的"专利"，当发现其他孩子得到了老师、父母和同伴更多的爱时，就会顿生醋意，甚至嫉妒与仇恨，或者伤心难过，自怨自艾。所以，一方面，父母和祖辈要防止对孩子的宠爱溺爱，另一方面，要让孩子学会分享爱。

（二十一）心灵美与外表美哪个更重要

健康和与人相处的能力要比外表美更重要。不用说，外表美有其价值；相对于丑陋的外表，我们更欲求美丽的外表。不过，我们在对生活进行理性的规划时，不能把一种价值和其余的价值隔离开来，也不能把这种价值提升为最高目标。对于外表美，自然也应作如是观。一个人的外表美，并不足以使他过上理性的和善的生活。

（《儿童的人格教育》，第 142 页）

爱美之心人皆有之。外貌，也是影响儿童成长的一个重要的因素。毫无疑问，一个人长得漂亮、外貌美，在日常生活中会得到更多的关注与好感。心理学家兰德和赛格尔曾经让实验组和对照组读同样的文章，实验组阅读的文章附有作者的照片，对照组只读没有附照片的文章。结果是实验组对漂亮作者的文章相对评价较高，对照组的评价则比较公正客观。甚至在法庭上给犯人判刑时也出现类似现象，对于罪行相同的盗窃犯，外貌漂亮的平均被判刑 2.8 年，不漂亮的平均被判刑 5.2 年。但对于诈骗犯判刑却情况相反，越漂亮的诈骗犯判刑越重。因为人们认为他们依靠外貌行骗。

尽管如此，阿德勒还是坚持认为，长得漂亮虽然是"自然的馈赠"，但是外表美的价值往往被人们过于夸大了。实际上，"健康和与人相处的能力要比外表美更重要"。为什么这样说呢？因为人的外貌更多受遗传的影响。虽然现代社会有所谓的"整容"，但是对于大部分人来说，外貌在一定程度上是难以改变的，而人的内在的素养是可以改变的。外表美虽然在日常生活中会有所"沾光"，但是在一个真正的熟人社会，外表美并不足以使人们"过上理性的和善的生活"。心理学的研究表明，外表美和心灵美都是一种积极的情绪体验，是在对自我肯定的基础上引发的积极自我感受。西南大学心理学系杨娟教授团队利用功能性核磁共振技术记录了人的大脑神经活动后发现，总体而言，赞美心灵会比赞美外表更让大脑"开心"，心灵丑比外表丑的批评会让大脑更难以接受。当我们无法改变我们的外貌的时候，我们不妨用心改变我们的品格和气质，成为一个受欢迎和尊敬的人。

（二十二）如何给孩子读童话故事

童话故事当然是孩子喜欢的读物，甚至成人也能从中受益。不过，有一点需要指出，即今天的儿童对产生于特定时间和地点的童话故事有一种遥远感。儿童一般很难理解其中的时代差异和文化差异。他们阅读的是在完全不同的时代创作的故事，并没有考虑到世界观的差异。

（《儿童的人格教育》，第 143 页）

儿童需要童话。童话是离儿童最近的文学样式之一。好的童话是儿童的精神食粮，好的童话故事能够塑造儿童美好善良的心灵，培养他们丰富的想象力，自然也是儿童的最爱。由于儿童对世界的认识刚刚开始，缺少最基本的辨别力和洞察力，他们最初看到的童话所蕴含的任何信息和知识都会对他们的价值观和思维方式产生巨大的影响。正如格林所说，有个孩子向前走去，看见了一个东西，他就变成了那个东西，或者他就成为那个东西的一部分。这是一种刻骨铭心的印记。在这个意义上，并不是所有的童话都适合儿童。有人研究过，《格林童话》的原版就有很多不适合儿童阅读的内容。比如睡美人并非由王子的吻而唤醒，而是王子和沉睡的公主发生关系，公主受孕后被生产的疼痛所唤醒；白雪公主曾和自己的父亲乱伦，最后被生母毒死等。安徒生的《小克劳斯和大克劳斯》，讲述大克劳斯打死小克劳斯的马，砍死小克劳斯的祖母，最后被小克劳斯哄骗，装到口袋里被扔到河里淹死等。这些无疑都是"儿童不宜"的内容。所以后来要么不被选入儿童读物，或者将结果改编以后才推荐给儿童。其实，正如阿德勒所说，即使内容在教育意义上没有大的问题，也会有"儿童对产生于特定时间和地点的童话故事有一种遥远感"的问题。所以，在为儿童选择图书的时候，我们应该考虑尽可能不要给他们暴力、乱伦、色情、恐怖等"儿童不宜"的东西，而要给予充满阳光与温暖的正能量读物。这也是为什么我们新教育阅读研究所要给儿童精心选书，以及国外和我国台湾、香港等地区对于儿童读物进行分级的原因所在。同时，我们特别倡导亲子共读，在共同阅读的过程中与孩子讨论、交流，也可以避免童话中负面内容的消极影响。

（二十三）电影、报纸等媒体给孩子的影响

普通的报纸常常给予那些准备不足的孩子一种扭曲的生活画面，使这些孩子相信，我们整个生活是充满谋杀、犯罪和各种事故的。各种不幸事故的报告尤其令孩子感到沮丧和压抑。我们可以从很多成年人的谈话中得知，他们童年时是多么恐惧火灾，这种恐惧又是多么持续地困扰着他们的心灵。

（《儿童的人格教育》，第 144 页）

阿德勒的这段文字是针对西方世界约100年前的报纸等媒体所说的。西方的媒体价值观与我们不同，更多地报道阴暗面，更多地猎奇，是他们的重要特点。这些对于有识别力的成年人也许没有太大的问题，但是对于成长中的青少年儿童可能就不合适。阿德勒认为，那些充满谋杀、犯罪以及各种不幸事故的报告，容易使孩子们感到沮丧、压抑和恐惧火灾，由此产生的各种消极情绪会"持续地困扰着他们的心灵"。100多年后的报纸与媒体已经发生了翻天覆地的变化，可以说，现在的孩子完全是大众传播媒介伴随着长大的。从他们出生后开始，电视、报纸、书籍、杂志、电影、电子游戏机、录音带、录像带、计算机等就围绕在他们身边。有人统计过，城市孩子平均每天接触四种左右的媒介，80%以上的孩子几乎天天看电视，大众传播媒介已成为青少年成长的重要社会环境之一，对他们的社会性发展产生了重要的影响。所以，如何为青少年创造良好的媒体环境，如何培养他们的媒体素养，是现代家庭教育和学校教育都必须重视的问题。

六、为什么很多优秀的学生 在青春期并未继续保持优秀

（一）青春期是所有个体必经的成长阶段

我们每个人的青春期的表现不尽相同。我们会在班级发现各种类型的孩子：有的积极进取，有的懒惰笨拙，有的整洁干净，有的邋遢肮脏，等等。我们也发现，有些成人甚至老人的举止言行仍像青春期的孩子。从个体心理学的观点来看，这并不令人惊奇，它仅仅意味着这些成人在青春期阶段停止了成长。实际上，在个体心理学看来，青春期是所有个体必经的成长阶段。我们并不认为成长的任何阶段和遭遇的任何环境会改变一个人。它们只是起着准备性测试的功能，即它们只是作为一种把过去形成的性格特征显现出来的新环境。

（《儿童的人格教育》，第145页）

从今天开始，我们一起学习《儿童的人格教育》的第十二章《青春期和性教育》。顾名思义，这一章是关于青春期教育相关问题的研究和探索。我们知道，青春期一般是指儿童生长发育到成年的过渡时期。青春期是以性成熟为主要标志的一系列生理、生化、内分泌及心理、行为的突变阶段。青春期是一个人身体的"第二次生长发育高峰"，身高、体重、肩宽、骨盆宽和性器官等外显特征有了明显的变化，神经、心血管、呼吸、性机能等生理功能日趋完善，男性的遗精、女性的初潮伴随着"第二性征"开始出现。自我意识开始觉醒，独立性加强，希望摆脱父母的羁绊，赢得同伴的支持和异性的关注。国外心理学家经常把青春期视为成长过程的叛逆期与"危险期"。青春期对人的成长无疑是非常重要的。按照阿德勒的分析，成长是一生的任务：一方面，青春期的各种差异是儿童时期发展的必然结果与呈现；另一方面，青春期对人的发展具有非常重要的影响，有些人在这个阶段克服了儿童时期的某些缺点，成为积极进取的人，有些人一生就停滞在青春期，不再成长。青春期是所有个体必经的成长阶段，在这个阶段，父母和教师如何成为孩子成长的陪伴者、同行者，如何与孩子一起成长，是重要的人生课题，对孩子的一生发展会起到关键的作用。

（二）在青春期能看出一个人的生活风格

我们在青春期比以前任何阶段更能看出一个人的生活风格。这自然是因为青春期比童年与真正的成人更近。这时我们更容易看到他对生活的态度，看到他是否易于与人交流，是否具有社会兴趣。

（《儿童的人格教育》，第 146 页）

其实，从人的成长角度来看，青春期仍然是处在一个动荡不安、变化剧烈的时期。但是，在阿德勒看来，青春期却是一个比以前任何阶段更能看出一个人的生活风格的时期。原因之一，就是青春期比童年距离真正的成人更近。这个接近，不仅仅是时间上的概念，更是一个行为上的概念。因为，在儿童时期，很多孩子被"看管太严"，"他们未曾体会到自己的力量，也不能表达自己的想法。一旦到了青春期这个快速的生理和心理发展期，这种孩子的言行举止似乎像摆脱锁链一般"。也就是说，孩子在儿童时期虽然天真烂漫，童言无忌，但是在成年人的管束之下，他们真正的本性经常是受到"压抑"或者"伪装"起来的。所以，在青春期，一个人的生活态度，他对世界的看法，他的社会交往能力，往往无所顾忌地表现出来，一个真实的自我开始显现。如果教育有道，孩子可以继续健康成长，而很多孩子则停滞在这个阶段，成为一个长不大的儿童。

（三）青春期会显示出一个人的职业态度

青春期会显示出一个人的职业态度。我们会发现，有些青少年开始变得独立自主，工作出色，显示他们走上了健康的发展之路。相反，有些人则在青春期停止了成长。他们不能为自己找到合适的职业，不断折腾——要么变换工作，要么变换学校，等等。否则，他们就会无所事事，根本不想工作。

（《儿童的人格教育》，第 146 页）

人的职业态度与职业能力对人一生的成长与发展起着非常关键的作用，而人的专业态度与能力在青春期就开始分化，并且可以看出端倪。阿德勒指出，有些青少年从这个时候开始变得"独立自主，工作出色"，走上了健康的发展之路。但是，也有一些人则在青春期停止了成长。这与他们的社会兴趣有着密切的关系。缺乏社会兴趣的人有两种极端的表现：一种是冷漠无情，与人隔绝，把自己封闭起来；另外一种则以夸张的形式表现出来，社会兴趣过于强烈，"丧失了一种分寸感，一心只想为了他人牺牲自己的利益"，这样也阻碍了自己的成长。所以，阿德勒认为，一个人如果真正对他人感兴趣，并且愿意为公共利益奋斗，就必须首先把自己的事情做好，"他必须有东西可贡献给社会，如果这种贡献真的有内容、有价值的话"。也就是说，青少年一方面要克服冷漠的心态，培养对他人、对社会的兴趣，同时，要努力充实自己，修炼好贡献社会的能力与本领，而不是好高骛远，以牺牲自己为代价去贡献社会。人的大部分时间是在职场中度过的，职业的幸福感在很大程度上取决于人们的职业态度与职业能力，而这些需要在青春期就做好准备。

（四）青春期的孩子为什么会离家出走

我们会经常发现，很多青春期的孩子渴望离开家庭。这是因为他们对家里的情况感到不满，这时便寻求机会断绝与家庭的联系。他们不再想被家庭供养，虽然这种供养对孩子和父母都很有好处。否则，万一遇到难以克服的困难，他们会把这种失败归因于缺乏父母的帮助。

（《儿童的人格教育》，第 148—149 页）

青春期的孩子离家出走，是一个比较普遍的问题，也是各种媒体经常关注的现象。为什么会出现这种情况呢？这与青少年的心理发展有着密切的关系。在整个儿童期，孩子一直处在父母的羽翼之下，活动的空间也是以家庭为中心。进入青春期之后，随着第二性征的出现，他们逐步感觉到自己已经是一个"大人"了，需要拥有自己的空间和秘密。如果父母仍然像儿童时期一样，时时处处事无巨细地关心"照看"，孩子就会感到不自由、不自在，就会迫不及待地摆脱父母的控制，有着"我的事情我做主"的强烈冲动。心理学家埃里克森把这个时期青少年心理发展的主要矛盾定义为"自我同一性和角色混乱的冲突"。这个时期，青少年的主要任务是建立一个新的同一感或自己在别人眼中美好的形象，以及他在社会集体中所占的情感位置。内心的矛盾和角色的混乱很容易让青少年产生"同一性危机"，如果他们认为自己所处的环境剥夺了自我同一性，就会以令人吃惊的力量抵抗社会环境。[①] 这个时候，青少年渴望友谊和同伴的认同，在家庭如果得不到理解和尊重，就会用离家出走等极端行为来惩罚父母。其实，由于生活无法自立，他们无法真正脱离父母的管控，这就加剧了他们内心的焦虑和冲突。阿德勒举例说，有些孩子虽然没有发展到离家出走的地步，但是他们往往会抓住任何一个机会在外过夜，这"也是对家庭无声的指控"，因为他们在家里感受不到自由，"感觉总是受到监视和看管"。

在书中，阿德勒建议，要认识到"青春期是孩子开始表现自我的危险时期"。其实，"表现自我"不一定是坏事情，如果能够利用这个特点，让孩子更好地展示自己，更好地与人合作，更好地自律自强，是能够让他们

---

① 埃里克森：《同一性：青少年与危机》，浙江教育出版社，1998。

顺利完成青春期实现自我的同一性的目标的。

（五）为什么很多优秀的学生在青春期并未继续保持优秀

在青春期，许多孩子会比以前更加强烈地感到自己突然丧失了他人的欣赏。也许他们在学校一直是个好学生，受到父母的高度赏识，接着他们突然进入一所新学校，或转到一个新的社会环境，或转换一份新职业。我们知道，很多优秀的学生在青春期并未继续保持优秀。他们似乎是经历了一场变化，而实际上，这里没有变化和中断，只是过去的环境没有像新环境那样显示出他们真实的性格罢了。

（《儿童的人格教育》，第 149 页）

青春期的孩子无论是身体的形态还是心理的状态都发生了剧烈的变化。有些孩子甚至会有坐了一趟过山车的感觉。12 岁左右，正是小学进入初中的年龄。进入一个新的学校，遇见一群新的小伙伴，一些在小学非常优秀的学生到了中学以后并未继续保持优秀。阿德勒认为，表面上看来他们"似乎是经历了一场变化"，其实变化远远不像人们想象的那么大，他们的性格并没有变化或中断，只是在新的环境下他们的真实性格得到了呈现。我不完全同意这个判断。虽然人的性格具有一定的稳定性，但是青春期以前人的认知、个性和行为的可塑性与变化性还是比较大的。尤其是家庭环境和学校环境的变化，青少年自身心理发展的特点，决定了这个时期的新的变化。尤其是女孩子，在小学往往都是一路领先，因为她们更听话、更专心，但是父母和社会的消极心理暗示会不断告诉她们：女孩子到了中学就要落后。结果，社会的暗示变成了她们的自我暗示，往往也真的验证了人们的"预料"。无论是男孩还是女孩，一旦在中学阶段学习出现滑坡，父母、教师、同学的赏识也会随之消失，许多人也就逐步进入了这个消极循环的"怪圈"。所以，青春期的孩子其实更需要关心，尤其是在这个阶段学业退步的情况下，更需要得到家庭和学校的温暖，父母需要适当放手，远距离关注，更需要与孩子建立朋友式的关系。

（六）没有信任，就没有教育

阻止青春期的孩子出现这些问题的最好方法之一就是培养友谊，孩子之间应该成为好朋友或好伙伴。孩子也应该与家庭成员和家庭之外的人成为朋友。家庭成员之间应该相互信任。孩子也应该信任父母和教师。实际上，在青春期，只有那些一直是孩子的朋友和同情他们的父母和教师，才能继续引导他们。除此之外的父母和教师若是想指导他们，会立即被青春期的孩子拒之门外。孩子不会信任他们，而是会把他们视为外人，甚至敌人。

（《儿童的人格教育》，第 149 页）

亲其师才能信其道，好关系才能有好教育。青春期孩子出现的许多问题，往往与他们自我的觉醒和对友谊的渴望有关。孩子在家庭和学校中只要有一个地方得到温暖，他们一般就不会出现太大的问题和危机。孩子的信任感、同理心和共情力，孩子的社会情感及交往能力与家庭成员的关系有着密切的关系，家庭是他们最初的学习场。所以，家庭成员之间要学会沟通与互相理解，学会彼此信任和尊重，这同时也是父母在用自己的行为教育孩子。青春期的孩子比儿童时期的孩子更重视高品质的交往和更加智慧的爱，他们渴望友谊，渴望得到关注和关心，渴望得到信任和尊重。所以，无论是父母还是老师，都不能够再把他们当作不懂事理的孩子，当作教训责骂的对象，而是要把他们当作平等的朋友。如果不是如此，居高临下，我说你听，就会被青春期的孩子们拒之门外。孩子们也不会信任他们，会把他们视为"外人"甚至是"敌人"。

（七）青春期的女孩子

我们会发现，到了青春期，有些女孩子会表现出厌恶自己的女性角色，她们喜欢模仿男孩子，这是因为模仿青春期男孩子的坏毛病，如抽烟、喝酒和拉帮结派，比模仿工作努力者要容易得多。这些女孩子会借口说，如果她们不模仿这些行为，男孩子就不会对她们感兴趣。

（《儿童的人格教育》，第 150 页）

俗话说，男女有别。美国学者约翰·格雷博士在《男人来自火星，女人来自金星》中甚至提出："男人女人是两种不同的生物！"[1]一项国外的研究总结了若干男人女人的大脑结构、思维方式和行为风格的差别，例如：（1）男性和女性使用大脑的不同部分来处理相同的任务。（2）女性的大脑比男性的大脑体积小10%。（3）男性大脑比女性大脑萎缩得更快。（4）女性更有能力同时处理多项任务。（5）男性吸收信息的速度更快。（6）女性细节记忆力强，男性要点记忆力优。（7）男性方向感和距离感强，女性则善于记住路标。（8）男性比女性更频繁地考虑性。（9）男性善于分析，擅长精确科学；女性具有同理心，擅长社会科学。（10）女性更善于交际。（11）男性更具侵略性。（12）男性听觉比女性听觉差。

我和袁振国教授在30年前也出版过《男女差异心理学》，对男女差异进行过一些分析和研究。毫无疑问，男女差异是客观存在的，关键是我们如何认识这些差距和如何让男孩子和女孩子更好地成长。第一，总体上来说，我们有过分夸大男女差异的倾向；第二，在一个男性价值观主导的社会，性别差异的社会化过程对女性相对不利；第三，在儿童阶段女孩子相对具有优势，而从青春期开始则男性后来居上。青春期的女性之所以讨厌自己的性别优势，是因为长期以来封建社会的重男轻女思想，以及来自家庭、学校和社会对女性的不断的消极暗示：女孩子不如男孩子有后劲。女孩子到了中学就不如男孩子了。为了寻求性别的心理认同，她们会模仿男性化的行为，如抽烟、喝酒和拉帮结派等。所以，对于女孩子来说，关键是培养她们对自身性别的自信心，告诉她们两性各有优势，各有发展的空间和可能。而且，两性之间的差距远远不像我们想象的那么大，在人类所有的领域，都有女性的身影、女性的英雄。对于青春期的女孩子来说，要坦然面对生理的巨大变化，正确处理好与异性的交往，做好人生的规划。

（八）青春期的男孩子

青春期的男孩子经常喜欢扮演一种聪明、勇敢和自信的男人角色。不过，一些男孩子则不敢面对他们的问题，不相信自己可以成为真正的、完善的男人。如果他们过去曾在男性角色教育上存在缺陷和不足，那么，这

---

① 约翰·格雷：《男人来自火星，女人来自金星》，黄钦、尧俊芳译，吉林文史出版社，2010。

种缺陷会在青春期暴露出来。他们会表现出脂粉气十足，举止像个女孩，甚至模仿女孩子的坏习惯，如卖弄风情，扭捏作态，等等。

（《儿童的人格教育》，第 150 页）

　　其实，青春期男孩子的问题一点也不比女孩子少。2011 年，孙云晓先生和李文道博士合作撰写了《拯救男孩》一书，把男孩的问题概括为四大方面。一是在学业方面，男孩的学业成就全线落后于女孩。比如，国家奖学金获奖者的性别比例，连续多年均为 1:2 左右，男生远远落后于女生。二是在体质方面，从 1985 年到 2005 年，中国男孩的体质在持续稳定地下降，男孩跑得更慢了、跳得更近了、爆发力更差了。三是在心理方面，男孩的心理更加脆弱，男孩在常见心理疾病（多动症、自闭症、学习障碍）方面的发病率远远高于女孩，男孩更容易出现各种成瘾行为（烟瘾、酒瘾、网瘾等）。四是在社会方面，男孩责任心不够、阳刚气不足，更容易出现违法犯罪行为等。他们从应试教育、家庭教育和流行文化三个方面分析了原因。在学校方面，应试教育成为男孩成长最为凶猛的杀手，男孩的优势被弱化，劣势被凸显，特点被看作缺点，应试教育从教学内容、教学方式、教学评价等方面对男孩都更为不利。在家庭方面，父教缺失对男孩成长具有破坏性的影响，许多父亲对父教的价值存在认识误区或不足，有意无意地疏忽了自己的教养责任，危及男孩性别角色的形成、阳刚气质的获得等。母教溺爱也会危及男孩的责任心、独立性、阳刚气质等男子汉特质。在社会层面，不良的流行文化对男孩发展具有消极影响，如不正常娱乐榜样的流行，使许多男孩的性别角色标准被颠倒，"伪娘"成风。

　　阿德勒发现，也有与"男孩子极端的女性化"相似的"男孩子的极端男性化"的情况，这些孩子"把男性的性格特征发展为极端的恶习"，通过酗酒、纵欲等行为表现和炫耀自己的"男子气"和"优越感"，甚至走上犯罪的道路。

　　我在为《拯救男孩》撰写的序言中指出，需要拯救的不仅仅是男孩，更是我们的整个教育。在我们的教育中，父母和老师应该理解男孩，不要因为男孩暂时的落后而丧失对男孩的信心。要注意充分发挥父亲的作用，以自身的榜样告诉孩子如何成为一个真正的男子汉。要鼓励男孩多参加户外活动和体育运动，培养健康的兴趣爱好，在学习上也要更加定心、用心。

（九）证明自己不再是一个孩子很危险

另一个值得注意的是，每个青春期的孩子都面临这样一个考验，即他感到必须去证明自己不再是一个孩子。这当然是一个非常危险的感觉，因为每当我们感到我们必须证明什么的时候，我们就可能走得太远，做得太过。青春期的孩子自然也是这种情形。

（《儿童的人格教育》，第 152 页）

青春期的孩子为什么经常会做出许多匪夷所思、非常危险的行为？按照阿德勒的观点，这是因为他们"感到必须去证明自己不再是一个孩子"。青春期的孩子从身体形态上已经与成年人相差无几，但是从认知水平与人格发展来看，仍然具有许多儿童的特征。这种生理与心理的反差，使得他们要求父母像对待成年人一样对待他们，当得不到相应的尊重和信任时，他们就会通过各种路径去努力证明自己已经不再是一个孩子。阿德勒举例说，有些青春期的孩子会出现殴打父母的情况，很多父母和老师都会觉得孩子突然变了一个人似的，但是随着孩子自我意识的觉醒，他们就有了这样的像成年人一样被尊重和信任的需要，当他们"拥有了更多力量和更多可能性来实施这样的行为"时，他们就会用力量来证明自己。所以，阿德勒建议，对待这样的孩子，最好的办法就是向他们解释并指出"他们不必向我们证明自己不再是个孩子了，我们不需要这种证明"。其实，也许这样的解释仍然是苍白无力的，也很难避免孩子的这种"过度行为"，重要的仍然是真正地懂得孩子的内心需求，把他们当作小大人认真对待，尊重并相信他们，同时又及时提醒和帮助他们。

（十）"坏女孩"往往是因为父母缺乏心理学洞见

具有讽刺意味的是，那些对自己女儿过于监管的父母，本希望她们成为好女孩，没想到她们却成了坏女孩。这是因为父母缺乏心理学洞见。错误不在于这些女孩，而在于她们的父母，因为他们没有使自己的女儿为她们必然要遭遇的情境做好准备。他们过去总是想保护起来，却没有训练她们具有避免青春期陷阱所必需的判断力和独立性。

（《儿童的人格教育》，第 152—153 页）

可怜天下父母心。世界上所有的父母都希望自己的孩子成为好孩子。很多父母也信奉"棒头下面出孝子"。但是，事实往往并非尽如人意，许多女孩子在过于严格的监管下，反而出现更大的叛逆心理，阿德勒通过他观察的案例指出，一些青春期的女孩往往会夸大自己对男性的喜爱，甚至成为"男痴"。她们总是喜欢和母亲争吵，总是认为自己受到了压制。所以，"为了惹母亲生气，她们会和任何自己遇到的男人搭上关系。她们想到自己母亲一旦发现她们的所为而震怒痛苦的样子，就感到非常开心"。一些因为父母管教严厉而离家出走的女孩子，还有可能与男性发生初次的性行为。所以，对于青春期的女孩子，既要适当放手，尊重她们的隐私和自由，又要给予关爱，注意训练她们"具有避免青春期陷阱所必需的判断力和独立性"。和青春期的女孩子交朋友，既要把她们当作成年人看待，又要注意防止她们剑走偏锋，更多的关爱、交流、沟通就显得非常重要。

（十一）性别角色的认同很重要

个体心理学的经验教导，孩子 2 岁的时候，应该告诉他们自己是男孩，还是女孩，还应该向他们解释，他们的性别是不可以改变的，男孩长大成为男人，女孩长大成为女人。孩子知道了这些，即使他们缺乏其他的性知识，也不会带来什么危险。只要让孩子认识到，女孩的教育不能以教育男孩的方式进行，反之亦然。这样，性别角色就会固定在他的意识中，他肯定会以正常的方式发展和准备自己的性别角色。相反，如果他认为通过某种戏法就可以改变他的性别，那么就会产生问题。而且，如果父母老是表达希望改变孩子的性别，也会给孩子带来麻烦。

（《儿童的人格教育》，第 154—155 页）

性别在儿童发展中具有重要意义，性别认同是儿童社会化的一项重要内容。性别在相当程度上决定了父母或其他人对待孩子的方式，无论是给孩子取名，还是为他们挑选服饰和玩具，甚至跟孩子的交流方式和做的游戏等，都蕴含着人们对于不同性别孩子的不同角色期待。例如大多数人会认为女性要更温柔、儒雅、谦和、顺从，男性要更坚强、独立、果断、自信；给女孩子的玩具是洋娃娃、布狗熊，给男孩子的玩具则是汽车、坦克；给女孩子梳小辫子、穿小裙子，给男孩子理平顶头、穿小短裤。这一切都在告诉男孩子：你是一个男孩子，男孩子要有男孩子的样子，以后要成为养家糊口的男人。同时告诉女孩子：你是一个女孩子，女孩子要有女孩子的样子，以后要嫁人、生儿育女。

阿德勒认为，应该把性别认同作为家庭教育的重要任务，告诉孩子人的性别是不可以改变的，"男孩长大成为男人，女孩长大成为女人"。这对于他们的社会化具有积极的意义。一般而言，父母的养育方式对孩子的性别认同会产生很大的影响：一方面，父母自身的性别榜样示范会直接影响孩子的性别认同，孩子往往是从父亲身上学会如何当男人，从母亲身上学会如何当女人；另一方面，父母的性别角色期待也会影响孩子的性别认同，如喜欢女孩的父母，有时候会给小男孩穿上小裙子，并且向人们炫耀孩子的可爱，喜欢男孩的父母，则会给小女孩剪毛寸发型，久而久之容易让孩子发生性别认同上的混乱，阻碍性别意识的正常发展。阿德勒说："如果父母老是表达希望改变孩子的性别，也会给孩子带来麻烦。"当然，性别认同的教育不是绝对化的性别"固化"，不是给孩子套上性别的"枷锁"。要告诉孩子不同性别的特点，如何取长补短，女性不妨更加自信与顽强一些，男性则也可以更加细心与谦和。

（十二）应该避免贬低女性和主张男性优越的论调

我们还应该避免贬低女性和主张男性优越的论调。应该教育孩子认识到男女是平等的。这很重要，它不仅可以阻止女孩产生自卑情结，也可以阻止对男孩产生不利影响。如果男孩被教育认为男性优越，他们就会把女孩当作仅是泄欲的对象。如果我们能教育他们认识到自己的未来责任，他们就不会用丑陋的眼光看待两性关系。

（《儿童的人格教育》，第 156 页）

在不同的历史时期，男女有着不同的社会地位。在人类漫长的岁月中，人们知其母而不知其父，女性在氏族公社中居于支配地位。父系氏族社会确立之后，男性以体力优势逐渐在主要生产部门占据重要地位，女子在生产与战争中退居次要地位，逐步形成了男尊女卑的格局。直至近代，随着启蒙思想的产生和人权意识的增强，男女平等才提到了议事日程上来。《中华人民共和国宪法》第四十八条第一款明确指出："中华人民共和国妇女在政治的、经济的、文化的、社会的和家庭的生活等各方面享有同男子平等的权利。"但是，由于封建思想的长期影响，男尊女卑的思想并未消除，"贬低女性和主张男性优越的论调"仍然有很大的市场。阿德勒认为，这其实对于男女双方都是不利的。它会造成男性的优越感和女性的自卑感，会让男性和女性都放弃自己的真正的责任，曲解两性之间平等的关系，也会造成许多社会问题。所以，在现代社会，仍然需要弘扬男女平等的理念，差异不等于差距，两性各有千秋，应该是平等互依、相互促进的伙伴关系。更重要的是，女性的解放与发展程度，也关系着男性的发展与人类自由全面发展的实现程度。

（十三）性教育的真正问题是什么

性教育的真正问题不仅仅是向孩子解释性的生理知识，还要涉及正确的爱情观和婚姻观的培养问题。这个问题和孩子的社会兴趣是密切相关的。如果他缺乏社会兴趣，他就会对性玩世不恭，并完全从自我欲望的满足来看待与性有关的事物。这种情况常常发生，也反映了我们文化的缺陷。女性是受害者，因为我们的文化更有利于男性发挥主导作用。不过男性实际也深受其害，因为这种虚幻的优越感，使他们丧失了对最基本的价值的关注。

（《儿童的人格教育》，第156—157页）

性教育是教育的重要领域，也是青少年教育的重要议题。阿德勒指出，性教育的真正问题不仅仅是向孩子解释性的生理知识，还涉及正确的爱情观和婚姻观的培养等问题。这与现代性教育的理念是一致的。

一般而言，性教育大致分为狭义与广义两种。狭义的性教育主要指性生理卫生教育，广义的性教育则包括性生理卫生教育、性心理卫生教育、性伦理道德教育以及法律、审美、社会学教育等。

联合国发布的《国际性教育技术指导纲要（修订版）》提出了"全面性教育"的概念，将性教育的内容划分为8个核心概念。第一是关于关系，主要有家庭、友谊、爱和恋爱关系，宽容、包容及尊重，长期承诺及子女养育。第二是关于价值观、人权、文化、社会与性的问题。第三是关于理解社会性别的问题，主要有社会性别及其规范的社会建构，社会性别平等、刻板印象与偏见等。第四是关于暴力与安全保障的问题，主要有许可、隐私与身体安全性，信息与通信技术的安全使用等。第五是健康与福祉技能，主要有社会规范和同伴对性行为的影响、决策、沟通与协商技巧、媒体素养与性，寻求帮助与支持等。第六是关于人体与发育问题，主要有性与生殖解剖及生理、青春发育期、身体意象等。第七是性与性行为问题，主要包括性与性的生命周期、性行为与性反应等。第八是性与生殖健康的问题，主要包括怀孕与避孕，艾滋病病毒和艾滋病的污名、关爱、治疗及支持，理解、认识、减少包括艾滋病病毒在内的性传播感染风险等。可见，性教育是一个内容非常丰富全面，能够帮助青少年更好地适应家庭与社会生活，有助于正确的价值观的传播和良好社会风气形成的重要载体。

（十四）何时该给孩子讲性教育的生理知识

关于性教育的生理知识方面，孩子没有必要太早接受这方面的教育。我们可以等到孩子对此开始好奇，开始想知道这方面情况的时候，才告诉他们。如果孩子太过羞怯而不愿意问这方面的问题，那么，关注孩子需求的父母总会知道什么时候该主动告诉他们这方面的知识。如果孩子感到父母就像朋友，他们就会问这方面的问题，不过，我们必须用一种孩子可以理解的方式告诉他们答案，同时，还需注意避免给予他们可能会刺激和激发其性冲动的回答。

（《儿童的人格教育》，第 157 页）

关于何时开始性教育，阿德勒的观点可以概括为三个原则：第一，没有必要过早开始性教育，太早进行性生理知识教育有害无益；第二，父母应该注意把握对孩子性教育的时机，关注孩子的好奇心和需求；第三，要用孩子能够理解、接受的方式进行性教育，不要给予可能会刺激和激发孩子性冲动的回答。阿德勒的这三个原则总体而言是正确的。其实，对于孩子的性教育没有什么早晚的问题，只有合适不合适的问题。也有人主张应该从出生开始就进行性教育的。我们主张，性教育必须在日常生活中潜移默化地进行。从最早帮助孩子建立性别意识，到了解自己从哪里来；从青春期身体的发育变化，到生殖系统的疾病与健康；从男女交往的原则，到婚姻恋爱的道德原则等。在人生的不同阶段，都有相应的性教育课题。

（十五）孩子明显表现出性早熟怎么办

如果孩子明显表现出性早熟，也不必太过惊慌。性发育很早就开始了，实际上，在出生后的数周就已经开始了。婴儿肯定也能体会到性快乐，有时他们会故意刺激性的敏感区域。看到这种情况，我们不必恐慌。不过，我们要尽力加以阻止，同时也不要把这个问题搞得太过严重。如果孩子发现我们对此类事情太过担心和忧虑，他们就会故意继续这样做，以引起我们的关注。孩子的这种行为常常会使我们认为他们已经沦为性欲的牺牲品，而实际上，他们只不过把这个习惯当作炫耀的工具。小孩儿通常会玩弄自己的性器官，因为他们知道父母害怕他们这样做。这和小孩装病的心理是一样的，因为他们注意到，一旦他们生病，他们会得到更多的宠爱和关爱。

（《儿童的人格教育》，第 157 页）

从现代医学的角度来看，所谓的性早熟，一般是指女孩八岁之前，男孩九岁之前出现了第二性征。性早熟一般分为外周性性早熟和中枢性性早熟，外周性性早熟一般是外源性的，如女孩子在饮食中食用了大量含有雌激素的食物，或者进食了过多的补品、服用了某些含有雌激素的药物，导致乳房发育。这种外周性性早熟也称为假性性早熟，通过饮食干预和回避某些激素类的食物和药物，就可以逐步恢复正常。中枢性性早熟也称为真性性早熟，若女孩子不光有乳房发育，性器官也逐渐开始发育，骨龄明显大于同龄的孩子两岁以上，其原因可能是肾上腺或者卵巢、垂体发育异常。要解决这个问题，就需要用外源性的抑制性早熟的药物来干预，但由于副作用较大，需要谨慎使用。

阿德勒认为，在孩子出现性早熟的情况以后，不要惊慌失措，不要过于焦虑，过分关注和焦虑反而会强化孩子的某些行为，他们会借此引起父母的注意和关心，如故意装病以得到父母更多的宠爱和关爱等。父母亲要关心孩子的身体发育情况，对于性早熟的孩子要找出原因所在，给予更多的关心与关爱，开展各种健康有益的阅读、运动、郊游等活动，分散孩子的注意力，帮助孩子更好地成长。

（十六）不要刺激孩子的性意识

为避免刺激孩子的身体，父母不应该太过频繁地亲吻和拥抱他们。这对孩子很不好，尤其是处于青春期的孩子。我们也不要从精神上刺激孩子的性意识。孩子通常会在爸爸的书房里看到一些轻浮、挑逗的图片。我们在心理咨询诊所也不断遇到这种案例。孩子不应该接触那些讨论超其年龄理解水平的关于性的图书。我们也不应该带孩子去看关于性主题的电影。

（《儿童的人格教育》，第 157—158 页）

阿德勒不主张父母亲和其他亲友亲吻孩子。他在《自卑与超越》一书中也指出，父母经常亲吻孩子的嘴唇，会一定程度地促进他性早熟。孩子到了 2—3 岁后，自我意识开始萌芽，并且还会对自己身体各部位的器官产生兴趣。如果父母经常与孩子嘴对嘴亲，可能会促使孩子性早熟。其实，从医学的角度来看，亲吻孩子的嘴唇也是不健康的行为。如，大人的口水对于过敏体质的孩子就可能引起过敏反应或者湿疹；大人口腔及鼻部的细菌和病毒、病原体会引起孩子皮肤的局部感染，传播 EB 病毒；大人皮肤上的化妆品也有可能对孩子的身体造成损害。对于青春期的孩子来说，父母更应该像尊重成年人那样尊重他们，不要对他们做过于亲密的行为，让孩子懂得正确地和异性保持必要的距离感。关于性知识的读物，阿德勒也不主张让孩子过早阅读，他提出不要让孩子接触那些超越其理解水平的关于性的图书、看关于性主题的电影，其目的就是"不要从精神上刺激孩子的性意识"。

对于阿德勒的建议，我们也要科学分析。其实，优秀的性教育知识读本对于孩子正确认识自己，了解两性的身体结构与功能，掌握相关的科学知识，提高与异性相处的能力，增进自己的身心健康，是有一定积极意义的。关键是不要阅读那些诲淫诲盗的黄色读物，不过即使发现孩子无意间接触了不合适的关于性的书籍和图片，也不必过于紧张，视为洪水猛兽。而应在正确满足他们好奇心的基础之上，引导他们升华自己的生活情趣，关注窗外的更大的世界。

（十七）90% 的关于性的知识都来自同辈人

如果孩子信任自己的父母，他就会信任父母对性的解释，就会对来自同伴的关于性的解释大打折扣——我们 90% 的关于性的知识都来自同辈人。家庭成员之间的相互合作、相互信任和朋友般的关系，比那些在回答有关性问题时所使用的、自以为得计的各种回避、托词要远为重要。

（《儿童的人格教育》，第 158 页）

在阿德勒的时代，网络还没有产生，媒体也远远没有今天发达，所以，青少年的性知识 90% 来源于同伴，完全是可能的。即使是网络高度发达的今天，同伴的影响仍然是巨大的。有调查表明，中小学生了解性健康知识的途径中，来源于同学朋友和网络的占比分别为 39.2% 和 34.9%。在遇到性问题时，50.3% 的学生更愿意自己查资料或闷在心里，18.6% 的学生愿意找朋友商量，18.0% 的学生愿意求助父母，仅 9.5% 和 3.6% 的学生愿意找专家或老师咨询。[①] 腾讯新闻客户端 2019 年调查采访了 9000 多名年龄在 18 岁到 34 岁之间的年轻人，其中 52% 以上的人的性知识来源于网络搜索，32% 的人通过结交伴侣了解，通过父母或者长辈传递有关性知识的仅占 1.1%。学校性教育排在倒数第二，占 8.4%。这样的调查数据，折射了我们的家庭和学校在性教育方面的缺位。按照阿德勒的观点，如果亲子关系融洽，孩子信任父母，家庭的性教育就会有成效。所以，我们的父母首先应该自己补课，注意在日常生活中润物细无声地进行相关知识的教育，帮助孩子更好地认识性，了解性，处理好生理发育过程中与青春期心理发展过程中的各种问题。

（十八）性教育最为重要的原则就是家庭内部的合作和友爱精神

就像孩子其他方面的教育一样，性教育最为重要的原则就是家庭内部的合作和友爱精神。有了这种合作精神，有了早期关于性别角色的知识，

---

① 《性教育调查：近四成学生性知识来源于同伴或网络》，《重庆晚报》2016 年 10 月 24 日。

有了男女平等的观念，孩子就会很好地应付将来可能遇到的任何危险。重要的是，他们已准备好以健康的态度去迎接未来人生的工作。

（《儿童的人格教育》，第 158 页）

中国有句老话：家和万事兴。一句话，包括孩子的教育问题，孩子的成长问题，几乎所有的问题都可以通过和谐的家庭关系得到解决。但是，如果过分夸大了家庭内部关系，不注重教育自身的规律与方法，也可能会走向另外一个极端。我们说"好关系才有好教育"，这是说"好关系"是"好教育"的前提，"好关系"是必要条件，不是充分必要条件。好关系非常重要，是开展教育的基本前提，但是，好关系不是必然有好教育。如果没有科学的方法，没有正确的路径，徒有好的家庭关系，也不一定能够有好的性教育。正如小说《房思琪的初恋乐园》中描述的那样，房思琪遭受性侵后，在与妈妈聊天时提出"我们的家庭家教都不缺，除了性教育"。所以，一方面父母要努力营造良好的家庭氛围，让孩子在家庭中有安全感、温馨感、依靠感，有问题愿意及时与父母分享，一方面也要提升自己，学习更多的包括性教育在内的相关教育知识，掌握科学教育的方法，这样才能够真正与孩子一起成长，帮助孩子解决成长中的各种问题。

（十九）在孩子的教育上容不得半点灰心丧气

家长或教师在孩子的教育上容不得半点灰心丧气。他们不能因为自己的努力没有得到即刻的回报而滋生绝望情绪，不能因为孩子没精打采、冷淡漠然和极端的消极被动而滋生失败之想，同时也不能受到孩子有天赋和没有天赋之类的迷信说法的影响。个体心理学认为，为了激发孩子的精神能力，要努力给予他们更多的勇气和更多的自信，要教导他们，困难不是不可逾越的障碍，而是我们遇到并要加以征服的问题。一分耕耘，未必总有一分收获。不过，诸多成功的案例还是足以补偿那些没有取得预期结果的努力。

（《儿童的人格教育》，第 159 页）

今天和大家一起读《儿童的人格教育》的第十三章《教育的失误》。这一章其实就是讲述了一个教育案例，并且用这个案例诠释了上面这段文字。

这是一个问题儿童，一个读六年级的 12 岁男孩，他成绩不好但满不在乎，因为小时候生病，3 岁才学会走路和说少量单词。他有一个优秀的哥哥，给他非常大的压力。他只有一个好朋友。他经常把自己想象成一个婴儿，在大白天尿床，不能够控制自己的大便，被认为是一个"落后、卑弱的孩子"。在送到阿德勒的诊所后，经过诊断，这个孩子其实完全是一个正常的孩子，只是一向"倾向悲观消极地看待每件事，在没有做出一丁点的努力之前，就已经承认失败"。缺乏自信，是他问题的症结。所以，他们通过转学的方式，让这个孩子从自己的困境中解脱出来。在进入新的学校学习之后，"没有人认识他，他不必担心别人对他做不好的评价，也不用担心别人的鄙视"，逐步变成了一个正常的孩子。所以，阿德勒也鼓励父母亲，教育的关键就是要建立信心，一方面是帮助孩子建立信心，一方面是对自己要有信心，不要过分迷信"天赋"，不要为一时的一筹莫展而灰心丧气，而是要善于研究孩子，发现问题背后的原因、现象背后的本质，尽可能避免教育的失误。

（二十）教育孩子的责任主要是由教师承担

当今，虽然父母和教师都对教育工作有所贡献，父母纠正学校教育的不足，教师则矫治家庭教育的缺陷，但在现代社会和经济条件下，大城市教育孩子的责任主要是由教师承担。父母对新的观念没有教师敏感，因为教师的职业兴趣就是孩子的教育。个体心理学把孩子为明天做好准备的希望主要寄托在学校和教师的改变上，尽管家长的合作也是必不可少的。

（《儿童的人格教育》，第 168 页）

今天和大家一起读《儿童的人格教育》的最后一章，即第十四章《对父母的教育》。阿德勒开宗明义指出，我们很少有人关注，孩子的成长究竟是在父母的帮助之下还是在教师的支持之下进行的，而事实上，父母和教师是共同发挥作用的，对孩子的成长都有所贡献。父母可以改进学校教育的不足，教师则可以弥补家庭教育的缺陷。但是，总体而言，教师所承担的责任应该更大一些，因为教师是受过专业训练的以教育为职业的人，教师的教育理念和方法应该更为成熟、更为科学。所以，他及个体心理学把教育的希望"主要寄托在学校和教师的改变上"，尽管这并不排斥家庭和父母的全面合作。的确，在真实的教育生活中，父母和教师对孩子的成长是共同起作用的，双方的作用也是可以互相补充的。但是，父母不能够因此放松自己的学习与成长。父母越是能够清晰地意识到自己的责任，越是能够成为与孩子一起成长的学习者，越是理解教育的规律和真谛，家校合作就越是顺利，教育也会更加有成效。

（二十一）教师如何和问题儿童的父母打交道

许多教师认为，和问题儿童的父母打交道要比和问题儿童本身打交道更加困难。这种事实表明，教师需要运用一定的策略来和这些家长打交道。教师必须总有这样一种概念，即家长并不需要为其孩子所表现出来的所有毛病负责。毕竟，他们不是富有技巧的专业教育者，通常也只有按照传统来指导和管理孩子。当他们因为自己孩子的问题而被召唤到学校时，他们常感到像是被指控的罪犯。这种情绪也反映他们心里的内疚，因而需要教师富有策略地对待他们。教师应该尽力把家长的这种情绪转变为友好、坦率，使自己成为他们的一个帮助者，使他们理解自己的善意。

（《儿童的人格教育》，第 169 页）

为什么许多教师觉得和问题儿童的父母打交道很困难？阿德勒分析说，教师在工作之中与父母产生冲突是很自然的。这是因为"教师纠正性的教育工作就是以家长的某种失败为前提的"。在某种意义上而言，"教师的教育就是对家长的指控"，所以，教师如何处理好与家长的关系就显得非常重要。其中，最为关键的，就是教师应该清晰地知道：家长并不是受过专业训练的教育专家，所以"不需要为其孩子所表现出来的所有毛病负责"。当他们来到学校的时候，不必把孩子的所有问题都推到他们的身上，像指控罪犯一样批评他们，而是应该和父母一起寻找问题背后的原因以及解决问题的方法，让家长成为自己的帮助者、合作者而不是敌对者。所以，阿德勒反复提醒教师一定要记住：千万不要责备家长，即使这样做有充分的理由，也绝不应该责备。因为，没有父母的理解和支持，任何教育都不可能取得真正的成功。相反，如果能够改变家长的态度，"使他们能按照我们的方法来行事，那么我们会获得更多的教育成就"。

（二十二）教师的教育成功取决于学生父母的协助

可以想象，当教师仓促或太过急切地和家长谈论孩子的问题时，他们自然没有可能赢得家长的支持。许多家长走得更远，他们对教师大发脾气，显示出一副不容接近的样子。这时，最好向家长表明，教师的教育成功取决于他们的协助；最好使他们情绪稳定，能够友好地与教师谈话。我们不要忘记，家长太受传统的、陈旧的教育方法所局限，自然很难一下子解脱出来。

（《儿童的人格教育》，第 172 页）

家校携手，教育不愁。在教育的过程中，家庭与学校之间的彼此理解、沟通、合作是非常重要的。教师千万不要自以为是，居高临下地告诉家长，他们"这儿做错了，那儿也做错了"，如果这样做，只能冒犯他们，使他们不再愿意与我们合作。所以，阿德勒主张，教师要注意与父母的沟通方式，不要以教训的口吻，不要"绝对而教条地和他们谈话。即使是向他们提建议，也不应该用权威的口吻"，而是要尝试用"可能""也许""你也许可以这样尝试一下"等，即使知道他们的错误在哪儿、如何纠正，也不要贸然提出，"让他们觉得我们似乎是在强迫他们"，用协商的口吻会比用命令的口吻有更好的结果。让父母有一个平和、宁静的心态，与教师友好地交流、讨论，就能够形成教育的合力。如果激怒了父母，他们就有可能破罐破摔，对教师大发脾气，在对立的情绪下，真正的教育是无法发生的。

（二十三）伴随皮鞭的儿童教育非常普遍

我们不要忘记，伴随皮鞭的儿童教育在底层社会是非常普遍的。因此，来自这些阶层的孩子在学校接受矫治谈话之后，还有家长的皮鞭在家里等他。一想到我们的教育努力经常因家长的皮鞭而付之东流，我们就会感到悲哀。在这种情况下，孩子经常要为自己的同一个错误受到两次惩罚，而我们认为，一次就足够了。

（《儿童的人格教育》，第 173 页）

在现实生活中，很多父母崇拜皮鞭的力量，频繁地运用体罚的方式。按照阿德勒的观察，越是社会底层的老百姓，越是相信皮鞭的作用，甚至相信体罚的效果。但是，事实恰恰相反，我们许多教育上的努力，往往在皮鞭下付之东流。我曾经提出一个观点：体罚近乎无能。凡是能够用体罚解决的问题，一定能够找到比体罚更好的办法。体罚，只能够让孩子屈从权威，而不能够认识问题的本质，在没有压力的情况下就会死灰复燃甚至变本加厉。所以，教师千万不能向父母告状，尤其是在学生犯了错误之后动辄把父母喊来教训一番，因为这样就会导致"孩子经常要为自己的同一个错误受到两次惩罚"，这样就会让孩子仇恨学校、仇恨老师、仇恨父母，产生逃学、反社会的行为。

（二十四）不管出现什么情况，总能找到挽救儿童的办法

我们知道，孩子和成人对困难的反应差异巨大。对孩子进行再教育，我们要认真、谨慎，在我们重塑他们的生活模式之前，我们要理性地探讨其可能的结果。只有那些对孩子的教育和再教育进行过深思熟虑和客观判断的人，才能更为明确地把握自己教育努力的效果。实践和勇气是教育工作的基本要素，就像另一不可动摇的信念也是其基本要素一样，这一信念是：不管出现什么情况，总能找到挽救儿童的办法。

（《儿童的人格教育》，第 173 页）

毫无疑问，教育是世界上最复杂、最困难也最有挑战性的工作。世界上没有两片相同的树叶，也没有两个完全相同的孩子。让每个孩子成为更好的自己，是教育的根本目标。所以，找到打开不同孩子心扉的不同钥匙，就显得非常重要。教育的难度，是对教育者是否用心和尽力的考验。只要我们用心、尽力，只要我们具有坚定的信念，我们一定会找到帮助每个孩子成长的路径，找到属于他的方法，因为："办法总比困难多。"所以，对于父母和教师来说，既要有坚定的信心，也要有足够的耐心，既要有对孩子深入的了解，也要有对教育的深思熟虑。要对各种方法可能导致的结果有充分的研判，有各种预案，才能真正立于不败之地。

（二十五）单个的行为如果脱离了整体的人格就没有意义

我们正在进入一个对儿童的教育不断有新观念、新方法和新理解的时代。科学正在破除陈旧的教育习俗和传统。这些新知识把教师的责任置于一个更重要的地位，同时也使他们更加理解儿童的问题，赋予他们更多的能力去帮助孩子。重要的是要记住，单个的行为如果脱离了整体的人格就没有意义，我们只有联系整个人格，才能对它加以研究。

（《儿童的人格教育》，第 174 页）

这段文字是《儿童的人格教育》结尾部分最后一段的文字，可以视为全书的一个小结。阿德勒指出，随着人们对于儿童问题的日益重视，随着心理学、教育学、脑科学等科学技术的发展，人们对于儿童、对于教育也有许多新的发现、新的成果、新的理念和新的方法。这些理念和方法赋能于父母和教师，就会帮助他们更加科学而富有人性地对待儿童。其中最为关键的一点，那就是要用整体的观点来看待儿童，在面对单个行为的时候，不能够脱离整体的人格。"那些习惯把人视为一个整体，并把他的毛病视为其整体的一个部分的人，将比那些习惯根据机械的、僵化的模式来对待孩子的毛病的人更能理解和认识孩子。"也就是说，在教育儿童的时候，不能够就事论事看表面，而要分析现象背后的原因，找出行为的内在逻辑，才能有针对性地进行教育，也才能取得良好的教育效果。儿童人格的整体性特点，是我们分析儿童的问题，走进儿童的心灵，取得良好教育成效的一把钥匙。

各位朋友，从 2002 年 4 月 12 日开始到 8 月 31 日，我们用近 5 个月的时间读完了阿德勒的这本书。这虽然是一本只有不到 200 页的小书，却是我们走近阿德勒个体心理学理论的一个重要的阶梯。如果有时间，建议大家继续研读他的《自卑与超越》等著作，更加系统地把握他的心理学思想及其教育理论。

附录 新教育萤火虫亲子共读工作站建站章程

一、成立标准

1. 至少有 1 名以上（包括 1 名）热爱阅读、高度认可新教育实验、乐于分享的教师，1 名以上（包括 1 名）积极热情、认可新教育实验、支持家校共育理念、乐于成长的父母，担任分站的站长和负责人，全面负责线下和线上的各项活动。要求两人有一定的号召力、凝聚力、管理能力，能保证分站持续、有序的发展。

2. 有 3 名以上（包括 3 名）热情参与的父母，作为分站的骨干力量，共同带动身边的其他父母。

3. 至少举办过 1 次以阅读为主要内容的线下或线上活动；愿意遵守项目组的基本要求，能保证至少每月一次的线上分享和线下阅读推广活动。

4. 遵守各项章程，遇到问题能与项目组积极协调沟通。

5. 能针对本站发展建立规划，维护义工团队，长期、积极参与义工培训和日常工作。

6. 分站命名原则：以县（区）级名称命名。同一个城市不同县、区，则以当地选举和项目组任命的方式，推举出一位市级负责人。乡镇、村级若率先发展，可以所属县（区）命名，若在已有县（区）分站之后发展，可以自身名称命名为"站点"，归属于该分站统一管理。

7. 在各分站中，可以为公益活动长期提供基本稳定场所的单位或个体，以"新教育萤火虫 × × 号活动基地"全国统一编号、命名。

符合以上条件者，按照上述情况写一份情况简介，并向总部（邮箱：xjyyhc@126.com）提交一份正式申请书。申请书内容包括：站长个人简历、当地情况简要介绍、对分站工作的初步思考三个方面的基本信息。

二、发展流程

1. 申请通过后，统一建立微信群。群名称：新教育萤火虫 × × 预备分站。群图标（新教育萤火虫 logo），并将《新教育萤火虫群规》传到群共享让大家学习。

2. 发放"萤火虫义工课程"音频课，为义工进行分站工作培训。

3. 相关规章制度，将逐一发放给站长与负责人。

4. 由预备分站结合项目组提供的各项活动策划方案和资料，拟定《萤火虫 × × 预备分站发展规划》，提交具体工作计划，按照计划开展工作，并及时提交线上、线下活动记录和牛年总结、年度总结。

5. 分站考核。一般预备分站成立半年后进行考核，通过后正式确定为分站。工作特别优秀者，在预备分站成立两个月之后，可根据自身的实际情况，随时提交申请。

6. 所有分站每半年提交一次总结。根据《萤火虫分站考核标准》，不符合标准的分站将给予提醒，制定整改措施限期整改。

7. 所有分站义工均需按照要求，向项目组提供资料，进行登记，由新阅读研究所发放义工证书，并纳入《义工自治条例》中予以表彰。萤火虫义工需要加入学习共同体，在共同成长中共同分享。

三、退出机制

以下情况，均视为退出新教育萤火虫亲子共读项目。项目组将在"新阅读研究所"微信公众号及其他相关新教育媒体上，对相关信息予以公开。

1. 分站组织的活动，违反国家政策法律法规者，项目组无条件立刻撤销分站。

2. 分站一年中不能完成项目规定的最低阅读推广任务（维护正常线上转播并且每季度开展一次线下活动）者，经提醒没有实际行动，视为自动退出，撤销分站。

3. 分站与项目组失去联系长达半年，无法正常提交各项信息者，视为自动退出，撤销分站。

参考文献

A.1 中、英文论文

[1] 陈传焕. 家庭文化背景对小学生学习的影响的调查 [J]. 教育理论与实践, 1985.

[2] 陈如平. 现代学校管理创新的五大基本命题 [J]. 中小学管理, 2012.

[3] 陈心宇. 家长"督学": 滑稽的讽刺 [J]. 生活周刊, 1997.

[4] 程念祖, 龚正行. 考试焦虑与个性特征及家庭教育初步分析 [J]. 中国心理卫生杂志, 1996.

[5] 迟书君. 父母道德品行低劣对子女道德社会化的影响 [J]. 道德与文明, 1986.

[6] 董梁, 王燕红. 家校合作中家长边缘性参与研究 [J]. 教学与管理, 2015.

[7] 董梁, 王燕红. 家校合作中家长沉默现象探析 [J]. 教学与管理, 2015.

[8] 段成荣, 吕利丹, 王宗萍. 城市化背景下农村留守儿童的家庭教育与学校教育 [J]. 北京大学教育评论, 2014.

[9] 段文阁. 古代家训中的家庭德育思想初探 [J]. 齐鲁学刊, 2003.

[10] 方明, 晨云. 美日幼教机构家长工作的发展 [J]. 教育科学研究, 1997.

[11] 关颖, 刘春芬. 父母教育方式与儿童社会性发展 [J]. 心理发展与教育, 1994.

[12] 关颖. 家庭教育方式与儿童社会化 [J]. 天津社会科学, 1994.

[13] 关颖. 青年流动人口如何对下一代负责: 天津市青年流动人口子女家庭教育状况调查 [J]. 青年研究, 2002.

[14] 郭长华. 传统家训的治家之道及其现实价值 [J]. 北方交通大学学报 (社会科学版), 2003.

[15] 何德宽. 家庭结构在家庭教育中的作用 [J]. 教育理论与实践, 1986.

[16] 何瑞珠. 家长参与子女的教育: 文化资本与社会资本的阐释 [J]. 教育学报, 1999.

[17] 洪明. 论家校合育的基本模式 [J]. 中国青年研究, 2015.

[18] 洪锡英. 鲁迅论儿童教育问题 [J]. 兰州学刊, 2004.

[19] 侯怀银, 张宏波. "社会教育"解读 [J]. 教育学报, 2007.

[20] 胡爱红. "让每位家长都成为学校教育的同盟者": 山东济南市舜耕小学"舜

友联合会"工作纪实 [J]. 中小学管理, 2011.

[21] 胡育. 试论亲子教育的内涵与功能 [J]. 教育科学, 2002.

[22] 黄河清. 家庭教育与学校教育的比较研究 [J]. 华东师范大学学报(教育科学版), 2002.

[23] 黄妙贤. 信息时代家庭教育指导的现代转型浅探 [J]. 教育导刊, 2010.

[24] 黄靖, 洪明. 美国基础教育改革的政策转向: 从 NCLB 到 ESSA[J]. 外国中小学教育 .2017.

[25] 家庭教育指导师职业培训试点班在北京成功举办 [J]. 中国教师, 2007.

[26] 教育部关心下一代工作委员会《新时期家庭教育的特点、理念、方法研究》课题组. 我国家庭教育的现状、问题和政策建议 [J]. 人民教育, 2012.

[27] 金德洲. 独生子女的家庭教育问题 [J]. 教育探索, 1987.

[28] 李洪曾. 上海地区幼儿家庭教育指导工作的发展 (1987—1995)[J]. 上海教育科研, 1996.

[29] 李连娥. 独生子女的特点和家庭教育 [J]. 教育科学研究, 1986.

[30] 李香钻, 朱永新. 当好孩子的第一任老师 [J]. 中国政协, 2019.

[31] 李铉秀. 父母修养对家庭教育的意义 [J]. 教育探索, 1987.

[32] 李燕. 亲子关系的教育哲学分析 [D]. 苏州大学, 2005.

[33] 李瑶. 诸城刘氏家族与乾嘉政治 [D]. 山东师范大学, 2007.

[34] 李煜. 制度变迁与教育不平等的产生机制: 中国城市子女的教育获得（1966—2003）[J]. 中国社会科学, 2006.

[35] 梁伟国, 李帆. 让家长成为教育的同盟者 [J]. 人民教育, 2012.

[36] 刘春梅. 历代家训与古代家庭教育的价值取向 [J]. 河南师范大学学报（哲学社会科学版）, 2002.

[37] 刘力. 家长参与学校教育的功能及方式 [J]. 教育研究与实验, 1992.

[38] 罗国杰. 论中华民族传统道德的"精华"与"糟粕"[J]. 道德与文明, 2012.

[39] 马晓雯. 幼儿园教学对家庭教育的指导 [J]. 文学教育, 2016.

[40] 马忠虎. 对家校合作中几个问题的认识 [J]. 教育理论与实践, 1999.

[41] 马忠虎. 家长参与学校教育: 美国家校合作的模式 [J]. 外国中小学教育, 1996.

[42] 马忠虎. 如何使家长参与到学校教育中来 [J]. 比较教育研究, 1994.

[43] 马忠虎. 试论家长参与学校教育 [D]. 北京师范大学, 1994.

[44] 牟艳杰, 王晖. 鲁迅论儿童教育 [J]. 教育探索, 1998.

[45] 齐欣, 等. 我国中小学校指导家庭教育工作的现状、问题及对策 [J]. 教育科学

研究，2006.

[46] 钱扑 . 谈美国对家庭作业问题的研究 [J]. 外国中小学教育，1986.

[47] 钱琼 . 中国传统家训的特点及其对当代教育的启示 [J]. 当代青年研究，2012.

[48] 沈建平，韩似萍 . 学校对现代家庭教育指导模式的研究 [J]. 上海教育科研，2004.

[49] 宋得龙 . 家庭教育情况调查及问题分析 [J]. 河南教育学院学报，2013.

[50] 苏加兰 . 当前我国家庭教育中存在的若干问题 [J]. 教育科学，1996.

[51] 田文华，元秀梅 . 家长参与学校教育：英美等国的经验与启示 [J]. 全球教育展望，2004.

[52] 王东 . 中小学家委会建设的现状与问题 [J]. 当代教育科学，2016.

[53] 王明美 . 中国家庭：世纪之交的回顾与前瞻 [J]. 江西社会科学，1996.

[54] 王旭玲 . 中国传统家训文化的现代思考 [J]. 东岳论丛，2003.

[55] 王学 . 中国古代家训的价值取向初探 [J]. 湖南师范大学教育科学学报，2005.

[56] 王有英 . 中国传统家训的教化蕴意 [J]. 湖南师范大学教育科学学报，2004.

[57] 沃尔德科茨－基，简斯 . 影响青少年学习动机的有力因素：文化、家庭、学校 [J]. 外国教育资料，1992.

[58] 吴迅荣 . 香港的家庭与学校：伙伴关系实践的探讨 [A]. 内地－香港地区基础教育研讨会论文集 [C].1996.

[59] 谢维和 . 家庭教育：深化教育改革的重要途径 [J]. 人民教育，2015.

[60] 熊鹰 . 我国独生子女教育的困惑及对策研究 [J]. 西南师范大学学报（哲社版），1996.

[61] 杨菊花 . 浅谈幼儿园教育和家庭教育的有效结合 [J]. 学周刊，2017.

[62] 于明波 . 家庭教育中需要注意的几个问题 [J]. 教育科研通讯，1985.

[63] 于野 . 更新家庭教育观念，实现家庭教育科学化 [J] 教育探索，1986.

[64] 岳坤 . 父辈为主、祖辈为辅的教养方式有利于儿童的健康成长：中国城市家庭教养中的祖辈参与状况调查 [J]. 少年儿童研究，2018.

[65] 翟博 . 家庭建设是培育和弘扬社会主义核心价值观的重要基础 [N]. 中国教育报，2015 年 2 月 27 日 .

[66] 翟博 . 树立新时代的家庭教育价值观 [J]. 教育研究，2016.

[67] 张良才 . 中国家庭教育的传统、现实与对策 [J]. 中国教育学刊，2006.

[68] 张梅，胡学亮 . 日本家庭教育价值取向及其背景：兼与中国的比较考察 [J]. 外国教育研究，2011.

[69] 赵玉芬 . 近 20 年中国传统家训文化研究综述 [J]. 河南理工大学学报（社会科学版），2017.

[70] 赵忠祥，方海茹 .《袁氏世范》的家庭教育思想及现代价值 [J]. 河北师范大学学报（教育科学版），2005.

[71] 周芳 . 当前幼儿园教师家长工作的问题及解决途径 [J]. 教育科学研究，1997.

[72] 周国林，周文焰 . 明清以来麻城民间家训研究 [J]. 湖北民族学院学报（哲学社会科学版），2016.

[73] 周若冰 . 家园合作共育新模式的探索 [J]. 学前教育研究，2005.

[74] 朱峰 . 给年轻家长正确的家庭教育指导 [J]. 中小学心理健康教育，2013.

[75] 朱小理 . 中国传统家训中的德育精华 [J]. 江西教育科研，2005.

[76] 朱永新 . 父母请学会"三要三不要"[J]. 民主，2017.

[77] 朱永新 . 父母要与孩子一起成长 [J]. 人民教育，2017.

[78] 朱永新 . 关于研发卓越课程的思考 [J]. 课程 · 教材 · 教法，2016.

[79] 朱永新 . 家校合作激活教育磁场：新教育实验"家校合作共育"的理论与实践 [J]. 教育研究，2017.

[80] 朱永新 . 守护孩子唯一的童年：张杏如印象 [J]. 新教师，2016.

[81] 朱永新 . 阅读与家庭：教育的两大基石 [J]. 少年儿童研究，2015.

[82] M. 潘科娃、李霍 . 家长是学校的同盟者 [J]. 外国中小学教育，1982.

[83] BERLA N. Getting Middle School Parents Involved [J]. The Education Digest, 1992(10).

[84] DAVIES D. Making Citizen Participation Work [J]. National Elementary Principal, 1976(55):20-29.

[85] DYE J S. Parental Involvement in Curriculum Matters: Parents, Teachers and Children Working Together [J]. European Education, 1992.

[86] EDWARDS P A, YONG L S J. Beyond Parents: Family, Community and School Involvement [J]. Phi Delta Kappan, 1992(9).

[87] GORDON E G, BREIVOGEL W F, BESSENT H. Some Promising Approaches to Parent Involvement [J]. Theory into Practice, 1972,11(3):183-189.

[88] HENDERSON A T. Parents Are a School's Best Friends [J], Phi Delta Kappan, 1991(10).

[89] JOWETT S, BAGINSKY M. Parents and Education Issues, Options and Strategies [J], Educational Research, 1991,33(3).

[90] MORGAN V, FRASER G, et al. Parental Involvement in Education: How Do Parents Want to Become Involved?, Educational Studies, 1992,18(1).

[91] PALESTIS E. Prize-Winning Parent Involvement in New Jersey, Education Digest, 1993(4).

[92] RAW J S, MARJORIBANKS K. Family and School Correlates of Adolescents' Creativity, Morality and Self Concept [J], Educational Studies, 1991,17(2).

[93] RICH J M. Education and Family Values [J], The Educational Forum, 1993(57).

[94] SCHLEICHER K. Cooperation between School and Family [J]. European Education, 1992.

[95] SCHURR S L. 16 Proven Ways to Involve Parents [J], Education Digest, 1993(4).

[96] VANDEGRIFT J A, GREENE A L. Rethinking Parent Involvement [J], Educational Leadership, 1992(9).

A.2 中、英文图书

[1] 阿德勒. 儿童的人格教育 [M]. 上海：上海人民出版社，2006.

[2] 阿德勒. 自卑与超越 [M]. 杭州：浙江文艺出版社，2016.

[3] 埃里克森. 同一性：青少年与危机 [M]. 杭州：浙江教育出版社，1998.

[4] 爱普斯坦等. 学校、家庭和社区合作伙伴：行动手册 [M]. 吴重涵，等译. 南昌：江西教育出版社，2012.

[5] 安妮特拉鲁. 家庭优势：社会阶层与家长参与 [M]. 吴重涵，熊苏春，张俊，译，南昌：江西教育出版社，2014.

[6] 蔡汀，王义高，祖晶. 苏霍姆林斯基选集 [M]. 北京：教育科学出版社，2001.

[7] 苏霍姆林斯基. 育人三部曲 [M]. 北京：人民教育出版社，1998.

[8] 苏霍姆林斯基. 帕夫雷什中学 [M]. 北京：教育科学出版社，1983.

[9] 苏霍姆林斯基. 给教师的一百条建议 [M]. 周蕖，王义高，刘启娴，等译. 天津：天津人民出版社，1983.

[10] 崔利斯. 朗读手册 [M]. 梅莉，译. 海口：南海出版公司，2012.

[11] 德鲁克. 新现实走向：21 世纪 [M]. 刘靖华，等译，北京：中国经济出版社，1993.

[12] 费尔巴哈. 费尔巴哈哲学著作选集 [M]. 荣震华，王太庆，刘磊，译. 北京：商务印书馆，1984.

[13] 拉塞克，维迪努. 从现在到 2000 年教育内容发展的全球展望 [M]. 北京：教育

科学出版社，1996.

[14] 蒙台梭利. 有吸收力的心灵 [M]. 郭志鹏，译. 天津：天津社会科学院出版社，2010.

[15] 蒙台梭利. 蒙台梭利幼儿教育科学方法 [M]. 任代文，译. 北京：人民教育出版社，2001.

[16] 蒙台梭利. 吸收性心智 [M]. 兰州：兰州大学出版社，2001.

[17] 蒙台梭利. 发现孩子 [M]. 蒙台梭利丛书编委会编译. 北京：中国妇女出版社，2012.

[18] 蒙台梭利. 童年的秘密 [M]. 马荣根，译. 北京：人民教育出版社，2005.

[19]《习仲勋传》编委会. 习仲勋传 [M]. 北京：中央文献出版社，2013.

[20] 曹典顺. 马克思《人类学笔记》研究读本 [M]. 北京：中央编译出版社，2013.

[21] 常丽华. 教室，在书信中飞翔：常丽华与小蚂蚁班的中澳两地书 [M]. 海口：南海出版公司，2014.

[22] 陈钱林. 尊重教育新理念 [M]. 北京：人民教育出版社，2005.

[23] 陈延斌，徐少锦. 中国家训史 [M]. 西安：陕西人民出版社，2003.

[24] 董泽芳. 教育社会学 [M]. 武汉：华中师范大学出版社，1990.

[25] 董志先，王志宇. 笃学名言 [M]. 北京：白山出版社，2013.

[26] 杜育红. 教育发展不平衡研究 [M]. 北京：北京师范大学出版社，2000.

[27] 费孝通. 乡土中国　生育制度　乡土重建 [M]. 北京：商务印书馆，2011.

[28] 福禄培尔. 人的教育 [M]. 孙祖复，译. 北京：人民教育出版社，2001.

[29] 高芙蓉. 社会学概论 [M]. 北京：经济科学出版社，2015.

[30] 高时良. 中国教育史论丛 [M]. 福州：福建教育出版社，2009.

[31] 格雷. 男人来自火星，女人来自金星 [M]. 黄钦，尧俊芳，译. 长春：吉林文史出版社，2010.

[32] 古德. 家庭 [M]. 魏章玲，译. 北京：社会科学文献出版社，1988.

[33] 顾舟群. 改变，从习惯开始：顾舟群 & 致一二年级家长的每周一信 [M]. 海口：南海出版公司，2014.

[34] 关颖. 家庭教育社会学 [M]. 北京：教育科学出版社，2014.

[35] 郭明晓. 各就各位准备飞：郭明晓 & 致三四年级学生家长的每周一信 [M]. 海口：南海出版公司，2014.

[36] 国家卫生和计划生育委员会. 中国家庭发展报告 2014[M]. 北京：中国人口出版社，2014.

[37] 国家卫生计生委家庭司. 中国家庭发展报告 2016[M]. 北京：中国人口出版社，2016.

[38] 国家卫生计生委家庭司. 中国家庭发展报告 2015[M]. 北京：中国人口出版社，2015.

[39] 赫胥黎. 科学与教育 [M]. 单中惠，平波，译. 北京：人民教育出版社，2005.

[40] 洪明. 合育论：学校家庭社会合作共育的理论与实践 [M]. 合肥：安徽教育出版社，2016.

[41] 洪天慧. 中国和谐家庭建设报告 [M]. 北京：社会科学文献出版社，2011.

[42] 侯王渝. 中西文化在子女教育上的异同 [M]. 北京：中央文献出版社，1982.

[43] 黄河清. 家校合作导论 [M]. 上海：华东师范大学出版社，2008.

[44] 黄政杰. 教育理想的追求 [M]. 台北：心理出版社，1988.

[45] 江净帆，田穗. 中华传统教育经典选读 [M]. 杭州：浙江大学出版社，2014.

[46] 康熙. 庭训格言几暇格物编 [M]. 杭州：浙江古籍出版社，2013.

[47] 蓝玫. 家校之间有个娃：低年级的孩子这样教 [M]. 武汉：湖北教育出版社，2014.

[48] 蓝玫. 家校之间有个娃：中年级的孩子这样教 [M]. 太原：山西教育出版社，2016.

[49] 冷舜安. 当代中国性别和谐问题研究 [M]. 北京：人民出版社，2013.

[50] 林格. 教育，就是培养习惯 [M]. 北京：清华大学出版社，2007.

[51] 李桂梅. 冲突与融合：中国传统家训伦理的现代转向及现代价值 [M]. 长沙：中南大学出版社，2002.

[52] 李家成，王培颖. 家校合作指导手册 [M]. 北京：北京大学出版社，2106.

[53] 李天燕. 家庭教育学 [M]. 上海：复旦大学出版社，2007.

[54] 李镇西. 做最好的家长 [M]. 桂林：漓江出版社，2006.

[55] 联合国教科文组织国际教育发展委员会. 学会生存：教育世界的今天和明天 [M]. 北京：教育科学出版社，1996.

[56] 联合国教科文组织中文科. 教育：财富蕴藏其中 [M]. 北京：教育科学出版社，1996.

[57] 梁春涛，张秀岩. 社区教育面面观 [M]. 北京：北京师范大学出版社，1991.

[58] 梁启超. 梁启超全集 [M]. 北京：北京出版社，1999.

[59] 梁启超. 新大陆游记 [M]. 北京：商务印书馆，2014.

[60] 列宁. 列宁选集：卷一 [M]. 北京：人民出版社，1972.

[61] 刘枫．中国情感：品读家书 [M]．沈阳：辽宁人民出版社，2008．

[62] 刘称莲．陪孩子走过小学六年 [M]．北京：北京大学出版社，2012．

[63] 刘向编撰．列女传译注 [M]．济南：山东大学出版社，1990．

[64] 卢正言．中国历代家训观止 [M]．上海：学林出版社，2004．

[65] 鹿永健．家校共育：中国教育难题的第二解决方案 [M]．北京：光明日报出版社，2016．

[66] 罗国杰．中国传统道德 [M]．北京：中国人民大学出版社，2012．

[67] 罗森塔尔，雅克布森．课堂中的皮格马利翁：教师期望与学生智力发展 [M]．北京：人民教育出版社，2020．

[68] 洛克．教育漫话 [M]．北京：人民教育出版社，2006．

[69] 马恒君注释．周易 [M]．北京：华夏出版社，2001．

[70] 马忠虎．家校合作（《基础教育新概念》丛书）[M]．北京：教育科学出版社，1999．

[71] 蒙晨．中西方家庭比较 [M]．北京：科学普及出版社，1991．

[72] 缪建东．家庭教育学 [M]．北京：高等教育出版社，2015．

[73] 拿破仑．拿破仑文选 [M]．上海：商务印书馆，1980．

[74] 皮亚杰．教育科学与儿童心理学 [M]．北京：教育科学出版社，2018．

[75] 上海社会科学院家庭研究中心．中国家庭研究 [M]．上海：上海社会科学院出版社，2014．

[76] 沈适菡．实用教育学 [M]．北京：北京师范大学出版社，1991．

[77] 石国亮．全面从严治党的治本之策 [M]．北京：东方出版社，2015．

[78] 石中英．公共教育学 [M]．北京：北京师范大学出版社，2008．

[79] 苏霍姆林斯基．给教师的建议 [M]．武汉：长江文艺出版社，2021．

[80] 孙伯铁，张一兵．走进马克思 [M]．南京：江苏人民出版社，2012．

[81] 孙峰．当代中国德育价值观的变革 [M]．北京：教育科学出版社，2014．

[82] 孙培青．中国教育史 [M]．上海：华东师范大学出版社，2009．

[83] 孙云晓．好孩子好习惯 [M]．桂林：漓江出版社，2006．

[84] 孙云晓．亲子关系：决定孩子一生幸福的密码 [M]．杭州：浙江文艺出版社，2016．

[85] 孙中山．孙中山选集：上卷 [M]．北京：人民出版社，1956．

[86] 谭琳，姜秀花．家庭和谐、社会进步与性别平等 [M]．北京：社会科学文献出版社，2015．

[87] 唐灿，张建.家庭问题与政府责任:促进家庭发展的国内外比较研究[M].北京:社会科学文献出版社，2013.

[88] 泰戈尔.泰戈尔诗选[M].北京:人民文学出版社，2015.

[89] 童喜喜.喜阅读出好孩子　中国孩子的阅读问题[M].武汉:湖北教育出版社，2014.

[90] 托尔斯泰.安娜·卡列尼娜[M].南京:译林出版社，2013.

[91] 王立柱，张伟.我从哪里来·家庭[M].天津:天津人民出版社，2012.

[92] 王凌皓.中国教育史论[M].长春:吉林人民出版社，2002.

[93] 王莹等.当代中国人际关系和谐的影响因素研究[M].保定:河北大学出版社，2011.

[94] 王长金.传统家训思想通论[M].长春:吉林人民出版社，2006.

[95] 魏舒婷.传统家训[M].合肥:黄山书社，2012.

[96] 文部省.现代家庭教育[M].1990.

[97] 吴重涵，王雾梅，张俊.家校合作:理论、经验与行动[M].南昌:江西教育出版社，2013.

[98] 五味太郎.孩子没问题，大人有问题[M].李奕，译.海口:南海出版公司，2016.

[99] 习近平.习近平谈治国理政[M].北京:外文出版社，2014.

[100] 夏咸淳.中国古代文苑精品[M].上海:东方出版中心，1996.

[101] 夏于全.世界传世藏书:第4卷[M].北京:蓝天出版社，1998.

[102] 贤才文化.诸子家训[M].长沙:湖南人民出版社，2010.

[103] 新时期家庭教育的特点、理念、方法研究总课题组办公室.新时期家庭教育研究[M].天津:天津社会科学院出版社，2014.

[104] 徐安琪，刘汉蓉.转型期的中国家庭价值观研究[M].上海:上海社会科学院出版社，2013.

[105] 徐辉，徐仲林.当代世界教育改革[M].重庆:西南师范大学出版社，1997.

[106] 杨雄.家庭教育十人谈[M].上海:上海人民出版社，2015.

[107] 乙力.中国古代圣贤家训[M].兰州:兰州大学出版社，2004.

[108] 雨果.悲惨世界[M].北京:人民文学出版社，2015.

[109] 允生.中国传统家教宝典[M].北京:中国广播电视出版社，1992.

[110] 翟博.中国古代家训经典[M].海口:海南出版社，1993.

[111] 张炳惠.好孩子的成长99%靠妈妈[M].深圳:海天出版社，2006.

[112] 张春兴.教育的应为与难为[M].北京:世界图书出版公司，1993.

[113] 张贵勇 . 真正的陪伴 [M]. 北京：中央编译出版社，2014.

[114] 张红艳 . 马克思恩格斯家庭伦理思想及其当代价值 [M]. 桂林：广西师范大学出版社，2015.

[115] 张鸣、丁明 . 中华大家名门家训集成（上卷）[M]. 呼和浩特：内蒙古人民出版社，1999.

[116] 张其凤，屠音鞘 . 诸城刘氏家风 [M]. 北京：人民出版社，2015.

[117] 张其凤 . 清代刘氏家族文化研究 [M]. 北京：中华书局，2013.

[118] 张其凤 . 刘墉家族与日照 [M]. 济南：山东人民出版社，2012.

[119] 张文质 . 教育是慢的艺术 [M]. 上海：华东师范大学出版社，2008.

[120] 张艳国 . 家训辑览 [M]. 武汉：武汉大学出版社，1994.

[121] 张燕婴译注 . 论语 [M]. 中华书局，2006.

[122] 赵康太，李英华 . 中国传统思想政治教育理论史 [M]. 武汉：华中师范大学出版社，2006.

[123] 赵中建 . 教育的使命：面向二十一世纪的教育宣言和行动纲领 [M]. 北京：教育科学出版社，1996.

[124] 赵忠心 . 家庭教育学 [M]. 北京：人民教育出版社，1994.

[125] 赵忠心 . 中国家庭教育观察：赵忠心访谈录 [M]. 北京：学苑出版社，2013.

[126] 赵忠心 . 中外家庭教育荟萃 [M]. 北京：高等教育出版社，1989.

[127] 郑红峰 . 中华家训 [M]. 吉林：吉林出版集团，2011.

[128] 郑智明 . 历代家训家书选粹 [M]. 厦门：鹭江出版社，2014.

[129] 中共中央宣传部 . 习近平总书记系列重要讲话读本 [M]. 北京：学习出版社，2016.

[130] 中国大百科全书编委会 . 中国大百科全书 · 教育 [M]. 北京：中国大百科全书出版社，1985.

[131] 中国教育学会家庭教育专业委员会，新家庭教育研究院 . 中国家庭教育蓝皮书（2015）[M]. 北京：教育科学出版社，2016.

[132] 周祥坦 . 教子语录 [M]. 上海：上海大学出版社，2008.

[133] 朱明勋 . 中国古代家训经典导读 [M]. 北京：中国书籍出版社，2012.

[134] 朱强 . 家庭社会学 [M]. 武汉：华中科技大学出版社，2012.

[135] 朱熹注 . 孟子 [M]. 上海：上海古籍出版社，2013.

[136] 朱熹 . 四书集注 · 孟子 [M]. 长沙：岳麓书院，1994.

[137] 朱永新 . 我的阅读观 [M]. 北京：中国人民大学出版社，2011.

[138] 朱永新. 大师教你做父母: 对话苏霍姆林斯基 [M]. 武汉: 湖北教育出版社, 2014.

[139] 朱永新. 大师教你做父母: 对话陶行知 [M]. 武汉: 湖北教育出版社, 2014.

[140] 朱永新. 大师教你做父母: 对话叶圣陶 [M]. 武汉: 湖北教育出版社, 2014.

[141] 朱永新. 儿童有一种未知的力量: 朱永新领读蒙台梭利 [M]. 长沙: 湖南教育出版社, 2017.

[142] 朱永新. 中国教育改革大系 [M]. 武汉: 湖北教育出版社, 2015.

[143] 朱永新. 新教育实验: 中国民间教育改革的范本 [M]. 桂林: 漓江出版社, 2023.

[144] 朱永新. 我的学校观: 走向学习中心 [M]. 桂林: 漓江出版社, 2024.

[145] ERGER E H. Parents as Partners in Education: The School and Home Working Together [M]. The C. V. Mosby Company, 1981.

[146] GESTWICKI C. Home, School and Community Relations: a Guide to Working with Parents [M]. Delmar Publishers Inc., 1987.

[147] HUSEN T, POSTLETHWAITE T N. The International Encyclopedia of Education : vol.II, VI [M]. Pergamon Press, 1985.

[148] KAPLAN L. Education and the Family [M]. Allyn and Bacon, 1992.

[149] LOMBANA J H. Home—School Partnerships: Guidelines and Strategies for Educators [M]. Grune and Stratton, 1983.

[150] MACLEOD F. Parents and Schools: The Contemporary Challenge [M]. The Falmer Press, 1989.

[151] TOPPING K J. Parents as Educators: Training Parents to Teach Their Children [M]. Brookline Books, 1986.

A.3 报刊

[1] 习近平. 在中国国际友好大会暨中国人民对外友好协会成立 60 周年纪念活动上的讲话 [N]. 人民日报, 2014.

[2] 习近平. 在 2015 年春节团拜会上的讲话 [N]. 人民日报, 2015.

[3] 郑燕琼. 决定孩子一生成功的是社会情绪能力 [N]. 青年时报, 2009-11-16.

[4] 徐瑞哲. 中国学生共情合作能力全球排名第一 [N]. 解放日报, 2021-09-09.

[5] 杨咏梅. 中国家庭教育 2016 年度关键词 [N]. 中国教育报, 2017.

[6] 尹旦萍. 中国家训文化对当代家庭教育的启示 [J]. 江汉论坛, 2001.

[7] 朱永新. 隔代教育: 利多还是弊多? [N]. 人民政协报, 2021-10-03.

[8] 朱永新 . 教育始于家庭 [N]. 中国教育报，2015-11-06.

[9] 朱永新 . 家庭教育好了学校教育就会轻松高效 [N]. 中国教育报，2015-03-13.

[10] 朱永新 . 家庭教育为什么很重要 [N]. 中国教育报，2014-11-30.

[11] 朱永新 . 家校合作需专业支持 [N]. 人民政协报，2018-06-13.

[12] 朱永新 . 如何成为理想父母 [N]. 中国新闻出版报，2014-07-25.

[13] 朱永新 . 在传统家教基石上构建现代家教 [N]. 光明日报，2014-03-19.

[14] 朱永新 . 解读儿童世界的风景：蒙台梭利印象 [J]. 新教师，2015.

[15] 朱永新 . 母爱是一门学问 [N]. 光明日报，2016-05-31.

[16] 重庆市教育科学研究院 . 性教育调查：近四成学生性知识来源于同伴或网络 [N]. 重庆晚报，2016-10-24.

主题索引

后记

本书包括三大部分。第一部分《新家庭教育论纲》是根据我近年来的若干主要讲演整理而成。第二部分和第三部分是我关于《园丁与木匠》与《儿童的人格教育》两本书的读书笔记。

2015 年，我受命组建中国教育学会家庭教育专业委员会，并且担任新一届理事会的理事长。当年，我们在广东中山市举办了首届家庭教育国际论坛，在这次论坛研讨会上，我做了《教育，从家庭开始》的主题讲演。这篇讲演，主要是讲述了家庭教育为什么很重要的观点。本书第一部分第一章的主体部分就是这篇讲演稿，同时增加了关于父母角色与家风建设的相关内容。

2016 年 10 月，我们继续在中山举办了第二届家庭教育国际研讨会，我在大会上讲演的题目是《与孩子一起成长》。这篇讲演的主旨是强调家庭教育的关键是父母自身的成长。本书第一部分的第二章就是这篇讲演的主要内容。

2017 年 7 月，新教育研究院在江苏南京栖霞区举办了第十七届新教育年会，我在年会做了题为《家校合作激活教育磁场》的主报告。这篇讲演主要是从家校合作共育的角度阐述了家庭教育与学校教育的关系。本书第一部分的最后一章就是这个主报告的内容。

2017 年 11 月，我们在浙江杭州市举办了第三届家庭教育国际研讨会，我在大会上做了题为《新家庭，智慧爱》的主题讲演。这篇讲演主要是对智慧爱进行了比较全面的阐述。本书第一部分的第三章就是以这篇讲演稿为主整理而成的。

2018 年 7 月，我们在山东青岛举办了 2018 年海峡两岸家庭教育研讨会，为在大会上做了题为《隔代教养：构建家庭教育共同体》的讲演。这篇讲演分析了中国家庭教育一个特殊的现象——"隔代教养"的问题。本书第一部分的第四章就是以此为基础写成的。

2018 年 10 月，我们在江苏苏州举办了第四届家庭教育国际研讨会，我在大会上做了题为《新时代、新人才、新家风》的主题讲演。这篇讲演主要分析了新时代对于人才的新要求，以及家风建设的意义。本书第一部分的第一章采用了这篇讲演的部分内容。

2019 年 6 月 1 日，我参与发起的中国教育 30 人论坛与中国儿童基金会以及中国儿童中心联合举办了中国儿童论坛，我在开幕式上做了题为《童年的长度与国家的高度》的讲演，讲述了为什么要关注儿童以及儿童教育的主张。本书第一部分的第二章采用了其中部分内容。

本书第一部分的五章内容，构成了我关于家庭教育的基本主张，也代表了新教育实验这些年来在家庭教育方面的探索与实践的成果。第一部分在 2020 年正式结集为《新家庭教育论纲——新教育在家庭教育上的探索与思考》，由湖南教育出版社正式出版。感谢湖南教育出版社慷慨同意把这本书列入《朱永新教育作品集》。

本书第二部分是关于《园丁与木匠》的读书笔记。这本书的作者艾利森·高普尼克是牛津大学的心理学博士和加州大学伯克利分校的心理学教授与哲学教授，也是国际公认的儿童学习与发展研究领域的领袖，对于儿童的大脑、心智和学习方式有丰富的研究成果和独到的见解。从 2022 年 1 月 25 日到 4 月 11 日，我用 76 天时间和一线老师与父母一起读完了这本书，收获颇丰。这本书强调了父母与孩子关系的重要性，认为对于父母来说，最重要的奖励不是来自孩子的学习成绩，或者考上了什么名牌学校，找到了什么高薪体面的工作——不是孩子们的那些"高光"时刻，而是来自你与孩子们在一起的时候所感受到的身心愉悦，来自你真正地享受那些你与孩子在一起时分分秒秒的点滴时光。陪伴是最长情的告白，一起成长是最美丽的教育风景。我们把本书书名定为《我的家教观——好关系才有好教育》也是受这本书作者的启发。感谢湛庐的董事长韩焱出版了这本好书，并且同意把我把《园丁与木匠》的读书笔记作为本书的内容予以出版。

本书第三部分是关于《儿童的人格教育》的读书笔记。这本书的作者是奥地利著名心理学家阿德勒，他出版有《自卑与超越》《人性的研究》《个体心理学的理论与实践》《自卑与生活》等著作，《儿童的人格教育》就是他的一部教育代表作。阿德勒认为，人的行为是由人追求社会认可而发动和促进的，人天生就是一种社会存在物。每个人的人格都是一个统一体，是由各种动机、特质、兴趣、价值所构成的统一整体。阿德勒认为，真正的教育应该是自我教育，也就是帮助人们实现自我认识和自我指导。但是，这样的境界是不容易实现的，是要经过无数的尝试错误和不断探索才能做到的。人类数万年漫长的发展历程，其实就是这样的一个不断进化的过程。因为人生有限，作为个体的儿童，是没有时间等待，没有时间自然而然地按照自己的意愿成长，实现自我认识和自我指导的。这就需要成年人的帮助。在儿童成长的过程中，成年人是不应该缺位的。不仅仅如此，成年人自己也是需要教育和指导的，教育者自己首先需要接受教育。从 2022 年 4 月 12 日到 8 月 31 日，我用近 5 个月的时间带领一线教师与父母共读了这本书，写下了近 10 万字的读书笔记。

感谢中国教育学会家庭教育专业委员会和新教育的同仁，这些年我们在家庭教育领域做了许多有益的探索。感谢湖南教育出版社和湛庐文化对于本书编辑出版工作的大力支持。感谢漓江出版社文龙玉首席编辑工作室团队认真严谨和卓有成效的工作。

2022 年 10 月 18 日写于北京滴石斋

"朱永新教育作品"后记

10年前，我的"朱永新教育作品"16卷由中国人民大学出版社出版。

不久，这套文集就被麦格劳－希尔教育出版集团引进英文版版权，陆续出版发行。迄今为止，我的著作已经被翻译为28种语言，在不同国家有87种文本。

在版权到期之后，多家出版社希望重新出版这套文集。最后，漓江出版社的诚意感动了我。

长期以来，漓江出版社的文龙玉老师一直关注和支持新教育事业，《新教育实验年鉴》以及一批新教育人的作品都先后在漓江出版社出版，文老师也先后担任了我的《新教育》《教育如此美丽》《我的教育理想》《我的阅读观》《致教师》等书的责任编辑。这套文集在漓江出版社出版，也就成了顺理成章的事情。

这套"朱永新教育作品"沿用了中国人民大学出版社的文集名称和南怀瑾先生的题签。主要是想借重新出版之际，感谢南怀瑾先生对我的帮助和关心。在苏州担任副市长期间，我曾经多次去太湖大学堂与南怀瑾先生见面交流，请教教育、文化与社会问题。先生的大智慧经常让我茅塞顿开。

新的"朱永新教育作品"虽然沿用了原来的名称，但是内容还是有许多不同。原来的16卷，大部分都进行了不同程度的修订，其中一半是重新选编。全套作品按照内容分为四个系列。

一是教育理论系列，包括《滥觞与辉煌——中国古代教育思想的成就与贡献》《沟通与融合——中国近现代教育思想的起源与发展》《嬗变与建构——中国当代教育思想的传承与超越》《心灵的轨迹——中国本土心理学思想研究》《校园里的守望者——教育心理学论稿》五种。

二是新教育实验系列，包括《新教育实验——中国民间教育改革的样本》《做一个行动的理想主义者——新教育小语》《为中国而教——新教育演讲录》《为中国教育探路——新教育实验二十年》《享受教育——新教育随笔选》五种。

三是我的教育观系列，包括《我的教育理想——让生命幸福完整》《我的教师观——做学生生命的贵人》《我的学校观——走向学习中心》《我的家教观——好关系才有好教育》《我的阅读观——改变从阅读开始》《我的写作观——写作创造美好生活》六种。

四是教育观察与评论系列，包括《教育如此美丽——中国教育观察》《寻找教育的风景——外国教育观察》《成长与超越——当代中国教育评论》《春天的约会——给中国教育的建议》四种。

虽然都是现成的文字，但是整理文集却颇费时间。几年来的业余时间和节假日，大部分都用于这项工作。好在，我所在的中国民主促进会是一个以教育、文化、出版传媒为主界别的参政党，60%的会员来自教育界，无论是调查研究、参政议政，教育一直是我们的主阵地，本职工作与业余的教育研究不仅没有矛盾，反而相辅相成。

感谢漓江出版社的文龙玉老师和她的团队认真细致和卓有成效的工作。

2022 年 10 月 17 日